Will Berthold

Die 42 Attentate auf Adolf Hitler

VMA-VERLAG, Wiesbaden

VMA-Verlag Wiesbaden 2005

Genehmigte Lizenzausgabe für den VMA-Verlag, Wiesbaden

Umschlagfoto: W. Frentz – Adolf Hitler
Ullstein Bilderdienst

Druck und Bindung: GGP Media GmbH, Pößneck

ISBN 3-928127-70-5

Inhalt

Vorwort

Der Tag, an dem Adolf Hitler von einem entschlossenen Gegner getötet wurde, fehlt im Kalender. Noch immer ist weithin unbekannt, daß der Diktator zahlreiche Anschläge nur durch eine beispiellose Serie schier unglaublicher Zufälle überlebt hat. Wer diese Attentate untersucht, muß sich auch heute noch durch einen Wall von Legenden, Schutzbehauptungen und Widersprüchen arbeiten und kommt dabei zu verblüffenden Ergebnissen.

Der bestbewachte Mann seiner Zeit war zugleich schlampig behütet. Die SS-Wachen wie die zivilen Kriminalbeamten des Führerschutzes wurden nicht selten vom Parteigenossen Schlendrian kommandiert – aber selbst wenn das Begleitkommando wachsam war, konnte man mit einiger Hartnäckigkeit an den Diktator herankommen, mit und ohne Passierschein, innerhalb und außerhalb der Sperrbezirke, die ihn umgaben. Wer dauernd Zutritt zu ihm hatte oder auch nur ein einziges Mal zum Rapport in sein Hauptquartier befohlen wurde, war bis zum 20. Juli 1944 fast immer und sichtbar bewaffnet. Nur in Ausnahmefällen mußte er in den Vorräumen Koppel nebst Pistole ablegen. Trotzdem ist der häufig geäußerte Vorwurf, den Verschwörern habe der Mut gefehlt, ihr eigenes Leben gegen das Hitlers zu setzen, falsch. Mehrere Attentäter waren zum Selbstmord-Einsatz bereit gewesen und hatten versucht, sich mit dem Verhaßten zu vernichten.

In seiner frühen »Kampfzeit« hatte Hitler, um seine Feinde zu diffamieren, um sich durch Reklamegags aufzuwerten und von den Gewaltakten seiner Bürgerkriegsarmee abzulenken, wiederholt Mordanschläge vorgetäuscht. Nach seiner Machtübernahme wurden alle Attentatsversuche – es hat sie vom ersten Tag seiner Kanzlerschaft an bis zum letzten gegeben – der Öffentlichkeit unterschlagen und zur »Geheimen Reichssache« erklärt. Die Deutschen standen angeblich wie ein Mann hinter dem »teuersten Leben, das wir auf Erden kennen« (Reichspropagandaminister Dr. Josef Goebbels). Zudem wollte der totale Überwachungs- und Ordnungsstaat jegliche »Kriminalität« ausgemerzt haben, und so erfuhr die Öffentlichkeit nur, was nicht zu vertuschen war.

Das Attentat vom 8. November 1939 im Münchener »Bürgerbräukeller« ließ sich so wenig verheimlichen wie die Bombe vom 20. Juli 1944 in Hitlers ostpreußischem Hauptquartier Wolfsschanze, weshalb das Propagandaministerium von ausländischen Drahtziehern sprach oder von der »Tat eines gemeinen Verbrechers im Auftrag einer ehrgeizigen, gewissenlosen, kleinen Clique«.

Eine zahlenmäßige Wertung der Anschläge auf Hitler fällt schwer, weil die Unterlagen zum Teil lückenhaft und bei den Augenzeugen und Überlebenden die Grenzen zwischen verständlichem Wunschdenken und realem Handeln mitunter verwischt sind. Die hier geschilderten 42 Versuche, den Führer zu beseitigen, beschränken sich auf die aussichtsreichsten und werden durch die Aussagen von Augenzeugen, von Überlebenden und Hinterbliebenen, durch Polizeiakten und durch Arbeiten namhafter Historiker belegt. Der Autor enthielt sich dabei jeglicher Versuchung, historische Lücken durch Spekulation oder Phantasie zu schließen.

Würde man alles zusammenzählen, was von Verschwörern erdacht, abgesprochen, erprobt, eingeleitet und gezündet wurde, käme man auf eine wesentlich höhere Zahl von Anschlägen.

Zu den Einzeltätern, die fast ans Ziel gekommen wären, gehörten ein schweizerischer Theologiestudent, ein schwäbischer Tischler, ein britischer Oberst, mehrere deutsche Offiziere und in letzter Stunde noch ein reumütiger Rüstungsminister. Am – nur durch seinen Tod zu erreichenden – Sturz des »braunen Halunken« (Generaloberst Kurt Freiherr von Hammerstein-Equord) beteiligten sich Prominente und Namenlose, Militärs und Zivilisten, Fanatiker und Phantasten, Pastoren und Professoren, Katholiken und Kommunisten, Amateure und Abenteurer, Tatmenschen und Träumer. Diplomaten wurden zu Draufgängern, Pazifisten militant, und Verfolgte begannen ihrerseits, den Tyrannen zu verfolgen.

Sie alle wußten, daß sie nicht nur ihr eigenes Leben, sondern auch Existenz und Freiheit ihrer Angehörigen riskierten. Einige von ihnen wurden mehr von eigenen Skrupeln aufgehalten als von Hitlers Leibgardisten. Sie wagten das Äußerste, nicht so sehr aus Haß gegen den Braunauer als vielmehr, um Zögernde vom Eid auf ihren Oberbefehlshaber zu entbinden, hinter dem sich Tradition und Gewissen, häufig aber auch nur Opportunismus und Feigheit verschanzt hatten.

Wer entschlossen war, den Gewaltherrscher zu töten, konnte sich fast immer auf einen mächtigen Komplizen verlassen: auf Adolf Hitler.

Er war ein Hysteriker und ein Hasardeur. Persönlich und ununterbrochen verschärfte er seinen Schutz, um sich fortgesetzt über die primitivsten Regeln der Sicherheit hinwegzusetzen. Er fuhr im offenen Wagen durch das usurpierte Prag, durch das zerbombte Warschau, durch das eroberte Paris. Zwar braucht ein politischer Marktschreier die Masse wie ein Fisch das Wasser, aber Hitler bot bei seinen pompösen Großkundgebungen und seinen gigantischen Aufmärschen, wie bei den Reichsparteitagen in Nürnberg, bei den Gedenktagen der Bewegung, beim Erntedankfest, bei der Eröffnung der Winterhilfe oder auch bei der Olympiade 1936, die er täglich besuchte, ein offenes Ziel, zumal diese Massenorgien immer nach den gleichen Sicherheitsvorkehrungen abrollten. Hunderttausende waren auf den Straßen, bildeten Spalier, bewarfen den langsam Vorbeifahrenden mit Blumensträußen, Fahnenstangen fielen auf den Kühler seines Wagens, und immer wieder hielt der »große Vollstrecker des Bösen« (Hans-Bernd von Haeften, Legationsrat und hingerichteter Widerstandskämpfer) an und stieg aus dem Wagen, um Kinder auf den Arm zu nehmen und zu streicheln oder die Ovationen berauschter Fanatiker, die die Sperrkette durchbrochen hatten, entgegenzunehmen.

Bis weit in den Krieg hinein spielte Hitler inmitten seiner »Volksgemeinschaft« den vergötterten Führer und bot nicht nur den Fotografen ein Ziel – ». . . er achtete auch sein eigenes Leben gering, obwohl er es zu schützen suchte«, stellt der Historiker Peter Hoffmann fest. »Hitlers Verhalten in Fragen seiner persönlichen Sicherheit belegt bis ins einzelne den Zug zum Wagnis und zum Existenz-Risiko, ja zur Selbstvernichtung.«

Jeder überstandene Anschlag nährte seinen Glauben, ein von der »Vorsehung« geschützter Auserwählter zu sein. Zwar stellte er in seiner Rede vom 22. August 1939 fest, daß er »jederzeit von einem Verbrecher, von einem Idioten beseitigt werden könne«, aber am dritten Jahrestag des Bürgerbräu-Attentats verstieg er sich in trauter Runde zu der Behauptung: »Ich weiß, daß ich nicht sterben werde, bevor die historische Aufgabe erfüllt ist, für die mich die Vorsehung bestimmt hat. Niemals werde ich durch fremde Hand fallen.«

Die Männer, die Deutschland retten wollten, schmuggelten Höllenmaschinen in Form von Schnapsflaschen in die Führermaschine, gleich neben seinen Sitz; sie versuchten seinen Sonderzug in die Luft zu jagen und das Attentat als Unglücksfall zu tarnen. Sie wollten ihn mit einem Präzisionsgewehr auf der Tribüne abknallen, auf der er die

Parade zu Ehren seines 50. Geburtstages abnahm. Ein Offiziersstoßtrupp in Kompaniestärke hatte sich bereits vor dem Krieg bereitgestellt, um Hitler in der Berliner Reichskanzlei und bei einem provozierten Handgemenge mit seinen Leibwachen zu töten. Bei der Heeresgruppe Mitte war eine ganze Tischrunde hoher Offiziere bereit gewesen, in einer Gemeinschaftstat ihren obersten Befehlshaber niederzuschießen, damit dem einzelnen das Odium des Tyrannenmordes erspart bliebe. Hitler sollte durch ein Jagdflugzeug aus der Luft abgeschossen, bei Tisch vergiftet, mit einem Küchenmesser erstochen, von nacheinander eintretenden Stabsoffizieren, die sich mit ihm bei Besuchen im Berliner Zeughaus und bei der Vorführung neuer Uniformen in die Luft sprengen wollten, ausgelöscht werden. Ein schneidiger Kavallerieoffizier hatte sich bereit erklärt, ihn und sein Gefolge bei einer Attacke seines gesamten Regiments in den Boden zu reiten. Immer wieder war versucht worden, Hitler von seinen Begleitern zu trennen und in eine Falle zu locken. Der Generalstabschef des Heeres steckte die Pistole ein, um den Verhaßten während eines Gesprächs unter vier Augen zur Strecke zu bringen, und noch unmittelbar vor Kriegsende versuchte der von Hitler lange verhätschelte Reichsminister für Bewaffnung und Munition, seinen Führer im Bunker der Reichskanzlei (angeblich) zu vergasen, um die restlose Vernichtung Deutschlands zu verhindern.

Der Zufall blieb Hitlers bester Leibgardist. Banale Nebensächlichkeiten machten Weltgeschichte. Die vom Propagandaminister häufig strapazierte »Göttin der Geschichte« blieb blind. Der Amokläufer überlebte seinen Tod immer wieder, nicht von seinen Getreuen gerettet, sondern von einer ununterbrochenen Folge von Imponderabilien.

Es muß Vermutung bleiben, was nach einem rechtzeitigen Attentat auf Adolf Hitler geschehen wäre, aber man darf annehmen, daß Hitlers vorzeitiges Ableben zugleich das Ende seiner Bewegung bedeutet hätte. Keiner seiner Satrapen und Vasallen hatte das Charisma des noch vor kurzem »alleinstehenden jungen Gelegenheitsarbeiters aus der Provinz« (Brigitte Hamann), seine faszinierende, elektrisierende Wirkung auf die Massen, auf die Frauen, auf die Jugend. Seine Nachfolger hätten sich allenfalls, vorübergehend gestützt auf ihre jeweilige Hausmacht, halten können, hätten einander Diadochenkämpfe geliefert, jeder gegen jeden: Göring gegen Himmler, SA gegen SS, junge Hitzköpfe gegen die Veteranen der Partei, Habenichtse des braunen Systems gegen seine Nutznießer, die von ihrem Eid befreite Wehrmacht gegen die hervorragend ausgerüsteten Politsoldaten unter dem Totenkopf und letztlich gegen alle NS-Gliederungen. Bei rechtzeitigem Eintreten dieses Falles wären 55 Millionen Menschen nicht getötet, 35 Millionen nicht verwundet und 3 Millionen nicht vermißt worden.

Was während der ganzen »Kampfzeit« und auch in den 12 Regierungsjahren nicht geschah, geschah erst am 30. April 1945: Eine Kugel tötete Adolf Hitler.

Sie stammte aus der Waffe, die der »Gröfaz« auf sich selbst gerichtet hatte.

Erste Versuche

Meistens kam er am Nachmittag in den Berliner »Kaiserhof« zur Teestunde, nahm mit zwei, drei zivilen Begleitern an einem für ihn reservierten Ecktisch Platz, grüßte die anderen Gäste des überfüllten Restaurants freundlich, wenn auch ein wenig linkisch, und genoß dann zu den Klängen einer ungarischen Zigeunerkapelle Kuchen mit Schlagsahne.

Hätten ihn die Kellner nicht mit besonderer Beflissenheit bedient und ihn die Umsitzenden nicht unentwegt angestarrt, würde man diesen Besucher für einen der mittleren Regierungsangestellten gehalten haben, die sich hier für eine Stunde von der Tretmühle ihrer Arbeit erholten.

Natürlich kannte ihn jeder: Es war Adolf Hitler, nach eigener Berufsangabe »Führer«, nach der des Reichspräsidenten »Anstreicher«, was den schon recht alten Paul von Hindenburg nicht daran gehindert hatte, ihn zum Reichskanzler zu ernennen.

Weil es sich herumgesprochen hatte, daß der neue Regierungschef öfter hierher kam und sich immer am gleichen Platz niederließ, waren Stühle an den benachbarten Tischen nur im Schwarzhandel erhältlich. In unmittelbarer Nähe des »einstigen Asylanten« (Joachim C. Fest) saßen immer die gleichen Damen und starrten aus ihren Lorgnons neugierig und verzückt den 21. – und letzten – Reichskanzler der ersten deutschen Republik an. Sie standen fast alle im Alter mütterlicher Freundinnen, die von jeher die glühendsten Verehrerinnen des Mannes aus Braunau gewesen waren, wie zum Beispiel die Frau des Klavierfabrikanten in München, die ihm beigebracht hatte, daß man keinen Zucker in den Wein schüttet – Antialkoholiker war der Massenhypnotiseur erst seit 1924 – und daß man zum blauen Anzug kein violettes Hemd mit knallroter Krawatte trägt.

Obwohl ihm die allseitige Neugierde lästig sein mußte, gab sich der »dämonische Demagoge« (Peter Hoffmann) wohlwollend und geduldig. Seine Stimme blieb halblaut, sein Lächeln entspannt. Weit und breit war keine Uniform zu sehen; kein Absperrseil trennte den Reichskanzler von den anderen Kaffeehausgästen, deren Handtaschen und

Aktenmappen nicht durchsucht worden waren. Auch für die Personalausweise interessierte sich niemand, und keiner hatte vor dem Eintreffen des Führers danach gefragt, ob die Herumsitzenden jüdisch oder kommunistisch wären.

Er trat auf wie ein Privatmann, gab sich bescheiden, brav und bürgerlich. Er konnte keine Polizisten in seiner Nähe ertragen, zumindest keine uniformierten. Er weigerte sich, im gepanzerten Auto zu fahren, da er schnelle Autos liebte. Nicht selten gab er seinem Fahrer den Befehl, die Begleitwagen mit seinen Leibwächtern durch rasende Fahrt einfach abzuhängen.

Hitler verkehrte weiterhin in seinen Lieblingslokalen – im Gegensatz zu früher ohne sichtbaren Schutz. Er erschien in den »Carlton-Teestuben« in München ebenso wie im »Wintergarten« in Berlin oder auf den Rheinterrassen des Hotels Dreesen in Bad Godesberg. Stets verbot er seinen Begleitern, die anderen Gäste zu belästigen, auch wenn es auf Kosten seiner Sicherheit ging, bemüht, jedermann vorzuführen, wie sehr ihn seine politischen Gegner verkannt und verleumdet hätten. Die von der SA gehässig angekündigte und sadistisch ausgemalte »Nacht der langen Messer« war zunächst ausgefallen. Zwar gab es Gerüchte, die ersten Kommunisten säßen bereits hinter Gittern, aber das geschah ihnen nach weitverbreiteter Volksmeinung ganz recht. Man munkelte auch, in Berlin gebe es bereits an die 50 wilde KZs, in denen sich die SA-Stürme ihre eigenen Gefangenen hielten, sie verprügelten oder auch – wenn die Drangsalierten Glück hatten – gegen ein paar Kästen Bier als Lösegeld wieder laufen ließen.

Draußen auf den Straßen lief mit einem Trommelwirbel von den Alpen bis zur Nordsee, mit einer nicht mehr zu steigernden Agitation, mit Prügelszenen und Straßenjagden eine Wahlschlacht an, mit der Hitler endgültig die absolute Mehrheit gewinnen wollte, hier aber, im Saal, blieb er ruhig. Dezent spielte der Primas mit schmachtender Geige das Lied vom »Traurigen Sonntag« oder »Du schwarzer Zigeuner, komm, spiel mir ins Ohr«. Und hier saß der neue Führer, von dem man nicht wußte, daß er jedes Wort und jede Geste vor dem Spiegel zu proben pflegte, mitten unter seinen Volksgenossen und spielte die Geschichte vom sanften Wolf und den naiven Geißlein vor.

1933: Hitler und Roosevelt waren gleichzeitig an die Macht gekommen. In Deutschland gab es mehr als sechs Millionen Arbeitslose, aber die Daten der Wirtschaft kündigten die Erholung von der Depression an. In den Kinos weinten weltweit die Menschen über Königin Christine alias Greta Garbo. Während in Deutschland unerwünschte Bücher auf Scheiterhaufen verbrannt wurden, löschten Millionen von Amerikanern nach Aufhebung der Prohibition erstmals legal wieder ihren Durst. Mit einem Bandgenerator schaffte der Forscher van der Graaff eine elektrische Spannung von mehr als einer Million Volt, aber weit höher war die Spannung, ob die Braunhemden nunmehr in Deutschland die angedrohte Treibjagd veranstalten würden. Noch fürchtete die Welt den gerade in Hollywood kreierten Riesenaffen King-Kong mehr als den »österreichischen Vagabunden« (William L. Shirer).

Die Kaffeetanten rührten in der Tasse und betrachteten gerührt den gezähmten Massendompteur. Hier, in diesem Haus, seinem Berliner Hauptquartier, auf der letzten Meile zur Macht, war Hitler seit 1931 gewissermaßen zu Hause gewesen. Er hatte dieses Hotel auch nicht verlassen, als vor zwei Jahren von einem oder mehreren Unbekannten versucht worden war, ihn mit seinen Trabanten zu vergiften. Im Gegenteil, Hitler hatte, um den Skandal zu vertuschen, nicht einmal eine Anzeige bei der Polizei erstattet.

»Dieses Attentat, bisher kaum bekannt, ereignet sich an einem Januartag 1932 im Berliner Hotel ›Kaiserhof‹, wo Hitler und sein Stab regelmäßig wohnen«, schreibt Hans-Otto Meissner. »Eines Tages, etwa eine Stunde nach dem Mittagessen, fühlen sich alle, die daran teilgenommen hatten, gleichermaßen schlecht. Erbrechen stellt sich ein, Magenkrämpfe und Schwächezustände. Ärzte werden eilends herbeigerufen. Am schlimmsten geht es dem Adjutanten Brückner, um dessen Leben man bangt. Am leichtesten ist Hitler selbst betroffen, der ja nur ein mäßiger Esser und zudem Vegetarier ist. Die Hintergründe der seltsamen Erkrankungen wurden nie geklärt. Jedenfalls hat sich Gift in den Speisen befunden, wenn auch die Menge zu schwach war, um tödlich zu wirken. Von jetzt an, bis Hitler in das Reichskanzlerpalais einziehen wird, ißt er täglich bei Magda Goebbels, um der Gefahr neuer Giftanschläge zu entgehen.«

Die mysteriöse Giftaffäre war nicht die einzige Enttäuschung, die Hitler im »Kaiserhof« erlebt hatte. Beim Berliner Verkehrsstreik 1931 waren die braunen Bataillone Schulter an Schulter mit den Kommunisten gegen die Sozialdemokraten angetreten, was ihn Sympathisanten gekostet hatte. Zwar blieben Hitlers politische Gegner, unfähig, sich gegen ihn zu einigen, weiterhin Versager, aber Hochfinanz und Schwerindustrie hatten ihre NSDAP-Zuwendungen gekürzt und

Deutschlands Stimmbürger den Braunen die Quittung für ihre Kollaboration mit den Roten gegeben.

Am 7. November 1932, nach der eigentlich letzten freien Reichstagswahl, stürmte Hitler »weiß wie ein Bettlaken« (Ernst Hanfstaengl, Inlands-Pressechef der NSDAP) in die Wohnung seines Propagandaleiters am Reichskanzlerplatz, mit Selbstmordabsichten spielend. Bei den Wahlen am Vortag war die NSDAP von 37,4 auf 33,1 Prozent Stimmanteile zurückgefallen; sie hatte 2 Millionen Wähler und dadurch 34 Mandate verloren, während die Kommunisten 11 erobern konnten und nunmehr im Reichstag 100 Sitze hielten, 96 weniger als die braune Konkurrenz.

Ausgerechnet dieses Debakel rettete den Braunauer. »Die Gefahr, die hier aufzuziehen schien, war entsetzlich«, stellt der Hitler-Biograph Helmut Heiber fest. »Dann akzeptierte man schon lieber diese zwar gräßlich lauten, ungehobelten und schockierenden, aber doch wenigstens verhandlungsbereiten und gewiß letzten Endes lenkbaren Nazis.«

Die Gönner von Rhein und Ruhr griffen wieder in die Tasche, und die Deutschnationalen wählten das »kleinere Übel«. Am 30. Januar 1933 war Hitler Reichskanzler im »Kabinett der nationalen Erhebung« geworden, in dem die Deutschnationalen acht Minister und die Braunhemden zwei stellten. Hitlers Gegenspieler und Steigbügelhalter triumphierten. Sie hatten »das Strandgut des Ersten Weltkriegs« (William L. Shirer) majorisiert oder, wie sie es nannten, »eingerahmt«. Es konnte nichts passieren. Die Reichswehr, die weitaus stärkste Macht in Deutschland, war auf den Reichspräsidenten vereidigt und würde, auf einen Befehl Hindenburgs hin, losschlagen. Zwar hatte Hitler seinen intriganten Partnern Neuwahlen für den 5. März abgezwungen, aber dabei von vorneherein garantiert, daß sie, wie immer das Votum ausginge, im Kabinett die absolute Mehrheit behalten würden.

So hatte die Machtergreifung eher einer Machterschleichung geglichen, aber Hitler, »der Korken auf der Revolution« (Otto Strasser, abgefallener Wortführer der Berliner Nationalsozialisten und Mitbegründer der Schwarzen Front), war durchs Ziel geschwommen. Natürlich konnte er bei den Märzwahlen erstmals die Machtmittel des Staates einsetzen und mußte so zwangsläufig Stimmen gewinnen – es war aber nur eine Frage der Zeit, bis er sich totlaufen würde, da er seine maßlosen Versprechen nicht halten konnte. Die deutschnationalen Herrenreiter hielten den Schreihals gewissermaßen unter ihrem steifen Hut, und im Gehrock wirkte Hitler eher possierlich als gefährlich. Man sah ihn jetzt weit öfter in Zivil als im Braunhemd, und der Vizekanzler Franz von Papen brüstete sich insgeheim großsprecherisch, »ihn binnen weniger Wochen an die Wand zu drücken, bis er quietschen würde« – er wußte noch nicht, was hinter der Ankündigung des norddeutschen NS-Führers Adalbert Volck aus dem Jahre 1924 stand: »Unser Programm, zwei Worte: Adolf Hitler.«

Die Kommunisten ahnten es. Schon wurden heimlich Flugblätter herumgereicht, auf denen ein bewaffneter Volksaufstand gefordert wurde. Tatsächlich ließen die ersten Anschläge auf den Prediger von Haß und Gewalt nicht lange auf sich warten. Der Führer der aggressivsten und hemmungslosesten Partei wirkte selbst auf besonnene Gegner wie eine Einladung zu Mord und Totschlag. Er hatte den Wind gesät, er würde den Sturm ernten, und so wurde Hitler von der ersten Stunde seiner Regierungszeit an von Attentatsdrohungen verfolgt. Schon waren die ersten bereit, ihm das Schicksal zu verschaffen, das er der ganzen Welt zugedacht hatte. Wenn er sich nicht gegenüber der Öffentlichkeit hermetisch abschirmte, würden nicht unerfüllbare Versprechungen seine Karriere beenden, sondern Handgranaten oder Maschinenpistolen.

Den Morddrohungen folgten bald Anschläge. Der braune Kanzler stellte sich an den Brennpunkten der Wahlschlacht schreiend und gestikulierend auf den Präsentierteller. Er war der erste Politiker, der konsequent das Flugzeug als Wahlhelfer einsetzte und bei jedem Wind und Wetter quer durch Deutschland kurvte, 50 Städte in 16 Tagen, oft drei, vier Kundgebungen zwischen Mittag und Abend. Gedränge vor seinen Auftritten und danach. Tausende auf den Straßen, eine unübersehbare, unkontrollierbare Masse. Die meisten Anhänger, unter ihnen auch seine Feinde. Gegen den »Trommler« waren noch immer weit über 60 Prozent des deutschen Volkes.

Eine Woche vor der von Goebbels zum »Tag der erwachenden Nation« hochstilisierten Wahlentscheidung erreichte der gesteuerte Massenrausch seinen Siedepunkt. Plötzlich, am 27. Februar 1933, goß ein brisantes Ereignis Öl ins Feuer:

Der Reichstag brannte.

Hitler hatte seinen ganz großen Wahlschlager: Das Feuer in einem Haus, das er von jeher als »Schwatzbude« beschimpft hatte, kam ihm so gelegen, daß selbst seriöse Historiker lange Zeit der irrigen Meinung waren, die Nazis selbst hätten das Parlament angezündet, um sich einen Vorwand zur Kommunistenhatz zu verschaffen. Noch in der Nacht erschien Hitler an der Brandstelle, sprach von einer roten Verschwörung, steigerte sich in einen Tobsuchtsanfall hinein und drohte, sämtliche kommunistische Abgeordnete des Reichstags sofort aufhängen zu lassen.

Sein Paladin Hermann Göring, Preußens erster NS-Innenminister, schlug brutal zu: Er ernannte 50000 SA-Männer zu Hilfspolizisten – ihre einzige Legitimation war eine weiße Armbinde – und ließ an die 4000 Kommunisten und zu solchen deklarierte Rechtsanwälte, Journalisten und Wissenschaftler als »Schutzhäftlinge« festnehmen und in Konzentrationslager sperren, aus denen sie nach Monaten, nach Jahren oder nie mehr zurückkehren sollten.

Beeindruckt von der künstlich geschürten Panik vor einem roten Aufstand unterzeichnete der Reichspräsident die »Notverordnung zum Schutz von Volk und Staat«, die »Adolphe Légalité« praktisch von den Fesseln der Rechtsstaatlichkeit befreite. Goebbels setzte die neuen Möglichkeiten sofort in die Parole um: »Straße frei für die SA!«

Der hinkende Gauleiter von Berlin war auch der Regisseur der gewaltigen Schlußkundgebung des Wahlkampfes. Am Abend des 4. März stellte die Bewegung noch einmal alles auf die gestiefelten Beine, was sie aufzubieten hatte. Die Schlagzeilen der Zeitungen lärmten, »Angeschlossen alle deutschen Sender« tönte aus dem Reichsrundfunk eine bald geläufige Ansage. Direktübertragung einer »Schicksalsstunde« über Lautsprecher auf Straßen und Plätzen, Gemeinschaftsempfang in Schulen und Betrieben und demnächst auch in den Kasernen.

Seit Tagen wurde die Hauptstadt Ostpreußens auf den Hauptdarsteller Hitler vorbereitet. Schon am Morgen des Wahltages zogen Spielmannszüge durch die Stadt, gefolgt von Pimpfen, Hitlerjungen, BDM-Mädchen und braunen Formationen. Girlanden an den Wänden. Ganz Königsberg ein einziges Fahnenmeer. Dumpfer Rhythmus. Gleichschritt. Gleichklang. Massenschrei mit einer Stimme. Wer sich in den Weg stellte, wurde niedergetreten. Bilanz der Wahlschlacht: 51 tote Hitler-Gegner, 18 SA-Verluste, Hunderte von Verletzten.

Großer Schlußchor: der Führer inmitten seiner alten Garde und seiner brandneuen Anhänger. Frenetische Heil-Schreie. Sprechchöre: »Ein Volk, ein Reich, ein Führer!« Und zuletzt stehend, von allen zu singen, der Choral: »Nun danket alle Gott«, überlagert vom wuchtigen Glockengeläute des Königsberger Doms.

Wäre es nach Karl Lutter gegangen, hätten ungläubige und selbst gottlose Kommunisten in die für sie ungewohnte Gottespreisung aus tiefer Überzeugung mit einstimmen können. Der Schiffszimmermann hatte sich entschlossen, mit ein paar KPD-Genossen als verlorener Haufen den Herold des Hasses am Vorabend der Wahl in die Luft zu sprengen. Der potentielle Attentäter war mindestens zweimal mit seinen Freunden zusammengekommen, um die Verzweiflungsaktion in allen Einzelheiten abzusprechen. Vielleicht ein wenig zu unvorsichtig, jedenfalls gab ein Spitzel der Polizei einen Wink. Wenige Stunden vor dem Eintreffen des Verhaßten und Vergötzten flog die ganze Gruppe auf. Diese Kommunisten hatten das Glück, von der Polizei und noch nicht von der Gestapo vernommen zu werden; eine Voruntersuchung des Oberreichsanwaltes, die zu ihrer Anklage führen sollte, wurde zugleich ihr Schutz. Die Zeugen schwiegen, und die Haussuchungen blieben erfolglos, obwohl sie auch auf die Wohnungen Verwandter und Bekannter ausgedehnt wurden. Es fanden sich weder Waffen noch Sprengstoff, die Verschwörer hatten wohl erst in letzter Stunde Pistolen und Handgranaten übernehmen wollen. Es wurden auch keinerlei schriftliche Unterlagen sichergestellt. Kein Beteiligter belastete den anderen, und der wahrscheinlich aus den eigenen Reihen stammende Denunziant hatte nicht den Mut zur Konfrontation mit den Verdächtigen.

Es ergab sich eine groteske Situation: Diese Verschwörer saßen auf Nummer Sicher zu einem Zeitpunkt, da die Funktionäre ihrer Partei längst in Schutzhaft, in den Untergrund abgedrängt oder zur Emigration in die Sowjetunion gezwungen worden waren. Im Gegensatz zu ihren roten Mitstreitern, die laut Stempel »postalisch nicht auffindbar« waren, blieben sie halbwegs ordentlich behandelte Untersuchungshäftlinge, und gegen Ende des Jahres 1933 wurden »Karl Lutter und andere« wegen Mangels an Beweisen aus dem Gefängnis entlassen.

Einen Tag nach der Verhaftung der Königsberger Gruppe, am 5. März, war Wahltag: Er wurde zum Zahltag. Der braunen Morgenröte folgte ein handfester Katzenjammer. Die entfesselte Wahlschlacht, diese Mischung aus Krawall und Pathos, hatte wenig gebracht. Die absolute Mehrheit der Deutschen war nach wie vor gegen Hitler. »Nur« 43,9 Prozent – etwas über 17 Millionen – Wähler dieser Republik von Weimar gaben Hitler ihre Stimme. Die Sozialdemokraten erhielten über 7 Millionen, die verfolgten Kommunisten – ihre Partei war von Hitler nur deswegen noch nicht verboten worden, damit die Arbeiterstimmen nicht den Sozialdemokraten zugute kommen könnten – noch weit über 4 Millionen. Zusammen mit ihren deutschnationalen Komplizen – denen vom Wähler die Schrittmacherdienste für das Dritte Reich mäßig honoriert worden waren – verfügten die Nationalsozialisten nunmehr in dem in die Kroll-Oper umgezogenen Reichstag über eine knappe Mehrheit von 51,9 Prozent.

Trotzdem jubilierte Goebbels: »Wir sind die Herren im Reich und in Preußen!« Er inszenierte am 21. März die Posse von Potsdam am Sarge Friedrichs des Großen: Der Reichskanzler verbeugte sich tief und servil; mittels eines endlosen, millionenfach reproduzierten Handschlags mit dem »ehrwürdigen Reichspräsidenten« Hindenburg auf der Treppe der Garnisonskirche wurde das Bündnis der Rechten besiegelt.

Es war eine Schlacht mit verkehrten Fronten: Der 86jährige Hindenburg, der sonst Zivil trug, war in seiner Generalfeldmarschallsuniform erschienen, und der von ihm kurz vor der Zeremonie noch als »böhmischer Gefreiter« titulierte Parteiführer hatte das Braunhemd ausgezogen und war in einen schwarzen Cutaway geschlüpft, in dem er aussah, als hätte er ihn bei einem Kleiderverleih ausgeborgt.

Mit steifen, ungelenken Schritten stapfte der Reichspräsident – der Sieger von Tannenberg wehrte sich gegen den überfälligen Rollstuhl, weil er ihm als amtliche Anschaffung zu teuer erschien – ins Innere, hob den Marschallstab vor dem leeren Stuhl Kaiser Wilhelms II., hinter dem der Kronprinz in Galauniform saß, umgeben von Uraltgenerälen in der Montur des Kaiserreichs. Öffentlich und unter dem Beifall bisher Zögernder trat der jahrelang durch Ausweisung bedrohte Staatenlose und nur durch die Hintertür eingebürgerte papierdeutsche Österreicher in die Fußstapfen der preußischen Soldatenkönige.

Danach hielt der neue Führer auf dem Foto Einzug in Hunderttausende deutscher Wohnstuben, die ihm bisher verschlossen geblieben waren. Die SA-Stürme registrierten zahllose Anwärter; eine Million Mitläufer strömte in die NSDAP – unter dem Ansturm der »Märzveilchen« mußte eine vorübergehende Aufnahmesperre verhängt werden.

Die Kommunisten wurden als erste Partei verboten, und einigen ausgetrickste Konservativen dämmerte erstmals, daß man den »Eingerahmten« nur noch durch einen Staatsstreich loswerden könnte. Während man in den Herrenclubs und Salons hinter vorgehaltener Hand tuschelte, warteten im Untergrund Versprengte, die nichts mehr zu verlieren hatten, auf eine Chance, den Despoten zu töten. Beppo

Römer, ein abenteuerlicher Typ, der seine Karriere als Freikorpsoffizier gestartet hatte, zu den Nazis gestoßen und später zu den Kommunisten übergelaufen war, sondierte in unmittelbarer Nähe der Reichskanzlei die Möglichkeiten eines Anschlags. Der wilde Draufgänger war besonnen genug, nichts zu überstürzen. Er lag über Monate und Jahre auf der Lauer, führte Buch über die Lücken in Hitlers Abschirmung und wartete, wartete, wartete.

Eine oppositionelle Gruppe um Dr. Helmuth Mylius bereitete den Tyrannenmord vor, wurde aber vor Ausführung der Tat verhaftet. Das weitere Schicksal dieser Männer verschweigen die Akten.

Die Feinde der ersten Stunde begannen sich gegen die nun regierende Bewegung zu formieren und den Widerstand zu organisieren. Langsam setzte sich die Erkenntnis durch, daß man den Gewalttätigen nur gewaltsam beseitigen könne.

Die ersten Attentäter, Einzelgänger oder winzige Gruppen, operierten auf eigene Faust, noch ohne Zusammenhang. Zu ihnen kamen Wichtigtuer, Hysteriker, Alkoholiker und Geistesgestörte, die ihre Pläne anonym ankündigten und mitunter auch versuchten, Hitler zu töten. Es verging keine Woche, in der nicht mindestens eine Morddrohung die Reichskanzlei erreichte.

Die Verfolger Hitlers stellten nicht selten fest, daß man viel leichter an ihn herankommen konnte, als sie es sich vorgestellt hatten. Offensichtlich waren seine Pläne, die totale Macht an sich zu reißen, gründlicher durchdacht als die Vorbereitung seines persönlichen Schutzes, der jetzt vorrangig geworden war. Wenn sich auch die meisten Mordkomplotte schon auf den zweiten Blick als Halluzinationen von Phantasten erkennen ließen, war in jedem Fall zu untersuchen, ob sich Aktivisten oder Wichtigtuer angekündigt hatten.

Viele, die bereit gewesen wären, sich gegen Hitler auch brachial zu wehren, waren bereits in den KZs verschwunden. Tausende und Zehntausende sollten ihnen bald folgen, denn zwei Tage nach dem Rührstück von Potsdam beseitigte Hitler endgültig die Demokratie von Weimar. Er berief den Reichstag in die Kroll-Oper: Die 81 KPD-Abgeordneten fehlten. Auf die Frage nach ihrem Verbleib antwortete Reichsinnenminister Wilhelm Frick zynisch, daß sie »andernorts durch eine dringendere und nützlichere Arbeit verhindert seien«.

Während draußen die SA lärmte: »Wir wollen das Gesetz – sonst Mord und Totschlag!«, bat im Plenarsaal Hitler in der Pose des

Staatsmanns die Abgeordneten unter Hinweis auf seine »unblutige Revolution«, ein »Gesetz zur Behebung der Not von Volk und Reich« mit Zweidrittelmehrheit zu billigen und dadurch die bürgerlichen Freiheiten und ordentlichen Rechtsmittel auszusetzen, »für vier Jahre«.

»Die Regierung beabsichtigt dabei, von diesem Gesetz nur insoweit Gebrauch zu machen, als es zur Durchführung der lebensnotwendigen Maßnahmen erforderlich ist«, versprach Hitler in seiner Jungfernrede. »Weder die Existenz des Reichstags noch des Reichsrats soll dadurch bedroht sein . . .«

Nur die Sozialdemokraten hatten am 23. März 1933 den verzweifelten Mut, geschlossen gegen dieses Ermächtigungsgesetz zu stimmen. Die Kommunisten konnten nicht mehr votieren, und die anderen Parteien versuchten durch Anpassung ihren Untergang hinauszuschieben.

Der Mäßigung, die Hitler versprochen hatte, begab er sich noch am gleichen Tag. Als erste Handlung begnadigte er fünf zum Tode oder zu lebenslänglichem Zuchthaus verurteilte SA-Mörder, die im Vorjahr im oberschlesischen Ort Potempa einen Arbeitskollegen und politischen Gegner vor den Augen seiner Mutter totgetrampelt hatten; sie kamen sofort frei. Gleichzeitig rollte die Verhaftungswelle gegen die Sozialdemokraten an. Dann wurden Gewerkschaftler, Liberale und Katholiken in Schutzhaft genommen, wo sie etwas spät überlegten, was sie mit Einigkeit oder einem Generalstreik gegen die Machtergreifung hätten erreichen können.

Die ersten Monate der »unblutigen Revolution« wurden mit 500 bis 600 ermordeten »Staatsfeinden« saldiert. An die 50 000 Gegner der Bewegung saßen hinter Stacheldraht, Vorläufer von Millionen. Wer der ersten Säuberung entkommen war, versteckte sich im Untergrund, traf hier andere und beschloß, aus Notwehr zum Angriff zu schreiten.

In der Umgebung des Diktators mußte man mit einem Anschlag aus diesen Kreisen rechnen und sich dagegen vorsehen. Als Reichskanzler hatte Hitler Anspruch auf vollen Staatsschutz durch die gleiche Polizei, die von ihm 14 Jahre lang unentwegt angegriffen worden war, weil sie die Saalattacken seiner rabiaten Braunhemden mit dem Gummiknüppel niederzukontern pflegte. Der Hausherr der Reichskanzlei konnte die Schutzeinrichtungen seiner Vorgänger übernehmen. Verfassungsmäßig war die Polizei Ländersache: Hielt sich der Reichskanzler in München auf, war für seinen Schutz die bayerische, weilte er in Dresden, die sächsische Polizei verantwortlich. In Berlin unterstand er dem Schutz preußischer Kriminaldienststellen. Obwohl sich die Weimarer Republik bereits in den ersten drei Jahren ihres Bestehens – von 1919 bis 1921 – mit 376 politischen Morden vorgestellt hatte – »Erfüllungspolitiker« wurden von Fememördern einfach niedergeknallt –, war die Abschirmung des jeweiligen Regierungschefs kleingehalten worden.

Die Polizei hatte je nach Anforderung der Reichskanzlei Beamte zur Bewachung des Gebäudes und als Absperrposten abzustellen, bei Alltagsbetrieb nur wenige, bei Staatsakten entsprechend mehr. Erst nach der Ermordung des Reichsaußenministers Walter Rathenau im Juni 1922 wurde im Berliner Polizeipräsidium eine Spezialtruppe von Kriminalbeamten gebildet, die den Regierungschef ständig zu bewachen hatte und ihm auch direkt unterstellt war. Jeweils ein Beamter war der ständige Begleiter des Reichskanzlers und blieb in der Öffentlichkeit – wenn auch möglichst unauffällig – stets an seiner Seite. Befehlsgemäß hatte er bei Autoausfahrten neben dem Chauffeur zu sitzen und den Verkehr sorgfältig zu beobachten. Im Falle eines Anschlags mußte er entscheiden, ob der Wagen anhalten oder so schnell wie möglich den Gefahrenpunkt durchrasen sollte.

Mit diesem Minimalaufwand war kein NS-Staat zu machen, und ohnedies wurden die Länderregierungen bald abgeschafft und alle Staatsgewalt zentralisiert. Die Trabanten des Führers mußten sich schleunigst um eine Leibgarde aus tüchtigen Fachleuten wie aus getreuen Gefolgsmännern bemühen. Hitler bestand darauf, jeden der Beamten und Soldaten, die ihn künftig umgeben sollten, persönlich auszuwählen und von allen anderen Aufgaben freizustellen. Diese Leibgardisten sollten ausschließlich zu seiner Verfügung stehen wie die acht Begleiter, für die er sich aus einem größeren Angebot 1931 entschieden hatte.

Eine Gewohnheit aus ersten Anfängen. In der Kampfzeit hatte der »spinnerte Adi« (Münchner Volksmund) einen »Stoßtrupp Adolf Hitler« geschaffen, bestehend aus einem Freibankmetzger, einem Uhrmacher und einem Pferdeknecht, unter Anführung eines fast zwergwüchsigen Schreibwarenhändlers – es war die Keimzelle der Schutzstaffel (SS), zunächst nur eine Art Parteipolizei darstellend, die sich später von der Sturmabteilung (SA) – zu der sie gehörte – durch schwarze Uniformen unterschied. Diese Untergliederung sollte eine

Elite sein und hatte deshalb einen Numerus clausus: Die SS-Formationen durften nur 10 Prozent der SA-Stärke ausmachen.

Diese Männer mit dem Totenkopf als Emblem wurden einem gewissen Heinrich Himmler unterstellt, einem ehemaligen Fähnrich und Geflügelzüchter, der sich Reichsführer-SS nannte und beim Machtantritt offensichtlich bei der ersten Ämterverteilung übergangen worden war. Er saß noch in München herum und wartete sehnsüchtig darauf, daß ihn Berlin rufe, wo inzwischen unter dem Kommando des derben NS-Kämpen Sepp Dietrich eine erste bewaffnete SS-Einheit entstand, die später in der Kadettenanstalt Lichterfelde kaserniert wurde: die künftige »Leibstandarte-SS Adolf Hitler«. Hier holte sich Hitler die Prätorianer seiner unmittelbaren Umgebung, zunächst 17 Mann, die ihn rund um die Uhr zu bewachen hatten, je nach Laune stramm oder unsichtbar.

Die Männer des SS-Begleitkommandos waren kräftige Burschen mit zackigem Auftreten und Gardemaß – Mindestgröße der Mannschaften und Unteroffiziere 1,78, der Offiziere 1,80. NS-Weltanschauung wurde ihnen eingedrillt wie Gewehrgriffe, Stechschritt und Elitebewußtsein. Und sie mußten einen »arischen Nachweis« bis zum Jahre 1800 – Offiziere bis 1750 – führen. Hitler schenkte ihnen sein besonderes Wohlwollen und den Leitspruch: »Unsere Ehre heißt Treue.« Aus ihren Reihen wählte er auch seine Diener aus. Hitlers Lakaien waren ausnahmslos SS-Ränge, die zwangsläufig besser im Schießen waren als im Servieren. Tatsächlich hatten sie den Befehl, sich im Falle eines Attentats vor ihren Führer zu werfen und ihn mit ihrem Körper zu decken. Einer von ihnen mußte sich deshalb immer in seiner Nähe aufhalten, wurde aber von seinem Chef immer wieder zu Botengängen weggeschickt.

Niemand durfte den Führer wegen einer solchen Sicherheitssünde maßregeln. Im ersten Stadium waren alle Schutzmaßnahmen improvisiert und überstürzt; ohnedies hatte Hitler ein gespaltenes Verhältnis zu seiner Sicherheit, ein Spieler auch hier. Einerseits machte es ihm Freude, immer wieder an Anschläge auf sich selbst zu erinnern und sie seinen Zuhörern in allen Einzelheiten auszumalen. Zum anderen aber war er überzeugt, daß gegen einen »idealistisch gesinnten Attentäter, der für seinen Plan rücksichtslos sein Leben aufs Spiel setzt, kein Kraut gewachsen« sei, weshalb 90 Prozent aller historischen Attentate gelungen seien. Aber er schränkte weder seine riskanten Privatausflüge in öffentliche Lokale noch seine schon zwanghafte Reiselust ein. Selbst als Reichskanzler fuhr oder flog er von Berlin aus fast jedes Wochenende nach München und meistens zu seinem Berghof auf dem Obersalzberg weiter.

Hunderte von Bahnbeamten erfuhren es, wenn sein Salonwagen an einen normalen D-Zug angehängt worden war. Im Luftraum sprach sich herum, wann die »Führermaschine« gestartet war, die vermutliche Ankunftszeit und der Landeort blieben kein Geheimnis. Zwar war es den Männern in der Umgebung des Reichskanzlers verboten, Auskünfte über den Aufenthalt ihres Chefs zu geben, aber ein Attentäter konnte es ohnedies meistens im »Völkischen Beobachter« lesen oder auch beobachten, wie bei der Ankunft des Reichskanzlers zum Beispiel in der Reichskanzlei die Führerstandarte aufgezogen und bei seiner Abfahrt wieder eingeholt wurde.

Himmler hatte sich inzwischen die Länderpolizeien unterworfen. Der Ehrgeiz des in München sitzengebliebenen Reichsführers-SS war unübersehbar; trotzdem ahnte niemand, daß Himmler bald die SA, die Partei und die Wehrmacht überrunden und die totale Staatsgewalt an sich reißen würde. Bayerns politischer Polizei entnahm er Leihgaben, bewährte Altparteigenossen neben Überläufern, die ihren neuen Chef noch vor Wochen observiert hatten. Unter dem Kommando des bärbeißigen, stiernackigen Polizeihauptmanns Hans Rattenhuber wurde ein Führerschutzkommando gebildet, das später den Namen Reichssicherheitsdienst (RSD) erhielt und für alle Potentaten des Dritten Reiches zuständig wurde.

Die Eignung dieses neu aufgestellten Kommandos stand außer Frage; nach seiner politischen Zuverlässigkeit wurde zunächst keiner über Gebühr gefragt, und so gab es unter den Beamten einige, die weder der Partei noch einer ihrer Gliederungen angehörten. Die RSD-Funktionäre, zunächst in Zivil, sollten Attentate gegen Hitler nicht nur abwehren, sondern auch offensiv erkunden und schon im Vorbereitungsstadium vereiteln.

Aber der Mann, vor dessen Leben sie sich stellen sollten, wollte Himmlers gemischte Garde zunächst nicht sehen, weder in Berlin noch in München. Eigensinnig und unwillig schüttelte er die zivilen Gorillas seines Reichsführers-SS, dessen Fürsorge er als Anmaßung empfand, ab. Schließlich akzeptierte er sie, bestand aber auch hier darauf, sich jeden einzelnen Beamten selbst auszusuchen.

Die beiden Organisationen, SS und RSD, bestanden nebeneinander und waren natürliche Rivalen. Es kam zu Reibereien, Eifersüchteleien und Kompetenzquerelen. Die meisten Probleme ergaben sich freilich aus der Person Hitlers selbst, dessen Befehle sich ständig widersprachen und der eine ausgesprochene Scheu hatte, sich in der Öffentlichkeit hinter markigen Begleitern zu verstecken.

Als Selbstdarsteller mußte sich der »geliebte Führer« inmitten seiner Volksgenossen möglichst unbewacht zeigen. Er trieb den Führerkult auf die Spitze, präsentierte sich fortgesetzt als Idol der Masse.

»Hitler war sein ganzes Leben lang ganz außerordentlich von sich eingenommen und neigte von seinen frühesten bis zu seinen letzten Tagen zur Selbstüberschätzung«, schreibt Sebastian Haffner. »Stalin und Mao haben den Kult mit ihrer Person kühl als politisches Mittel eingesetzt, ohne sich selbst davon den Kopf verdrehen zu lassen. Hitler war beim Hitler-Kult nicht nur dessen Gegenstand, sondern auch der früheste, ausdauerndste und inbrünstigste Adorant.«

Die ekstatischen Entladungen seiner Anhänger verschafften ihrem Verursacher Genuß, doch oft auch Verdruß, vor allem, wenn er mit dem Auto reiste. Sowie durchgesickert war, daß die Führerkolonne eine bestimmte Route durchfahren würde, stellten sich Dorfbürgermeister und Ortsgruppenleiter zu Begrüßungsreden in Positur. Wenn Hitler in Eile war, ließ er sie stehen und verschaffte sich mit den Stoßstangen freie Fahrt. Um ihn daran zu hindern, stellten Jubelbauern gelegentlich ihre Mistfahrzeuge quer und zwangen den Unwilligen zum Aussteigen. Sein Begleitkommando hatte es dann schwer, ihn aus der ländlichen Falle zu befreien.

Es gab noch keine Autobahnen. Die Landstraßen waren teilweise schlecht ausgebaut und zwangen zu vielen Ortsdurchfahrten. Wann immer es möglich war, zog der Diktator das Flugzeug auf seinen Reisen vor. War er mit dem Wagen unterwegs, fuhr er lieber nachts. Seine Begleiter wurden erst im letzten Moment verständigt und oft auch über das Reiseziel im unklaren gelassen.

In seinem ersten Regierungsjahr war Hitler beinahe ebensooft in München wie in Berlin, und von hier aus machte er fast immer einen Abstecher zu seinem Ferienhaus »Wachenfeld« auf dem Obersalzberg. Meistens lud er sich Gäste ein. Einmal waren es die Hanfstaengls. Sein Auslandspressechef hatte keine Zeit, aber Frau Helene und ihr zwölfjähriger Sohn Egon begleiteten den Staatschef. Es dunkelte bereits, als sie starteten. Hitler, bester Laune, hatte sich erbötig gemacht, die Eingeladenen in ihrer Münchener Wohnung abzuholen. Er saß neben seinem Fahrer Erich Kempka, ein Begleitwagen folgte auf der fast leeren Landstraße.

Kurz vor Rosenheim knallten Schüsse.

Der Wagen stotterte, sein Motor starb ab.

Hitler und seine Begleiter sprangen aus dem Auto, sieben Leibwächter bildeten einen Kreis um ihn in Erwartung eines Attentats auf den »Mann von wahrhaft säkularer Bedeutung« (Goebbels). Ihre Augen suchten die Angreifer, aber die Läufe ihrer automatischen Waffen zielten ins Leere.

Nichts rührte sich. Die Spannung löste sich auf wie ein Spuk.

Der Fahrer öffnete die Kühlerhaube, hantierte am Motor herum. Hitler, noch immer umstellt, leuchtete ihm mit einer Taschenlampe.

»Es ist wieder die alte Geschichte, mein Führer«, schimpfte Kempka. »Die Roten müssen Zucker in den Tank geworfen haben.«

Dieser lächerliche Zwischenfall wurde verschwiegen, aber auf den zwölfjährigen Egon machte die Reise einen so bleibenden Eindruck, daß er sich noch Jahrzehnte später an alle Einzelheiten erinnern konnte. In dem bescheidenen Weekendhaus konnte sich der Junge frei bewegen; es war klein, das Gelände, auf dem es stand, noch nicht Hitlers Privatberg. Das Arbeitszimmer bestand nur aus einem kleinen Schreibtisch und ein paar Bücherregalen, in denen Egon erfreut und erstaunt den Indianerbüchern von Karl May wiederbegegnete. Zum Essen gab es Mehlspeisen.

Nach dem Frühstück am nächsten Tag hatte sich Hitlers Anwesenheit herumgesprochen; aber der Führer hatte an diesem Tag keine Lust, sich den sonst durchaus willkommenen Zaungästen zu zeigen. »Er blieb im Haus, um nicht gesehen zu werden«, berichtet der Hitler-Biograph John Toland. »Jemand aus der Besucherschar rief den kleinen Egon heran und fragte ihn, ob sich der Führer wohl zeigen würde. Der Zwölfjährige ging zu Hitler und sagte in gestelztem Hochdeutsch: ›Herr Hitler, eine treuergebene Menge wartet begierig auf Ihr Erscheinen am Tor.‹«

Hitler fing an zu lachen und folgte dem Jungen nach draußen, um seine Anhänger zu begrüßen. »Sie fielen fast in Ohnmacht«, erinnerte sich später Hanfstaengl jr. »Nachdem er wieder ins Haus gegangen war, dankten sie mir überschwenglich, und eine hysterische Frau sammelte ein paar Kieselsteine auf, die er unter den Füßen gehabt hatte, und legte sie in ein kleines Gefäß.«

Solche Szenen blieben an der Obersalzberg-Ordnung, und die

uniformen Zeitungen heizten den Rummel immer weiter an, zeigten Hitler auf 1700 Meter Höhe, den Blick träumerisch in weite Ferne gerichtet. Das Haus Wachenfeld wurde zu einem Wallfahrtsort für Gaffer und Gläubige. Hier konnten sich Touristen und Terroristen in einer Art Freigehege dem schier unbewachten Führer bis auf wenige Meter nähern, ihm Blumensträuße überreichen, Fragen an ihn richten und ihm Ovationen darbringen. Manche Besucher trugen Uniform. Sie fielen am wenigsten auf, bis auf einen SA-Mann, der sich abseits von den anderen hielt, sich irgendwie sonderbar benahm und den Führer auf eigentümliche Art fixierte. Bevor man ihn stellen konnte, war er im Gedränge verschwunden. Aber der Mann im Braunhemd kam wieder; und diesmal griffen zwei Führerbegleiter zu, schnappten sich den Verdächtigen, zogen ihn unauffällig beiseite, vernahmen ihn, durchsuchten seine Taschen. Er konnte sich nicht ausweisen, und der Name, den er angab, war offensichtlich falsch; aber er hatte eine scharf geladene, entsicherte Pistole bei sich, deren Zweck nur zu offensichtlich war.

Der Mann wurde verhaftet. Seine tatsächliche Identität blieb im Dunkel wie sein weiteres Schicksal. Einmal mehr suchten die Adjutanten ihrem Führer klarzumachen, in welche Gefahr er sich durch seine ständig demonstrierte »Volksnähe« begab.

Als die ersten zwei Millionen Arbeitslose von der Straße waren, die weiterhin den braunen Bataillonen gehörte, nach dem ersten Regierungsjahr, registrierte das Führerbegleitkommando insgesamt zehn Anschläge auf Hitler; seine Sicherheit blieb auch weiterhin unsicher. Aber dieses Problem trat hinter den Erfolgen zurück, die er am ersten Jahrestag der Machtergreifung an dem zum nationalen Gedenktag erhobenen 30. Januar im Reichstag aufzählte: »Er konnte auf eine Jahresleistung zurückblicken, die ohne Parallele in der deutschen Geschichte war«, stellt William L. Shirer fest. »Im Laufe von zwölf Monaten hatte er die Weimarer Republik gestürzt, an die Stelle der Demokratie seine persönliche Diktatur gesetzt, alle politischen Parteien außer der eigenen liquidiert, die Regierungen und Parlamente der Länder beseitigt, die Gewerkschaften zerschlagen, demokratische Verbände aller Art aufgelöst, die Juden aus dem öffentlichen Leben und vielen Berufen vertrieben, Rede- und Pressefreiheit abgeschafft, die Unabhängigkeit der Gerichtshöfe zunichte gemacht und das politische, wirtschaftliche, kulturelle und soziale Leben eines alten Kulturvolkes ›gleichgeschaltet‹.«

Hitler saß fest im Sattel – und fürchtete erstmals, aus ihm geschossen zu werden, diesmal nicht von einem Attentäter, der sich ein braunes Tarnhemd angezogen hatte, sondern von seinen eigenen SA-Männern. Es war eine groteske Entwicklung eingetreten: Während Menschen, die Hitler vor seinem Machtantritt nicht gemocht hatten, in Millionenzahl zu ihm überliefen, murrten, drohten und tobten seine alten Mitstreiter gegen ihn.

Als der Siegesrausch der braunen Marschierer abgeklungen war, begriffen sie, daß die meisten von ihnen bei der Verteilung der Pfründen zu kurz gekommen waren. In den ersten Monaten machten sie noch Beute auf eigene Faust, aber bald wurden ihre wilden KZs aufgelöst und ihre einträglichen Erpressergeschäfte unterdrückt. Zwar traten einige SA-Führer – wie der ehemalige Hotelpage Karl Ernst in Berlin und der frühere Reichswehroffizier Edmund Heines in Breslau – nach wie vor auf wie Großmoguln, aber die Zeit der Rollkommandos und der auf eigene Rechnung geplünderten Judengeschäfte war vorbei.

Die SA-Verbände hatten Hitler an die Macht geboxt, eine buntschillernde Reservearmee von Arbeitslosen und Arbeitsscheuen, von Idealisten und Neidhammeln, Adel und Pöbel im Schulterschluß, Angehörige aller Berufe, vom Rausschmeißer bis zum Kaisersohn. Hitler hatte sie auf den Kampf gegen die Staatsautorität dressiert. Sie waren einst aus Mietskasernen, Elendsvierteln und Arbeitervorstädten gegen das Establishment angetreten. Jetzt paradierten sie an Ehrentribünen vorbei, auf denen neben ihrem Führer Bankiers, Großgrundbesitzer und Industrielle saßen.

Ihr Stabschef Ernst Röhm, ein breitbrüstiger, rundköpfiger Haudegen, Ex-Hauptmann der königlich bayerischen Armee und Oberstleutnant der bolivianischen – er hatte sich schon einmal mit seinem Duzfreund verkracht und war nach Südamerika gegangen, doch nach einigen Jahren von Hitler wieder zurückgeholt worden –, sprach aus, was sie dachten und hofften: Röhm forderte die zweite Revolution.

Er kaufte Waffen im Ausland und verteilte sie. Er veranstaltete Aufmärsche und führte die militärische Ausbildung seiner braunen Kohorten vor. Er hatte von allen Naziführern die weitaus größte Hausmacht. Seine nunmehr zur Untätigkeit verurteilte Soldateska war auf über 2,5 Millionen Mitglieder angeschwollen; auf einen Soldaten der Reichswehr kamen 25 SA-Männer.

Röhm hatte keine Hemmungen, bei seinen Führertagungen Hitler als »lächerlichen Gefreiten« zu verspotten. Zu seinen Männern, die sich wie »Hitlers nützliche Idioten« vorkamen und vom Motor der Erhebung zu ihrem fünften Rad geworden waren, sagte er: »Adolf ist gemein und treulos. Er verrät uns alle. Er geht nur noch mit Reaktionären um. Am liebsten würde er in den Bergen sitzen und den lieben Gott spielen. Und unsereins muß brachliegen, wo es einem in allen Fingern juckt.«

Beim Jahreswechsel 1933/34 wurde zwischen Hitler und Röhm Burgfriede geschlossen. Der aufsässige Stabschef der SA erhielt ein Ministerium und ein am 2. Januar im »Völkischen Beobachter« abgedrucktes Treuebekenntnis Hitlers: »Am Abschluß des Jahres der nationalsozialistischen Revolution drängt es mich daher, Dir, mein lieber Ernst Röhm, für die unvergänglichen Dienste zu danken, die Du der nationalsozialistischen Bewegung und dem deutschen Volke geleistet hast, und Dir zu versichern, wie sehr ich dem Schicksal dankbar bin, solche Männer wie Dich als meine Freunde und Kampfgenossen bezeichnen zu dürfen. In herzlicher Freundschaft und dankbarer Würdigung Dein Adolf Hitler.«

Doch bald begann Hitler mit den Reichswehrgeneralen – die Röhm als »alte Böcke« verspottete – zu konspirieren. Er brauchte sie, und er stand unter Zeitdruck, denn mit dem Ableben des kränkelnden Reichspräsidenten war in den nächsten Wochen oder Monaten zu rechnen. Wenn der Reichskanzler auch formal das Staatsoberhaupt werden wollte, mußte er Hindenburgs Nachfolge antreten, und das war nur mit Zustimmung der Reichswehr zu erreichen, die noch immer einen festen Block im NS-Staat bildete. Wenn auch jüngere Offiziere bereits mit der braunen Bewegung sympathisierten, bildeten die Generale, von wenigen Ausnahmen abgesehen, eine geschlossene Phalanx. Was Hitler anbelangte, waren sie weniger mit dem Mann als mit seinen politischen Zielen – Aufhebung des Vertrags von Versailles und Wiederaufrüstung – einverstanden.

Zunächst versprach der Braune den Feldgrauen, daß die Reichswehr der einzige Waffenträger der Nation bleiben würde. Er umwarb Oskar von Hindenburg, den Sohn und Adjutanten des Reichspräsidenten. Der Flirt brachte Hitler das Wohlverhalten der Generale und Hindenburg jr. die baldige Beförderung zum Generalmajor und die Erweiterung seines Guts Neudeck um 5000 Morgen steuerfreies Land ein.

Hitler sagte den Generalen zu, ihre immer deutlicheren Forderungen zu erfüllen. Noch zu Lebzeiten des Staatsoberhauptes wurde seine

Nachfolge im Hinterzimmer ausgehandelt. Wie einst Salome den Kopf des Johannes, so verlangte die noble Generalität den Sturz des SA-Führers Röhm: »Die Wiederaufrüstung war eine zu ernste und schwierige Sache«, wird der spätere Oberbefehlshaber des Heeres, Walther von Brauchitsch, nach dem Blutbad feststellen, »als daß man die Beteiligung von Kassendieben, Trunkenbolden und Homosexuellen hätte dulden dürfen.«

Hitler war in der Klemme. Wenn er seine Zusagen an die Reichswehrführung halten wollte, mußte er seinen verdienten Kampfgefährten opfern. Aber Gewissen war für ihn ohnedies nur eine »jüdische Erfindung«. Saß er erst auf dem Stuhl des Reichspräsidenten, würde die Wehrmacht auf ihn vereidigt; die letzte Barriere war dann beseitigt.

»Für diesen Aufstieg zur höchsten Macht«, stellt William L. Shirer fest, »zahlte er einen erbärmlichen Preis: die Opferung der SA.«

Die braune Bartholomäus-Nacht

Die deutsche Reichshauptstadt stöhnte unter einer Hitzewelle. Berlins Häusermeer hatte die Sonnenglut wie ein Backofen gespeichert, doch heißer noch als die Rekordtemperaturen waren die Gerüchte, die das Treibhaus ausbrütete, Gerüchte über Rebellion, Umsturz und Bürgerkrieg. Auch wer nicht wetterfühlig war, spürte, daß sich ein fürchterlicher Sturm zusammenbraute.

Am 4. Juni 1934 hatten sich Hitler und sein SA-Stabschef zu einem fünf Stunden langen Gespräch in der Reichskanzlei getroffen. Es war so laut verlaufen, daß man noch im Vorzimmer hören konnte, wie die beiden Freunde einander anbrüllten. Kurz danach umrissen lauwarme Worte einen halbherzigen Kompromiß. Das Deutsche Nachrichtenbüro verbreitete, daß der Reichsminister ohne Geschäftsbereich Ernst Röhm seine SA-Männer während des Monats Juli geschlossen in den Urlaub schicken würde.

Der scheinbar entschärfte Konflikt spitzte sich zu. Es ging um den Höchsteinsatz, aber es war ein Spiel mit gezinkten Karten, mit gefälschten Dokumenten, mit fingierten Beweisen, mit langen Listen, auf denen die Namen der Personen angeführt waren, die in der Stunde X erschossen oder verhaftet werden sollten. Es gab gleich zwei: Eine zirkulierte innerhalb der SS und wurde mit den Spitzen der Reichswehr ausgetauscht; auf der anderen, die angeblich von dem Ex-Hauptmann Röhm selbst stammte, fanden sich fast vollzählig die Namen der Generale wieder, die eine Bartholomäus-Nacht verhindern konnten – aber nicht sollten.

Wer die Möglichkeit hatte, verließ die Reichshauptstadt, um vor dem Gespenst meuternder und marodierender SA-Männer in Deckung zu gehen. Der Zentrumspolitiker Heinrich Brüning emigrierte heimlich aus Deutschland. Sein früherer Reichskanzlerkollege General Kurt von Schleicher sollte von einem Freund auf eine Reise nach Japan mitgenommen werden; er lehnte ab, »da er nicht desertieren« wolle. Es gab auch SS-Führer, die ihren Freunden in der SA den Rat gaben, für eine Weile aufs Land zu fahren. Selbst Röhm wurde von Wohlmeinenden gewarnt, aber er war viel zu arrogant, um argwöhnisch zu werden.

Schließlich sah es so aus, als wollte sich selbst der 87jährige Reichspräsident vor dem drohenden Massaker in Sicherheit bringen. Bevor er im Rollstuhl Berlin verließ, sagte er zu dem Vizekanzler: »Es geht schlecht, Papen. Versuchen Sie es in Ordnung zu bringen.« Dann trat Paul von Hindenburg seine letzte Reise zu seinem ostpreußischen Gut Neudeck an, wo ihn eine lange Agonie erwartete.

Die – unvollständigen – Mordabsprachen zwischen den Gentlemen und den Henkern gingen weiter. Ernst Röhm, gewohnt, frontal anzugreifen und mit offenem Visier, war sicher kaum weniger brutal als seine Gegenspieler, doch nicht so abgefeimt. Er strebte die offene Feldschlacht an; seine Feinde – Göring, Heß, Himmler und der Chef des sich immer mehr in den Vordergrund drängenden Sicherheitsdienstes (SD) Reinhard Heydrich – setzten auf den Meuchelmord.

Dem alten Haudegen, der mittlerweile weit über 3 Millionen SA-Männer anführte, war zuzutrauen, daß er mit dem harten Kern seiner Braunhemden die gesamte NS-Junta – womöglich unter Schonung Hitlers – hinwegfegen würde. Daß seine Gegner zu einem Präventivschlag ausholen konnten, war zu erwarten.

Der Konflikt lief nicht einfach auf eine Frontstellung SA gegen SS, Partei und Reichswehr hinaus, der Riß ging quer durch alle NSDAP-Gliederungen. Die Radikalen scharten sich um Ernst Röhm. Die braune Bewegung stand vor ihrer härtesten Krise. Es war ein Kopf-an-Kopf-Rennen, ein Wettlauf mit der Zeit. Der Schnellere würde siegen, und so fragte man sich, ob die SA-Führer mit dem Juliurlaub nur blufften oder tatsächlich – redeberauscht, bierselig, weintrunken – den eigenen Untergang verschlafen würden.

Mit dem Reichspräsidenten als Rückendeckung erwachte am 17. Juni 1934 der abgeworfene Herrenreiter von Papen aus seinem erstarrten Kniefall vor Hitler und schleuderte Funken in ein Pulverfaß. An der Universität Marburg hielt er vor vollem Haus eine verblüffende Rede mit dem Kernsatz: »Die Regierung ist wohlunterrichtet über das, was an Arroganz, Charakterlosigkeit, Unwahrhaftigkeit, Unredlichkeit sich unter dem Deckmantel der deutschen Revolution ausbreiten möchte.«

Goebbels stoppte die Verbreitung der ketzerischen Ansprache, und Papen, der kurz darauf auf der Hamburger Rennbahn lauthals mit »Heil Marburg« begrüßt wurde, beschwerte sich bei Hitler und Hindenburg. Der Reichspräsident drohte, das Kriegsrecht zu verhängen und alle Macht der Armee zu übertragen, falls der Reichskanzler die unerträgliche Lage nicht umgehend bereinige.

Berlin stand unter Hochspannung. Der KZ-Kommandant von Dachau, Theodor Eicke, übte mit seinen Unterführern bereits Planspiele im Raum München, Lechfeld und Wiessee. Viktor Lutze, Obergruppenführer der SA und seit langem der Zwischenträger, wie er in einem Hintertreppenroman nicht fehlen darf, hinterbrachte Hitler laufend, was Röhm beim Trunk mit seinen Trabanten vor sich hin bramarbasierte, zum Beispiel, »daß man den Führer, diesen Ignoranten, mindestens in Urlaub schicken müsse«. Der Verräter schüttelte auch das Bettuch seiner SA-Kameraden aus.

Hitler war während der Kampfzeit durch zwei Palastrevolutionen des SA-Führers Walter Stennes in schwere Bedrängnis geraten und hatte auch noch den Bruch mit Gregor Strasser überstehen müssen, bevor seine Stellung als alleiniger Führer der Partei nicht mehr in Zweifel gezogen werden konnte. Nun erreichten ihn fortgesetzt Himmlers Warnungen vor einem unmittelbar bevorstehenden Aufstand der Braunhemden. Trotz der Kassandrarufe wirkte Hitler – vielleicht nur zum Schein – seltsam paralysiert, wie handlungsunfähig, obwohl, wie er später geschraubt behauptete, die »Vorbereitungen zur Beseitigung seiner Person« längst angelaufen waren.

Röhm ließ es niemals an Drohgebärden fehlen. Er war ein Kerl, der keinen fürchtete, auch Hitler nicht. Um seine Macht zu zeigen, hatte er auf dem Flugplatz Tempelhof noch einmal 80000 Braunhemden aufmarschieren lassen und grollend gerufen: »Die SA ist und bleibt das Schicksal Deutschlands!«

Als er von Berlin zur Rheumakur an den Tegernsee reiste, hatten die Intimfeinde in der Partei über sein Schicksal schon entschieden. Hinter den Kulissen war der Countdown zum Massenmord angelaufen. Sich scheinbar aus der Intrige heraushaltend spielte die Armee mit; Röhm sollte stürzen, aber sie wollte sich dabei die Hände nicht blutig machen. Ohne Begründung wurde für die Soldaten eine Urlaubssperre verhängt. Unmittelbar daran schloß sich die stille Alarmbereitschaft an. Die SS-Verbände machten mobil; die Reichswehrgenerale verbreiteten unter der Hand die Kunde, daß die Männer unter dem Totenkopf bei der sich anbahnenden Auseinandersetzung auf seiten der Reichswehr stünden und deshalb mit Waffen und Fahrzeuge zu versorgen seien.

Am 26. Juni sprach Rudolf Heß, Stellvertreter des Führers, eine verworrene »letzte Warnung« an ungenannte Adressaten aus; einen Tag später drohte Göring, daß sich jeder, der das Vertrauen des Führers mißbrauche, um seinen Kopf brächte.

»Wie von sicherer Hand gelenkt, eilten die Ereignisse nunmehr dem Höhepunkt entgegen«, schreibt Joachim C. Fest. »Während die SA sich, insgesamt ahnungslos, auf ihren Urlaub vorbereitete, hatten Röhm und seine engste Umgebung im Hotel ›Hanslbauer‹ in Wiessee Quartier genommen.«

Die Reichswehr wurde jetzt offiziell in den Alarmzustand versetzt, und am 29. Juni gab Reichswehrminister Werner von Blomberg – in Offizierskasinos nur »Gummilöwe« genannt – durch eine schwülstige Ehrenerklärung für Hitler im »Völkischen Beobachter« gewissermaßen das Feuer frei.

Der Reichskanzler war nach Essen abgereist, um als Trauzeuge an einer Hochzeit teilzunehmen, die als »Bluthochzeit« in die Geschichte einging. Er saß an der Festtafel, ein unguter, dumpf vor sich hin brütender Hitler, laufend gefüttert mit Tatarennachrichten über den SA-Aufstand. Am Abend rief er in Bad Wiessee an und verlangte Röhm zu sprechen. Er telefonierte ein paar Minuten mit ihm, und der Stabschef der SA kehrte »sehr zufriedengestellt« an seinen Tisch zurück, um seiner Kamarilla zu verkünden, daß der Führer morgen gegen 11 Uhr eintreffen werde, um selbst an der Tagung teilzunehmen.

Die Falle hatte sich geschlossen. Der Stabschef der SA kartete noch den letzten Tarock seines Lebens aus, machte dabei ein paar höhnische Bemerkungen über seine Gegenspieler. Dann ließ er sich eine Antineuralgiespritze geben, um bei der Begegnung mit dem Führer auf dem Damm zu sein.

Da die SA-Meuterei trotz aller Behauptungen Himmlers noch immer nicht sichtbar angelaufen war, ließ der Reichsführer-SS sie inszenieren. Münchener SA-Einheiten gingen handgeschriebene anonyme Marschbefehle zu, wie sie in der »Kampfzeit« üblich gewesen waren. Die Braunhemden sammelten sich und marschierten kopf- und ziellos durch die Isarstadt, bis sie von ihren verdutzten Kommandeuren wieder eingefangen wurden. Die SA-Leute gingen friedlich nach Hause, aber der Münchener Gauleiter Adolf Wagner hatte nach Bad Godesberg, wo sich Hitler mittlerweile aufhielt, durchgegeben, daß die SA in der Isarstadt losgeschlagen habe.

Unmittelbar danach kam ein Alarmruf aus Berlin: Der Reichsführer-SS hatte erfahren, daß die SA am nächsten Tag überfallartig das Regierungsviertel der Reichshauptstadt besetzen wolle. Es war eine Falschmeldung, die Hitler vielleicht bestellt hatte; er behauptete später, sich erst jetzt entschlossen zu haben, »die Geschwüre unserer inneren Brunnenvergiftung auszubrennen bis auf das rohe Fleisch«.

Er ließ Himmler als Wachhund an der Kette, befahl ihm abzuwarten, bis er selbst in München aufgeräumt habe. Erst auf ausdrückliche Weisung sollte der Gegenschlag auch in Berlin ausgelöst werden. Kennwort »Kolibri« – der kleine Ziervogel sollte sich zu einem Aasgeier auswachsen.

Zunächst lief die Nacht am Rhein nach Programm weiter. Einheiten des Reichsarbeitsdienstes gaben dem Führer einen Zapfenstreich. Er stand auf der Rheinterrasse des Hotels Dreesen, sah finsteren Gesichts zum anderen Ufer hinüber, wo sich auf einer Anhöhe 800 Fackelträger in Form eines Hakenkreuzes aufgestellt hatten. Die Feuerzungen leckten in die Nacht.

Erst lange nach der Veranstaltung überraschte Hitler seine Begleiter durch den Befehl, noch in der Nacht nach München abzufliegen. Seine eigene Maschine hatte Motorschaden, doch um 2 Uhr konnte er von Hangelar aus mit einer geliehenen Ju 52 starten. Seine wenigen Begleiter wußten noch immer nicht, was er beabsichtigte. Während des Flugs gab er Order, die Pistolen zu entsichern. Endlich begriff das Begleitkommando, daß sein Führer an diesem Frühsommertag eine blutige Ernte einbringen wollte.

In der Morgendämmerung des 30. Juni gegen 4 Uhr landete die dreimotorige Maschine auf dem Flugplatz Oberwiesenfeld in München, dem heutigen Olympiagelände. Es regnete, als die Ju 52 aufsetzte, aber der Wind blies das Gewölk auseinander und kündigte eine Wetterbesserung an. Röhm hatte Anweisung gegeben, ihm den Anflug der Führermaschine D-2600 zu melden. Da sie aber ausgetauscht worden war, standen keine SA-Führer zur Begrüßung an der Landetreppe – einige von ihnen waren ohnedies bereits auf telefonische Weisung verhaftet worden.

»Das ist der härteste, der schlimmste Tag meines Lebens«, sagte Hitler beim Aussteigen zu dem bestürzten Gauleiter Wagner. »Aber glauben Sie mir, ich werde dem Recht Geltung verschaffen.« Er fuhr in das bayerische Innenministerium, rannte mit wehendem Mantel die Stufen hoch, stieß im Vorzimmer auf seinen alten Kampfgefährten August Schneidhuber. Der oberbayerische SA-Führer wollte ihn stramm begrüßen. Hitler riß dem Saalschlachtveteranen die Schulterstücke ab und brüllte ihn an: »Sie sind verhaftet und werden erschossen!«

Während er auf Verstärkung wartete, die in einem zweiten Flugzeug nachgeflogen wurde und noch immer nicht eingetroffen war, schoß er Haßtiraden gegen die treulosen SA-Führer ab. Obwohl Hitler auch von der Wagenkolonne Sepp Dietrichs – der Kommandeur der Leibstandarte war auf geliehenen Wehrmachtsfahrzeugen unterwegs von Berlin nach München, um in der Hauptstadt der Bewegung die Exekution der SA-Führer zu leiten – nichts gehört hatte, entschloß er sich, an den Tegernsee zu fahren, um das »Verräternest auszuräuchern«.

Er saß schweigend im Wagen neben seinem Fahrer Kempka. Es war bekannt, daß alle höheren SA-Führer, vor allem aber Röhm selbst, über bewaffnete Stabswachen verfügten, aber Hitler war wieder in die Rolle des Hasardeurs geschlüpft. Es war, als wollte er in einem überstürzten Coup die durch Zaudern verlorene Zeit wieder einholen. Kempka erreichte nach einer Stunde Fahrt den Ortseingang und bog zur Pension Hanslbauer ab. Im frommen Tegernseer Tal riefen die Kirchenglocken die Gläubigen zur Morgenmesse. Die Passanten mit den Gebetbüchern sahen erschrocken der Wagenkolonne nach, die zur SA-Führer-Tagung jagte.

Sie hielt vor der Pension. Es war 7 Uhr. Die Verschwörer lagen offensichtlich noch in den Betten und schliefen bei offenem Fenster. Die Tür war unverschlossen. Hitler betrat das Haus. Nichts zu sehen, nichts zu hören. Im Speisesaal hatte das Personal bereits die Tische zum Mittagsmahl gedeckt, das keiner der Tagungsteilnehmer mehr einnehmen würde.

Auf einmal war die Pensionswirtin zur Stelle. Sie erkannte Hitler, kämpfte mit Überraschung und Rührung, wollte ihrem Führer stotternd sagen, welche Ehre es sei, ihn in ihrem Haus zu sehen. Hitler unterbrach sie barsch und ließ sich Röhms Zimmer zeigen. Zwei Kriminalbeamte und der Fahrer Kempka folgten ihm.

Hitler riß die Türe auf und schrie seinen Stabschef an: »Röhm, du bist verhaftet!«

Das Blutbad des Tages begann wie eine Burleske: Röhm blinzelte. Die Schläfrigkeit dämpfte seine Verblüffung. »Heil, mein Führer«, erwiderte er dann erschrocken.

»Du bist verhaftet!« schrie Hitler zum zweiten Mal. Sein Zorn war verraucht. Er wirkte eher verkrampft als hysterisch, als er seinen Duzfreund aufforderte, sich anzuziehen und mitzukommen.

Inzwischen waren die Führerbegleiter in die anderen Räume eingedrungen und hatten den Überrumpelten ihre Festnahme mitgeteilt.

Sie waren allein gewesen; nur der schlesische SA-Führer Edmund Heines hatte seinen Adjutanten, »Fräulein Schmid«, im Bett, und der gefürchtete Schläger war auch der einzige SA-Führer, der sich wehrte. Erst auf die Drohung hin, er werde auf der Stelle erschossen, gab er den Widerstand auf. Heines sah den Obergruppenführer Lutze und bat ihn um Hilfe, aber von dem »arischen Judas«, der noch am gleichen Tag zum Nachfolger Röhms ernannt wurde, war nur Verlegenheit zu erwarten.

Die SA-Führer wurden in den Keller getrieben, bis sie ein Panzerfahrzeug in das Gefängnis München-Stadelheim überstellte. In diesem Moment traf Röhms Stabswache ein, an die 40 bewaffnete Leibwächter. Als erstes stellten sie fest, daß man auch ihren Führer nach unten getrieben hatte. Hitlers Adjutant befahl ihnen, unverzüglich nach München zurückzufahren, aber sie blieben mißtrauisch und renitent. Es sah aus, als wollten sie den Stabschef und seine Clique freischießen.

»Habt ihr den Befehl nicht verstanden?« griff Hitler selbst ein.

»Jawohl, mein Führer«, erwiderte Röhms Garde unisono – und zog ab. Die Suggestionskraft des »Götzen mit dem Medusenhaupt« (Werner Maser) hatte sich wieder einmal durchgesetzt.

In München rollte die Verhaftungswelle. Über 200 höhere und höchste SA-Führer wurden in Bad Wiessee erwartet, aber schon am Münchener Hauptbahnhof oder auf dem Flugplatz abgefangen und in das Gefängnis Stadelheim gebracht. Einige flüchteten in das Braune Haus an der Brienner Straße und verlangten ein Gespräch mit Hitler, der in München erwartet wurde.

Reichsstatthalter General Ritter von Epp forderte von ihm, Röhm vor ein Kriegsgericht zu stellen. Hitler erlitt einen Wutanfall, und der Freikorps-Kondottiere tippte sich im Vorzimmer mit dem Finger an die Stirn und sagte zu seinem Adjutanten: »Verrückt.«

Vor den Paladinen der Bewegung begann um 11.30 Uhr im Konferenzraum eine Dauersitzung mit einem stundenlangen Führermonolog. Immer wieder kehrte Hitler zu der Beschuldigung zurück, Röhm habe ihn ermorden wollen und müsse deshalb zusammen mit den anderen Aufrührern standrechtlich erschossen werden. Er steigerte sich in Wutanfälle hinein, brach erschöpft ab, griff das Thema wieder auf, Schaum vor dem Mund. Keiner seiner Paladine wagte, ihm zu widersprechen.

Endlich traf Sepp Dietrich ein. Er entschuldigte seine Verspätung damit, daß die abgefahrenen Reifen der Wehrmachtsfahrzeuge auf den schmierigen Straßen keine schnellere Fahrt zugelassen hätten. Er mußte im Vorzimmer auf das Ende des Scherbengerichts warten, an dessen Ausgang nicht zu zweifeln war.

Bereits um 14 Uhr hatte Goebbels, der »Diabolus der nationalsozialistischen Revolution« (Hans Bernd Gisevius, Autor und Augenzeuge), telefonisch das Kennwort »Kolibri« nach Berlin durchgegeben, und Göring, Himmler und Heydrich waren nach langem, ungeduldigem Warten wie Bluthunde aus dem Zwinger gestürmt.

In München war noch kein Schuß gefallen, aber in der Reichshauptstadt fing man »Röhm-Putschisten« in Scharen, schaffte sie nach Lichterfelde und stellte sie nacheinander, ohne Verhör und Verhandlung, an die Wand. Sägespäne auf die Blutlachen. Leiche in den Sarg. Der Nächste. In der Toreinfahrt begegneten die Lastwagen mit den Toten auf der Fahrt ins Krematorium den neu herangekarrten Delinquenten. Die Bewohner der benachbarten Häuser konnten die Schreie, Schüsse und Kommandos nicht mehr anhören und verließen entsetzt ihre Wohnungen.

Todessalven waren das Wiegenlied, das der SS als bald mächtigster Organisation des Dritten Reiches gesungen wurde, und Reichswehrgenerale hatten Beihilfe zu dem Mord geleistet. Während Himmlers Kadetten den offiziellen Teil der Blutarbeit erledigten, nahmen sich Heydrichs SD-Männer Persönlichkeiten vor, deren Namen nicht auf den Proskriptionslisten standen. Es waren Politiker, die sich vor oder nach 1933 bei den braunen Machthabern mißliebig gemacht hatten, und das war spätestens seit diesem 30. Juni 1934 ein todeswürdiges Verbrechen.

Heydrich, »der Mann mit dem eisernen Herzen« (Adolf Hitler), profilierte sich in diesen Tagen als Techniker des Terrors. Seine Rechnung war zynisch, doch sie ging auf: Der Rechtsstaat wurde durch den kurzen Prozeß abgelöst. Man mußte jede Hinrichtung als ungesetzlich betrachten – oder keine. Vorübergehend galten Notstand und Standrecht. Die Bartholomäus-Nacht ließ sich nachträglich legalisieren, aber die bei diesen Wirren »versehentlich« getöteten NS-Gegner würden nicht mehr lebendig werden. Und Heydrich konnte gleich zu Beginn seiner Karriere zwingend vorführen, daß vor seinen Gewehrläufen, wenn es sein mußte, alle gleich waren.

Zu den ersten Opfern dieses blutigen Samstags gehörte ein ehemaliger Reichskanzler. Am Eingang der stillen Villa, die General von Schleicher in Neu-Babelsberg bewohnte, erschienen zwei unfreundliche Besucher und verlangten den Hausherrn zu sprechen. Die Köchin ließ sie ein und geleitete sie ins Arbeitszimmer.

»Sie sind Herr von Schleicher?« fragte einer der Eintretenden.

Der am Schreibtisch sitzende General bestätigte es. Er kam nicht mehr dazu, die ungebetenen Gäste zu fragen, was sie von ihm wollten. Sie rissen ihre Pistolen aus den Taschen und schossen ihn nieder.

Im Hintergrund hatte Frau von Schleicher, zeitunglesend und radiohörend, den Zwischenfall verfolgt. Erschrocken stand sie auf, lief auf ihren im Sessel zusammengesunkenen Mann zu, um ihm zu helfen. Während sie sich über ihn beugte, wurde sie von mehreren Schüssen niedergestreckt.

Der Ex-Kanzler war sofort tot, seine Frau verstarb auf dem Weg ins Krankenhaus.

Die Besucher schoben ihre Waffen ein.

»Du brauchst keine Angst zu haben«, sagten sie zu der perplexen Köchin. »Dir tun wir nichts.«

Das nächste Opfer: Generalmajor Ferdinand von Bredow, der Vertraute Schleichers, erschossen vor der eigenen Haustür von bekannten Unbekannten. Und weiter ging der Reigen von Haß und Horror, von Rachsucht und Blutdurst: Erschossen wurde der Präsident der Katholischen Aktion Berlins im Verkehrsministerium; Erklärung an die Sekretärin – sie hatte die beiden Besucher eingelassen –: »Ihr Chef hat soeben Selbstmord begangen.« Der amtierende Vizekanzler Franz von Papen wurde unter Hausarrest gestellt, seine beiden engsten Mitarbeiter wurden ermordet. Und die Täter suchten auf ihren Schmier- und Blutzetteln die nächsten Adressen.

Gregor Strasser, Hitlers abgefallenen Gefolgsmann aus der »Kampfzeit«, griffen sie an der Mittagstafel. Sie schleppten ihn in die Zelle 16 des Prinz-Albrecht-Palais. Ein verdeckter Schütze schoß auf ihn durch das Guckloch der Türe und traf den in der kahlen Zelle vergeblich Deckung Suchenden mehrmals. Erst als Strasser liegen blieb, trat der Exekutor ein und gab ihm den Fangschuß.

Inzwischen war auch im Braunen Haus in München die Entscheidung gefallen. Der Kommandeur der Leibstandarte wurde zu Hitler gerufen, der ihm eine Liste sämtlicher in Stadelheim eingesperrten SA-Führer übergab; zwölf Namen – nicht jedoch der Röhms – waren angekreuzt.

»Dietrich«, befahl Hitler, »diese Verräter sind sofort zu erschießen!«

In Stadelheim gab es Schwierigkeiten. Der Direktor des Gefängnisses, in dessen Hof die Exekutionen vollzogen werden sollten, verweigerte die Herausgabe der Gefangenen und wandte sich an den bayerischen Justizminister. Hans Frank, Nationalsozialist, doch auch Jurist, erklärte dem SS-Kommandeur, daß eine angekreuzte Namensliste kein zum Vollzug berechtigendes Todesurteil sei. Frank rief im Braunen Haus an. Rudolf Heß, der »Stellvertreter des Führers«, verlangte die bedingungslose Ausführung des Hitler-Befehls.

Dann wurden die ersten SA-Führer aus den Zellen geholt.

Sie verweigerten die Augenbinde. Schneidhuber erblickte Dietrich. »Sepp, was ist los?« rief er ihm zu. »Wir sind doch unschuldig.«

»Sie sind vom Führer zum Tod verurteilt worden«, erwiderte Dietrich. »Heil Hitler!«

Die ersten drei Füsilierungen stand der Kommandeur der Leibstandarte noch durch. Als sein alter Kampfgefährte Schneidhuber an der Reihe war, lief er weg. Röhm lebte noch immer, von Hitler wegen seiner Verdienste um die braune Bewegung zunächst begnadigt. Heydrichs schwarze Todesboten zogen jetzt auch durch die Isarstadt. Sie töteten Pater Stempfle, den Mitverfasser des Führeropus »Mein Kampf« und Mitwisser früher NS-Geheimnisse. Sie erschlugen den ehemaligen Generalstaatskommissar von Kahr, der den Hitler-Putsch von 1923 niedergeschlagen hatte, und warfen ihn ins Dachauer Moos.

Als der Führer im Flugzeug bereits wieder unterwegs nach Berlin war, betraten Heydrichs Zauberlehrlinge die Wohnung des unpolitischen Dr. Willi Schmid; er war Musikkritiker der »Münchener Neuesten Nachrichten«. Sie fragten, ob er Schmid heiße, und das genügte. Sie nahmen den Vater dreier Kinder, den sie mit dem SA-Obergruppenführer Wilhelm Schmidt verwechselten, ohne weitere Erklärung mit.

Zwei Tage später kam er zurück.

Im verschlossenen Sarg, der nicht geöffnet werden durfte. Die kondolierenden Parteifunktionäre erklärten der Witwe, daß sie den Verlust als »das Opfer eines Mannes betrachten solle, der für die Bewegung gestorben sei«.

Es war nicht die einzige Panne mit tödlichem Ausgang. Noch waren die SS-Männer und Gestapo-Schergen Anfänger. Sie mußten erst lernen, unauffällig zu morden und vor allem die Leichen nicht am Tatort herumliegen zu lassen. Die meisten Hinterbliebenen erhielten die Asche ihrer Angehörigen in Pappkartons zugesandt; eine Witwe versehentlich gleich zweimal. Der Staatsnotstand rechtfertigte nicht nur jedes Verbrechen, sondern auch jede Geschmacklosigkeit.

Hitler wurde gegen 22 Uhr auf dem hermetisch abgeriegelten Flugplatz Tempelhof erwartet. Zu seiner Begrüßung hatte sich das Triumvirat des Terrors, Göring, Himmler, Heydrich, eingefunden. Während sie warteten, schlug der Tag eine groteske Kapriole: Nicht die Führermaschine aus München landete als erste, sondern ein Charterflugzeug aus Bremen mit dem Berliner SA-Führer Karl Ernst an Bord. Der Mann, der angeblich den Sturm auf das Regierungsviertel hätte leiten sollen, war in der Hafenstadt verhaftet worden, als er mit Frau und großem Gefolge per Schiff die Hochzeitsreise nach Madeira antreten wollte. Er hielt den Zwischenfall für einen der derben Späße, mit denen sich höhere SA-Führer gelegentlich traktierten. Er wollte Haltung zeigen und schritt mit grinsendem Gesicht und gefesselten Händen an den in Tempelhof Wartenden vorbei. Er lächelte noch, als der Wagen in Lichterfelde einbog und die SS-Kadetten ihre Karabiner durchluden. Erst im letzten Moment dämmerte Ernst, daß er als Opfer eines Aufstands, den Himmler und Göring gegen seinen Führer inszeniert hatten, sterben würde, und er rief: »Es lebe Adolf Hitler!«

Der Mann, dem der Hochruf galt, war gelandet. Dr. Hans Bernd Gisevius – er hatte unter den Polizeioffizieren gestanden – schildert seine Ankunft: »Der Anblick, den Hitler bietet, ist ›einmalig‹: braunes Hemd, schwarzer Schlips, dunkelbrauner Ledermantel, lange, schwarze Kommißstiefel, alles dunkel in dunkel. Darüber, barhäuptig, ein kreidebleiches, durchnächtigtes, unrasiertes Gesicht, das eingefallen und aufgedunsen zugleich erscheint und aus dem, durch die verklebt herabhängenden Haarsträhnen schlecht verdeckt, ein paar erloschene Augen stieren . . . Auffallend, umständlich und langwierig schreitet Adolf Hitler die Ehrenkompanie ab. Er schreitet? Nein, ich kann es nur so beschreiben, als ob er mit schwerfälligen, großen Schritten mühselig über eine Pfütze nach der anderen hinwegwatet . . .«

Die Straßen Berlins boten an diesem Samstagabend ein durchaus normales Bild. Nichts wirkte anders als an einem gewöhnlichen Sommerwochenende. Die Bevölkerung wußte weniger über die Treibjagd der Totenkopfgilde als das Ausland. Hier detonierten Blitzmeldungen, seit am Nachmittag Göring bei einer Pressekonferenz im Propagandaministerium auf die Frage nach dem früheren Reichskanzler von Schleicher erwidert hatte: »Er war töricht genug, sich zu widersetzen. Er ist tot.«

In den westlichen Ländern bewertete man die Röhm-Affäre zunächst schadenfroh als den Hauskrach einer Gangsterbande, bei dem sich der Rücksichtsloseste durchzusetzen pflegt. »Auch als sich in Deutschland erste blutige Einzelheiten herumsprachen, reagierte die Öffentlichkeit zunächst mit ›grimmiger Genugtuung‹«, stellt der britische Journalist Sefton Delmer, Augenzeuge in Berlin, fest. »Niemand liebte Röhm und die Emporkömmlinge, mit denen er sich umgab, diese früheren Kellner, Hotelportiers und Klempnerlehrlinge, die sich dem gemeinen Volk gegenüber hochfahrender benahmen als je ein Gardeoffizier zur Kaiserzeit. Der kleine Mann auf der Straße fürchtete und haßte diese Leute und ihre nagelneuen, eleganten Wagen, in denen sie rücksichtslos umherrasten. Man erzählte sich flüsternd Geschichten über ihre Zügellosigkeit, ihre üppigen Feste und Bankette, ihre Korruption. Hitler, der wie ein Racheengel auf diese Leute niederfuhr, machte sich damit zum Helden des durchschnittlichen Staatsbürgers . . .«

Einen hatte der Racheengel noch immer verschont: Ernst Röhm. Dieser »Soldat aus Passion« (Alan Bullock) kauerte in der Zelle 474 des Untersuchungsgefängnisses in Stadelheim. Niemand gab ihm eine Erklärung. Soweit seine Wärter dem regulären Staatsdienst angehörten, wirkten sie ängstlich und verstört. Röhm hörte, wie seine Kumpane aus den Zellen gerissen, über die Gänge getrieben und im Gefängnishof erschossen wurden. Auch er hatte sich auf seine Henker eingerichtet, aber der alte Landsknecht wirkte gelassener als die uniformierten Staatsdiener. Vielleicht erinnerte er sich, daß er nach dem Putsch an der Feldherrnhalle 1923 schon einmal in diesem Haus verwahrt worden war, oder er dachte an Hitlers Neujahrsbrief mit der Versicherung unverbrüchlicher Freundschaft. Sicher hatte er gelernt, Emotionen zu unterdrücken. Es war – so erinnern sich die Zeugen dieser Tage –, als fiele es Hitler schwerer, das Todesurteil zu sprechen, als seinem alten Gefolgsmann, es auf sich zu nehmen.

Röhm hatte vor sich hingedöst, als seine Zellentür aufgesperrt wurde. Nicht das Hinrichtungskommando holte ihn ab, der bayerische Justizminister Frank stand in der Tür, gleich ihm ein Alter Kämpfer.

»Was soll das?« fragte ihn der gestürzte SA-Chef. »Was wird hier eigentlich gespielt?«

Frank wich ihm aus. Genau wußte er es auch nicht. Er erwiderte Röhm, er hoffe, daß es zu einer legalen Untersuchung komme.

»Mir geht es nicht um mein Leben«, entgegnete Röhm. »Aber bitte kümmern Sie sich um meine Angehörigen.« Beim Abschied ergriff er Franks Hand: »Alle Revolutionen fressen ihre eigenen Kinder.«

In Stadelheim blieb es still; in Lichterfelde, wo Göring einst selbst als Kadett ausgebildet worden war, arbeiteten die Schergen die Nacht durch. Noch immer wurde Hitler von Göring und Himmler, die sich um den Lohn ihrer Brutalität geprellt sahen, bestürmt, den »Anführer der Rebellion« erschießen zu lassen. Noch immer verweigerte er die Zustimmung; vielleicht zögerte er nur des äußeren Scheins wegen, oder er war wirklich gehemmt. Auch in einigen anderen Fällen hatte er mäßigend in die Standgerichtsurteile eingegriffen.

»Gleichwohl hat Hitler die Ausweitung der Mordaktivitäten ohne jeden ernsthaften Einwand gebilligt, und sicherlich entsprach es auch seiner Intention, nach möglichst allen Seiten zu schießen, um allen Seiten die Hoffnung zu nehmen, von der Krise zu profitieren«, urteilt Joachim C. Fest. »Daher die barbarische Ungeniertheit des Querfeldeinmordens, die liegen gelassenen Leichen, die demonstrative Evidenz der Täterspuren; und daher auch der ausnahmsweise Verzicht auf jeden Schein des Rechts. Es gab kein Verfahren, keine Schuldabwägung, kein Urteil, sondern nur ein atavistisches Wüten . . .«

Am nächsten Tag hatte Hitler seine Beklemmung abgeschüttelt. Am Nachmittag gab er in der Reichskanzlei ein Gartenfest für seine Paladine und ihre Angehörigen; er streichelte glückliche Kinder, schloß sie in die Arme, begrüßte ihre Mütter mit Handkuß, gab sich vor den Glasaugen der Wochenschaukameras als gastlicher Hauptdarsteller eines fröhlichen Familienfestes, in jeder Hinsicht unbeteiligt an dem Massaker von gestern, das nur wenige Kilometer entfernt in Lichterfelde auch heute noch weiterging. Teetrinkend, plaudernd, in die Kamera lächelnd, präsentierte er sich als aufgeräumter Führer inmitten seines Volkes, sorglos, unbewacht. Einer, der vielleicht zum Fürchten war, aber offensichtlich nichts zu fürchten hatte. Hier, am späten Sonntagnachmittag, entschied er über Röhms Schicksal, und Göring, der Rivale des SA-Führers, eilte ans Telefon.

Gegen 18 Uhr näherten sich der Zelle 474 in Stadelheim der Gefängnisaufseher und die beiden führenden Männer des KZs Dachau. Die Luft in der Zelle war stickig. Der Häftling saß mit offenem, schweißnassem Hemd auf seinem Eisenbett und betrachtete angewidert den SS-Oberführer Theodor Eicke und den SS-Sturmbannführer Michael Lippert, die ihm die neueste Ausgabe des »Völkischen Beobachters« mit der Schlagzeile »SA-Aufstand niedergeschlagen« und eine mit nur einer Kugel geladene Pistole auf den Tisch legten. »Sie haben Ihr Leben verwirkt«, erklärte Eicke. »Der Führer gibt Ihnen eine Chance, die Konsequenzen zu ziehen.«

Die beiden SS-Männer ließen Röhm allein und warteten in der Nähe der Zelle auf den Todesschuß. Nichts rührte sich. Nach 20 Minuten gaben sie dem Gefängniswärter den Auftrag, dem Häftling die Pistole wieder wegzunehmen. Erst dann betraten sie die Zelle zum zweiten Mal. »Stabschef, machen Sie sich fertig!« befahl Eicke.

Röhm riß das Hemd über der nackten Brust auseinander: »Langsam und ruhig zielen«, erwiderte er verächtlich.

Von zwei Kugeln getroffen, sank er zusammen.

Die Mordwelle zog sich noch bis in die Morgenstunden des 2. Juli hin. Gegen 4 Uhr sollte aus dem von der SS in eine Folterkammer verwandelten Columbiahaus der SA-Gruppenführer Karl Schreyer als einer der letzten nach Lichterfelde abgeholt werden. »Sie werden im Auftrag des Führers erschossen!« erklärte ihm ein SS-Unterführer. Man eskortierte ihn die Treppe hinunter. Vor dem Haus stand das Transportfahrzeug zur Richtstätte, und Schreyer wurde befohlen einzusteigen. In diesem Moment jagte ein Mercedes heran. Ein Offizier der Leibstandarte sprang heraus: »Halt! Halt!« schrie er. »Der Führer hat befohlen, ab sofort alle Erschießungen einzustellen!«

So endete die Bartholomäus-Nacht. Ein paar 1 000 Menschen saßen hinter Gittern, vermutlich 100 waren ums Leben gekommen.

Die zweite Revolution war liquidiert, die SA erledigt; sie diente allenfalls noch als Kulisse bei Parteitagen. Aus einem Haufen von Berufsrevolutionären waren reine Feierabendmarschierer geworden.

Niemals mehr erhob sich aus ihren Reihen Widerstand gegen den Führer, gegen die Partei oder gegen die Wehrmacht. Geblieben war den Braunhemden nur der dritte Satz des zur Nationalhymne erhobenen Horst-Wessel-Lieds: »SA marschiert mit ruhig-festem Schritt.«

Sie marschierte im Abseits, ohne Einfluß und Macht. In ihrer ersten Freude darüber übersahen die Reichswehrgenerale, daß Beelzebub durch Satan ausgetrieben worden war und daß es gegen den »Orden unter dem Totenkopf« (Heinz Höhne) keine Bartholomäus-Nacht, keine Auflehnung und kein Standgericht mehr geben würde. Daß nun doch eine Parteiarmee bestand, die das Waffenmonopol der Wehrmacht zur Illusion machte. Die feldgrauen Verlierer betrachteten sich als die heimlichen Sieger, sie bedachten nicht, daß Hitler eines Tages mit ihnen genauso umgehen könnte wie mit seinen SA-Führern, obwohl diese Befürchtung nach der Ermordung zweier Reichswehrgenerale nahelag.

»Keine andere Gruppe hat sich in ihren Berechnungen so schwer geirrt wie das Offizierskorps der deutschen Armee, das sich im Sommer 1934 so ostentativ von den Geschehnissen in Deutschland fernhielt und noch eine arrogante Zufriedenheit darüber äußerte, daß der Reichskanzler so rasch erkannt habe, wer die wirkliche Macht in Deutschland besitze«, schreibt Alan Bullock. »Bei all denen, die weniger blind waren als die Generale, muß die Art und Weise, wie Hitler gegen die Gefahr einer zweiten Revolution vorgegangen war, eher Bestürzung als Befriedigung ausgelöst haben. Niemals zuvor hatte Hitler so unverhohlen seine Gleichgültigkeit gegenüber den Gesetzen der Menschlichkeit und seine Entschlossenheit, um jeden Preis seine Macht zu erhalten, zum Ausdruck gebracht. Niemals zuvor hatte sich der reaktionäre Charakter seines Regimes so deutlich enthüllt wie bei der Niederschlagung dieser zweiten Revolution.«

Sowie die Schüsse der Exekutionskommandos verstummt waren, erließ Göring einen Befehl an alle Polizeidienststellen, sämtliche Akten, Notizen und amtlichen Protokolle unverzüglich zu vernichten. Die Beamten, die in mehreren Städten mit angesehen hatten, wie ihre Polizeipräsidenten übers Wochenende ermordet worden waren, taten »ihre Pflicht« und beseitigten alle Spuren und Beweise der Bluttage.

Die Zeitungen wurden vom Propagandaministerium angewiesen, keinerlei private Todesanzeigen oder Nachrufe zu veröffentlichen. Hitler gab seinem Stellvertreter den Auftrag, sich persönlich um die Hinterbliebenen der Bartholomäus-Nacht zu kümmern. Rudolf Heß trat seine Kondolenzrunde an und bot Geld für Blut: ohne Erfolg bei der Witwe des ermordeten Musikkritikers Willi Schmid und auch bei der Mutter des SA-Führers Ernst Röhm. Sie nehme, ließ die einsame Frau wissen, von den Mördern ihres Sohnes kein Geld.

In der Kabinettssitzung am Montag brachte Hitler folgenden Gesetzentwurf ein: »Die zur Niederschlagung hoch- und landesverräterischer Angriffe am 30. Juni, 1. und 2. Juli 1934 vollzogenen Maßnahmen sind als Staatsnotwehr rechtens.«

An der einstimmigen Annahme dieses Generalpardons im Reichstag gab es keinen Zweifel. Schließlich war Hitler Gesetzgeber, oberster Gerichtsherr und Scharfrichter in einer Person. Was ihm zur Allmacht fehlte, war nur noch der Oberbefehl über die Reichswehr – aber die Tage Hindenburgs waren gezählt, und der Reichskanzler hatte mit der

Liquidierung Röhms nebst Konsorten die Vorleistung auf sein Geheimabkommen mit der Generalität erbracht.

Kein Staatsanwalt erhob Anklage. Keine Polizeidienststelle fahndete nach Vermißten. Kein Untersuchungsrichter leitete Ermittlungen ein. Kein Jurist stritt die rechtlichen Grundlagen der Amnestie ab. Und kein Pfarrer predigte gegen das Blutbad von der Kanzel.

Der moribunde Reichspräsident schickte Hitler noch ein Glückwunschtelegramm, und Vizekanzler von Papen, der das Massaker nur überlebt hatte, weil Hindenburg noch nicht gestorben war, trat zwar als Kabinettsmitglied zurück, akzeptierte aber unmittelbar danach aus der Hand des Mannes, der seine besten Freunde hatte ermorden lassen, den Botschafterposten in Wien und bereitete den »Anschluß« Österreichs an das Reich vor.

Höhere SA-Führer, die der Bartholomäus-Nacht mit Mühe oder durch Zufall entkommen waren wie der Kaisersohn und SA-Obergruppenführer August Wilhelm – parteiintern »Auwi« genannt und vorübergehend auf seinem Schloß arrestiert –, überschütteten ihren Beinahe-Mörder mit Ergebenheitsadressen. Fast geschlossen bedankten sich die Eunuchen bei ihrem Verstümmler für die Entmannungsoperation.

»In Zukunft wird es heißen«, schrieb der Oppositionelle Ewald von Kleist-Schmenzin im Entwurf eines Flugblattes: »Charakterlos wie ein deutscher Beamter, gottlos wie ein protestantischer Pfaffe, ehrlos wie ein preußischer Offizier.«

Der Widerstandskämpfer übertrieb aus Verzweiflung. Die Jagd auf die braunen Jakobiner blieb nicht so folgenlos, wie es schien. Hitler hatte die Linke gleich nach seinem Machtantritt zerschlagen. Durch seine Bartholomäus-Nacht aber war die Rechte von ihm zum Widerstand förmlich gezwungen worden. Die Opposition gegen die Nazis blieb nicht mehr auf Sport und Spott in eleganten Salons, Offizierskasinos und vornehmen Herrenclubs beschränkt – erstmals erhielt sie eine neue Dimension. Auf einmal gab es auch Konservative, für die es Wunsch und Wille wurde, das Ungeheuer zu töten, um sein verbrecherisches System zu zerschlagen. Die Motivation fast aller Attentate gegen den »Erbfeind Deutschlands und Erbfeind der Welt« (Henning von Tresckow, Generalmajor und Attentäter) ging auf die Ereignisse des 30. Juni 1934 zurück, bei denen den Monokelträgern, wenn auch mit Verspätung, das Einglas aus dem Auge gefallen war. »Also jetzt fangen die«, kommentierte der alte Generaloberst von Hammerstein, »auch noch an, Gentlemen zu ermorden.«

Nicht nur bei ihm verwandelten sich Abneigung und Abscheu in den zwanghaften Wunsch zur Tat – viele höhere Militärs erlebten in den folgenden Jahren ihr Damaskus. Es war ein langer Weg, den die traditionsbewußten Reichswehroffiziere als Wehrmachtsgenerale zu gehen hatten, ein Hindernisrennen über herkömmliche Ehrbegriffe, ein Ringkampf mit dem Standesdünkel. Die Bombe, die Graf Stauffenberg am 20. Juli 1944 im Führerhauptquartier Wolfsschanze nach zahlreichen nur durch Zufall vereitelten Attentaten und Opfergängen einiger Offizierskameraden zündete, wurde bereits im Juli 1934 scharf gemacht.

Von diesem Zeitpunkt an stand die Riege der deutschen Generale am Scheideweg. »Die meisten von ihnen bemühten sich, nur Soldaten zu sein«, urteilt der französische Autor Raymond Cartier. »Einige waren Hitler-Anhänger, in der Mehrheit aber bestand die Generalität aus Gegnern des Führers. Sie liebten Hitler nicht, und Hitler haßte sie. Dennoch: Daß bis zum Kriegsende mehr als fünfzig Generalfeldmarschälle, Generale und Admirale füsiliert, gehängt, erdrosselt und an Fleischerhaken aufgeknüpft oder durch den Führer zum Selbstmord gezwungen wurden – das hätte damals niemand für möglich gehalten.«

Die meisten von ihnen hatten Hitler bei seinem Machtantritt für einen schlechten Casino-Witz gehalten und deshalb nicht ernst genommen. Der Emporkömmling aus der Hefe des Volkes war ihnen persönlich zuwider, und in ihrem Standesdünkel betrachteten sie einen früheren Soldaten mit dem niedrigsten Dienstgrad als eine Null.

Zwar lehnten die Reichswehroffiziere gleich Hitler den Vertrag von Versailles ab und begrüßten die Wiedereinführung der allgemeinen Wehrpflicht 1935, durch die aus ihrem 100 000-Mann-Heer eine Wehrmacht mit Millionen von Soldaten nebst ihren ungeheuren Aufstiegschancen wurde. Trotzdem blieb ihnen der »Trommler« suspekt. Sie nahmen an, daß er sich bald so tot liefe wie die vielen Regierungen, die zu Zeiten der Weimarer Republik gekommen und gegangen waren.

Hitler hatte sich bei der Röhm-Affäre demaskiert und vorgeführt, daß er vor keinem Verbrechen zurückschreckte. Die Reichswehr nahm das Mordtreiben mit geschlossenen Augen hin, wiewohl auch zwei ihrer früheren Generäle zu den Opfern gehörten. Die Genugtuung, daß Röhms Privatarmee aus uniformierten Straßen-Rowdies und Saalschlacht-Rabauken zerschlagen und entwaffnet worden war, überlagerte Empörung und Entsetzen. Die Militärs sahen sich nunmehr wieder als die einzigen Waffenträger der Nation und Inhaber der Macht. Spät, viel zu spät erkannten sie, daß an die Stelle der lärmenden Freibier-Milizionäre im Braunhemd der weit gefährlichere »Orden unter dem Totenkopf« mit seinen auf Mann und Mord dressierten Gestapo-Schergen treten würde.

Formal war Hitler nur der zweite Mann im Staat. Unpolitisch, wie sie waren, nahmen die Generäle an, daß der Reichspräsident, der Hitler auf die Verfassung von Weimar vereidigt hatte, den »unbekannten Meldegänger des Ersten Weltkriegs« jederzeit wieder absetzen könnte. Aber Paul von Hindenburg, bei der deutschen Bevölkerung noch immer in hohem Ansehen, war ein vergreister Mann, der auf seinem ostpreußischen Gut in langer Agonie dahindämmerte. Typisch für den Zustand des ersten Mannes im Staate war die Anekdote, daß 1933 beim endlosen Triumphmarsch der SA durch das Brandenburger Tor der einstige Sieger von Tannenberg seinen Adjutanten schlaftrunken gefragt habe: »Wo kommen denn auf einmal die vielen Russen her?«

Der neue Reichskanzler hatte geschworen, sich an die Verfassung von Weimar zu halten. Diesen Eid brechend, ließ er gleich nach seinem Machtantritt politische Gegner verhaften und in Konzentrationslager sperren. Er schaffte die Pressefreiheit ab. Er verwandelte durch ein erzwungenes Ermächtigungsgesetz den Reichstag in einen braunen Gesangsverein. Er unterband jede strafrechtliche Verfolgung der in der Röhm-Affäre auch an Nicht-SA-Leuten begangenen Verbrechen und setzte dadurch die Rechtsprechung außer Kraft.

Zu all diesen Verfassungsbrüchen schwieg der Reichspräsident, und so erhielten seine Generäle keinen Befehl zum Eingreifen. Eingeklemmt in das Zwangskorsett preußischer Tradition von Gehorsam und Treue sahen sie dem Verhängnis tatenlos zu und versäumten so die Gelegenheit, den Eidesbrecher zu stoppen, als es noch möglich gewesen wäre.

Spät begriffen die Militärs, daß der Hasardeur trotz scheinheiliger Friedensbeteuerungen den Krieg nicht nur riskierte, sondern auch zünden wollte. Sie sprachen sich geschlossen dagegen aus. Der Diktator fegte ihre Bedenken hinweg. Da er ihren Widerstand nicht brechen konnte, begann er, die Führungsspitze der Wehrmacht systematisch zu demontieren. Er beschimpfte und belog altgediente Generäle, korrumpierte, hofierte und verhöhnte sie. Er kanzelte »Pour-le-merite«-Träger ab wie Domestiken, warf ihnen Feigheit und mangelnden Patriotismus vor. Er stellte hochrangige Offiziere kalt, ließ sie verleumden, durch schäbige Intrigen aus ihren Positionen ekeln und ersetzte sie durch Konvertiten.

Die Gedemütigten betrieben ihre Rechtfertigung. Gleichgesinnte fanden sich im geschlossenen Kreis zusammen, um zu beraten, wie sie einen Wahnwitzigen aufhalten konnten. Aber es war zunächst nicht mehr als ein Widerstand nach Gutsherrenart. Die ersten Treffen künftiger Frondeure krankten daran, daß sich ihre Teilnehmer zu sehr mit der Frage befaßten, ob sie handeln dürften, statt sich zu einigen, wie sie handeln könnten.

Und sie konspirierten mit gebundenen Händen. Die Siegermächte des Ersten Weltkriegs hatten einst den Repräsentanten von Weimar bei der Revision des Vertrags von Versailles auch das kleinste Entgegenkommen verweigert und dadurch den ersten wirklich demokratischen deutschen Staat seinen Zerstörern von rechts und links ausgeliefert.

Hitler ließen sie alle Vertragsbrüche durchgehen. Sie sahen tatenlos zu, als er die Aufrüstung ankurbelte, die Wehrpflicht wieder einführte, das Rheinland besetzte und Österreich annektierte. Der richtige Moment, zu dem eine bescheidene alliierte Militäraktion mit minimalem Aufwand den Amokläufer noch hinweggefegt hätte, war von ihnen versäumt worden. Durch ihre Nachgiebigkeit hatte der Erpresser einen so großen Rückhalt bei der deutschen Bevölkerung gefunden, daß er praktisch unangreifbar geworden war und dadurch keine Möglichkeit mehr bestand, den Diktator zu stürzen.

Das alliierte Fehlverhalten mündete schließlich in das schändliche Abkommen von München, das die Tschechen dem Usurpator auslieferte und ihn zu weiteren Pressionen ermunterte. München 1938 brachte nur einen kurzen Aufschub. Am 1. September 1939 brach mit Hitlers Überfall auf Polen, dem England und Frankreich laut Vertrag zu Hilfe kommen mußten, der Zweite Weltkrieg aus. Warschau kapitulierte nach knapp drei Wochen. Durch den ersten Blitzsieg hatte das Töten eine neue Dimension gefunden.

Gleich nach dem Verstummen der Siegesfanfaren fielen in Polen wiederum Schüsse. Den Kommandeuren wurde gemeldet, daß auf dem von ihnen eroberten Hinterland Einsatzgruppen des Reichssicherheitshauptamts dabei waren, nach Heydrichs Befehl »die Juden, die Popen, die Adeligen, die Intelligenzler« zusammenzutreiben und zu erschießen.

»Meinen Sie«, schrie der General der Artillerie, Georg von Küchler, den Oberschergen Erich Koch, Gauleiter von Ostpreußen, an, »daß die Wehrmacht der Lieferant für eine Mörderbande ist?«

Der Oberbefehlshaber der Besatzungstruppen in Polen, Generaloberst Johannes Blaskowitz, handelte sofort: Er ließ in einem Schnellverfahren die Mordschützen ermitteln, vor ein Kriegsgericht stellen und zum standrechtlichen Erschießen verurteilen.

Die Hinrichtung fand aber nicht statt, weil Hitler persönlich die Urteile aufgehoben hatte.

Admiral Canaris, Chef der Abwehr, ließ unter der Hand die ersten Greuelmeldungen über die gezielte Ausrottung von Minderheiten von Augenzeugen sammeln, um sie zu geeigneter Zeit an die richtigen Adressen weiterzuleiten. Der Widerstand gegen solche Verbrechen und ihre dafür Verantwortlichen war von der Frage der Moral zu einem Postulat des Gewissens geworden.

Aber die Verschwörer brauchten eine lange Anlaufzeit, erzwungen durch die für Soldaten bittere Erkenntnis, daß sie erst massive militärische Rückschläge abwarten mußten, bevor sie handeln konnten.

Attentäter von links und von rechts

Nach den geheimen Polizeiberichten des Dritten Reiches ist es, abgesehen von der Affäre Röhm – die offiziell als »im letzten Moment vereitelter Anschlag auf Hitlers Leben« geführt wurde –, 1934 zu vier weiteren Attentaten gekommen. Sowohl die Namen der Täter wie ihr Vorgehen und die Aufklärung dieser Versuche wurden in den amtlichen Unterlagen verschwiegen oder nachträglich entfernt; sie sind heute auch nicht mehr zu rekonstruieren.

Der Widerstand, aus dem künftige Hitler-Attentäter hervorgingen, hatte durch die Ereignisse des Junis 1934 eine neue Qualität erhalten. Einige ins Ausland entkommene Nationalsozialisten begegneten in Wien oder Paris jüdischen Emigranten, die sie gestern noch bekämpft hatten. Die ungleichen »Auswanderer« stellten fest, daß sie nunmehr im selben Boot saßen, und wurden zu einer Art exotischer Verbündeter. Otto Strasser, der Führer der 1930 gegründeten »Kampfgemeinschaft revolutionärer Nationalsozialisten« und später auch der »Schwarzen Front« und Bruder des unter viehischen Umständen ermordeten Gregor, startete seinen Rachefeldzug gegen Hitler. Er schmiedete Komplotte zu seiner Ermordung, sammelte Geld, Informationen und Männer, die bereit waren, heimlich nach Deutschland einzureisen und den Führer niederzuschießen. Zu diesem Täterkreis, der den Kamikaze-Weg beschreiten wollte, gehörten Juden, Tschechen und Polen.

Der Überlebende der Strasser-Brüder hatte jahrelang in Hitlers Nähe gelebt, besaß Intimkenntnisse über sein Verhalten und wußte, daß der »österreichische Schlawiner« (Helmut Heiber) seine Lebensgewohnheiten auch als Regierungschef nicht geändert hatte. Mit jüdischen Attentätern würde der Mörder seines Bruders gewiß nicht rechnen. Der Drahtzieher fand Freiwillige und bereitete sie theoretisch und praktisch auf die Stunde X vor; aber erst zwei Jahre später kam es zum ersten Anschlag, und inzwischen hatten die Auslandsagenten des SD versucht, in Emigrantenkreise einzudringen und sie auszuhorchen. Einzelheiten blieben Heydrichs Agenten verborgen, aber sie warnten übereinstimmend vor bevorstehenden Anschlägen auf den Führer.

Aber auch in Deutschland selbst hatten sich endlich Männer unterschiedlichster Couleur zusammengefunden und Hitler Beseitigung geplant, ein schillernder Kreis von zornigen Aristokraten, versprengten Proletariern, mutigen Theologen, denkenden Offizieren, gedemütigten Diplomaten und ergrimmten Altnazis, die noch immer Spitzenstellungen innehatten – wie der Berliner Polizeipräsident Wolf Heinrich Graf von Helldorf – und heimlich entschlossen waren, Hitler den Mord an ihren SA-Kameraden heimzuzahlen.

Links und rechts rückten zusammen, Feinde von gestern, ehemalige Verfolger und Verfolgte wurden durch den Vorsatz geeint, Hitler zu stürzen. Abgesehen von der permanenten Todesdrohung, unter der sie leben mußten, war dieses Ziel die einzige Übereinstimmung zwischen ihnen. Schon an der Frage, ob Hitler nur verhaftet oder sofort getötet werden sollte, zerbrach die Eintracht. Selbst die Realisten, die erkannt hatten, daß nur der Tyrannenmord sie von der braunen Pest befreien konnte, zerstritten sich über der Diskussion, wie er erledigt werden sollte. Durch ein offenes Attentat? Durch einen vorgetäuschten Unfall? Von einer Gruppe oder von einem Einzelgänger, der Gelegenheit hatte, bewaffnet an ihn heranzukommen?

Ob sie nun Zauderer waren oder Draufgänger, andere vorschicken oder beim Anschlag selbst vorangehen wollten, sie alle wurden durch Hitlers offensichtliche Erfolge auf eine harte Probe gestellt. Die Zeit arbeitete für ihn; seine Anhängerschaft wuchs und wuchs.

Das Ausland schien sich mit ihm abgefunden zu haben, und so konnte er daran gehen, Punkt für Punkt seiner Versprechungen und Drohungen einzulösen. Einen Tag vor dem Tod des Reichspräsidenten, am 1. August 1934, brachte Hitler ein Gesetz ein, nach dem künftig das Amt des Reichskanzlers und das des Reichspräsidenten vereinigt werden sollten. Einen Tag nach dem Tod Hindenburgs überrumpelte er durch einen staatsstreichartigen Coup die Reichswehr, indem er die Soldaten nicht mehr auf Volk und Vaterland, sondern auf sich persönlich vereidigen ließ.

Rudolph Christoph Freiherr von Gersdorff, der später den Versuch unternahm, sich mit einer Höllenmaschine in der Tasche zusammen mit Hitler in die Luft zu sprengen, erlebte als Adjutant des elitären Kavallerieregiments 7 im »soldatischen Getto« Hitlers Blitzkrieg um den Fahneneid. Die Kürassiere seines Breslauer Regiments standen voll hinter ihren Offizieren, die Offiziere geschlossen gegen Hitler. Jüngere Kameraden, die sich im Casino als seine

Anhänger erkennen ließen, wurden zurechtgewiesen oder zu anderen Einheiten versetzt.

»Zumindest mein Regiment wäre einem Befehl zum Einsatz gegen die Nazibewegung widerspruchslos gefolgt«, schreibt Gersdorff. »Die Truppe befand sich in jener Zeit fest in der Hand ihrer Führung, von der wir Offiziere überzeugt waren, daß sie rechtzeitig und entschlossen die im Sinne unseres soldatischen Auftrags richtigen Maßnahmen treffen würde. Von unserem Standpunkt aus nahmen wir Hitler und seine Bewegung nicht ernst genug. Wir waren eher versucht, den Agitator aus Braunau lächerlich zu finden.«

Das Kavallerieregiment 7 war eine Adelsdomäne. Sämtliche Offiziere entstammten der schlesischen Aristokratie. Sie waren fast alle miteinander verwandt und konnten offen miteinander sprechen. Dafür lieferten ihnen die Braunhemden in ihrer Garnisonsstadt reichlich Stoff: Einmal kam es zwischen den Kürassieren und SA- und SS-Leuten zu einer handfesten Schlägerei, und die Röhm-Affäre löste einen unerfreulichen Zusammenstoß mit dem schlesischen SS-Führer Udo von Woyrsch aus. Er war mit einem Lastwagen vor der Kaserne in Breslau vorgefahren, und gestützt auf einen Befehl des Generalkommandos verlangte er barschen Tones die Übergabe von einigen hundert Pistolen nebst Munition.

Seine Bewaffnung wurde verzögert. Schließlich mußte der Wütende sich mit fünfundsiebzig 0,8-Pistolen begnügen, die ihm gegen Quittung übergeben wurden. Es war immerhin genug für ein in Schlesien besonders widerwärtiges Mordtreiben, dem nicht nur verhaßte SA-Führer, sondern auch einige Adelige und sieben jüdische Mitbürger zum Opfer fielen. Statt gegen die Mordbande loszuschlagen, wozu die Offiziere des Kavallerieregiments 7 nur zu bereit gewesen wären, hatten sie – Befehl ist Befehl – diese auch noch munitioniert.

Bei der Röhm-Affäre waren die Generale also hereingelegt worden, doch auch bei Hitlers nächsten Schlag zeigten sie nicht den Mut zum Handeln, den sie von ihren einfachen Soldaten und von ihren Offizieren verlangten. Die Breslauer Garnison erhielt Befehl, auf den großen Platz in der Nähe der Jahrhunderthalle auszurücken. »Auf einer Seite des offenen Vierecks stand mein Regiment zu Pferd – die drei Breslauer Schwadronen nebeneinander – in Paradeaufstellung«, schildert Freiherr von Gersdorff die neuerliche Unterwerfung der Generalität. »Der spätere Feldmarschall von Rundstedt nahm die Meldung der Kommandeure entgegen und hielt dann eine kurze und würdige

Gedenkrede auf den verstorbenen Reichspräsidenten. Nachdem das Lied vom guten Kameraden verklungen war, gab Rundstedt plötzlich das Kommando: ›Regimentsweise zur Eidesleistung die rechte Hand zum Schwur erheben lassen!‹ Niemand hatte uns vorher etwas von einer Neuvereidigung gesagt. Vor allem aber war die Eidesformel mit keinem Wort bekanntgemacht worden. Da wir nur annehmen konnten, daß wir erneut den uns bekannten Eid auf Deutschland und das deutsche Volk leisten sollten, hoben wir arglos die Schwurhand. Da wir Kavalleristen in unserer rechten Hand den Säbel trugen, mußte der Kommandeur vorher noch schnell befehlen: ›Säbel in die Zügelfaust!‹ Dann sprach Rundstedt in mehreren Absätzen die neue Eidesformel vor, die von der gesamten Garnison im Chor nachgesprochen wurde: ›Ich schwöre bei Gott diesen heiligen Eid, daß ich dem Führer des Deutschen Reiches und Volkes, Adolf Hitler, dem Obersten Befehlshaber der Wehrmacht, unbedingten Gehorsam leisten und als tapferer Soldat jederzeit bereit sein will, für diesen Eid mein Leben einzusetzen.‹ Der Unterschied war eklatant, aber selbst wenn man dies sofort begriffen hätte, wäre man praktisch nicht in der Lage gewesen, den Eid zu verweigern. Ich muß bekennen, daß auch mir erst nach der Eidesleistung klar wurde, was soeben stattgefunden hatte. Beim Einrücken in die Kaserne sprach ich mit mehreren Offizieren über die neue Eidesformel. Als ich sie fragte, ob ihnen bewußt sei, daß hier ein rein persönlicher Eid auf Hitler erschlichen worden war, sahen sie mich zunächst verständnislos an ... Die Raffinesse und Diabolik, mit der Hitler die Soldaten der deutschen Wehrmacht an seine Person gebunden hatte, war in ihrer Konsequenz damals nicht erkennbar.«

Szenen wie die von Breslau spielten sich im ganzen Reichsgebiet ab. Noch bevor der »verewigte« Hindenburg beigesetzt war, gewann Hitler, der »vernunftlose Tyrann« (Peter Hoffmann), auf »verfassungswidrige Weise die verfassungsrechtliche Kontrolle über die Reichswehr«. Reichskriegsminister von Blomberg hatte die veränderte Eidesformel bedenkenlos an die Armee weitergegeben, die ungefragt, unvorbereitet und überstürzt erstmals auf einen umstrittenen Parteipolitiker vereidigt wurde.

Bis kurz zuvor war der Reichswehr jede politische Tätigkeit untersagt gewesen – nunmehr wurde das Hunderttausend-Mann-Heer, das zu einer Millionenarmee ausgebaut werden sollte, auf den Nationalsozialismus festgelegt. Und der Diktator wußte, daß die Skrupel der

Militärs, diesen zweifelhaften Eid zu brechen, ein weit besserer Schutz für ihn und sein System waren als seine Leibwächter.

Schon bei der Röhm-Affäre hatte der frühere Staatssekretär der Reichskanzlei Erwin Planck den Generalobersten Freiherrn Werner von Fritsch aufgesucht und beschworen, entschieden und militärisch vorzugehen, da der Reichswehrminister offensichtlich versage. Auch die Generale von Witzleben, von Rundstedt und Ritter von Lech waren sich einig gewesen, von Blomberg eine kriegsgerichtliche Untersuchung der Mordfälle Schleicher und Bredow zu verlangen; aber der »Gummilöwe« schreckte wieder einmal zurück und lehnte das Ansinnen als »unmöglich« ab.

Die unpolitische Reichswehr – auf den Koppelschlössern ihrer Soldaten stand die Devise: »Gott mit uns« – verlor ihre neutrale Sonderstellung und wurde zum Garanten eines Gewaltsystems. Es war in den nächsten Jahren noch der Sturz der Wehrmachtsführungsspitze und vor allem Hitlers bald verlorener Krieg notwendig, bis wenigstens die intelligenteren Militärs begriffen, daß sie zwar auf Hitler vereidigt, doch nicht eingeschworen waren.

Während den Waffenträgern der Nation der Mut zur Tat noch fehlte, lieferten vergleichsweise ohnmächtige Zivilisten erstaunliche Beweise ihrer Zivilcourage. Diese Individualisten zeigten, mehr ehrenwert als erfolgreich, ihre Aversion gegen Hitler, weigerten sich, die befohlenen Hakenkreuzfahnen zu hissen oder Groschen in die Sammelbüchsen zu werfen; sie gingen demonstrativ zur Kirche und blieben den Massenveranstaltungen der Partei nicht unbemerkt fern.

Sie handelten aus der gleichen Mischung von Trotz und Verzweiflung wie der junge David Frankfurter, der mit der entsicherten Pistole in der Tasche dem Diktator auf den Berliner Straßen auflauerte. Der jüdische Verfolger stammte aus Jugoslawien, war der Sohn eines Rabbiners und weit eher ein Romantiker als ein Attentäter. Schlimmer als Erniedrigung, Verfolgung und Ausplünderung traf ihn der Vorwurf, die Juden seien feige und ließen tatenlos alles mit sich geschehen. Der Medizinstudent steigerte sich in die Vorstellung hinein, er müsse ein Fanal für die Welt setzen. Da er an Hitler nicht herankam, wollte er wenigstens einen seiner Statthalter töten. Er ging in die Schweiz und erschoß später in Davos – als Ersatzmann für Hitler – Wilhelm Gustloff, den Landesgruppenleiter der NSDAP in der Schweiz.

Am 5. September 1934 ließ Hitler auf dem Reichsparteitag in Nürnberg verkünden, daß die nationalsozialistische Revolution beendet sei. Tatsächlich herrschte jetzt in Deutschland Ruhe, Friedhofsruhe. Es gab immer noch Vermißte der Bartholomäus-Nacht; aber gelegentlich tauchten Totgeglaubte wieder auf, wie zum Beispiel der konservative Monarchist Ewald von Kleist-Schmenzin, dessen Name auf der »Reichsliste« der zu Liquidierenden ganz oben gestanden hatte.

Er war von einem anderen Gefährdeten, dem bei den Nazis als »Salonbolschewisten« verschrienen Schriftsteller Ernst Niekisch, versteckt worden. Wochen andauernder Lebensgefahr machten aus politischen Gegnern persönliche Freunde. Und gemeinsame Verschwörer; denn Niekisch unterhielt Verbindung zu Otto Strassers Schwarzer Front in Wien und Prag und außerdem zu weiteren NS-Gegnern in Deutschland, wie dem Rechtsanwalt Fabian von Schlabrendorff, dem Freiherrn von Guttenberg und dem Grafen York von Wartenburg.

Zu diesem Kreis gehörte auch der ungeduldige Kaufmann und Industrielle Nikolaus Christoph von Halem, der seine enormen Auslandsverbindungen in die Widerstandsgruppe einbrachte. Im Gegensatz zu seinen Freunden war er von vornherein der Auffassung, daß Hitler getötet werden müsse, wenn sein Regime beseitigt werden sollte. Während ein weiterer Verschwörer, Fritz-Dietlof Graf von der Schulenburg, auf oppositionelle Wehrmachtsoffiziere setzte, nahm Halem an, daß die in Traditionen, Ehrvorstellungen und Vorurteile eingebundenen Militärs handlungsunfähig seien. Ohnedies dauerten ihm die Attentatsvorbereitungen zu lange, er strebte von der Ouvertüre zum Hauptakt und forderte zu töten, statt zu reden.

Wie es geschehen sollte, wußte der Großkaufmann freilich nicht zu sagen. Er hatte die verschwommene Vorstellung von einem professionellen Vollstrecker, der angeworben werden sollte. Einen solchen gab es längst, und man brauchte ihn auch gar nicht mehr zu verpflichten: Der Weltkrieg-I-Haudegen, der frühere Chef des Freikorps »Oberland«, das in seinen ledernen Kniebundhosen eher einer Wildererbrigade geglichen hatte, der Mitmarschierer an der Feldherrnhalle, der Ex-Akademiker, braune und rote Renegat Dr. Beppo Römer hatte, zunächst allein auf sich gestellt, die Vorbereitungen zum Tyrannenmord zielstrebig vorangetrieben. Er war ein unbeschreiblicher Typ, Spartakus mit einem Schuß Winnetou, einer, der immer an das glaubte, was er vertrat, und bereit war, sein Leben dafür in die Schanze zu schlagen; er brauchte die Gefahr wie ein Morphinist die Droge.

Ein Kerl wie er und seine Kumpane waren sowohl nervlich wie

fachlich in der Lage, den Sonderzug des Führers in die Luft zu jagen oder Hitler mitten im Parteitagsgedränge niederzuschießen. Römer, ein ungebremster Draufgänger und ein Praktiker des Pulverdampfs, schien berufen und auserwählt, den Diktator zu erledigen. Der Attentäter aus dem Bilderbuch hatte die Morde des Junis 1934 überlebt, aber er war danach verhaftet und in das KZ Dachau eingeliefert worden. Daß er noch lebte, war ein halbes Wunder; aber ein Abenteurer wie er hatte auch im gegnerischen Lager Freunde, und so war er auch nicht so leicht zu liquidieren.

In Offizierskameraden des Ersten Weltkriegs hatte Römer einflußreiche Fürsprecher, die ihn aus der KZ-Haft befreien wollten, und Halem setzte darauf, daß es ihnen mit der Zeit gelänge. In diesem Fall wollte er dem verwegenen Kämpen bei der Berliner Vertretung der oberschlesischen Zeche Ballestrem eine Scheinstellung besorgen und ihn dadurch absichern und für seine eigentliche Aufgabe freimachen.

Zu Beppo Römers Gesinnungsfreunden zählte eine Widerstandszelle um Dr. Paul Joseph Stuermer, die sich schon vor der Machtergreifung zusammengeschlossen hatte, um das braune Regime aktiv zu bekämpfen. Es waren ehemalige »Stahlhelm«-Männer, ein Universitätsprofessor, ein Jesuitenpater, einige Offiziere und ein sozialdemokratischer Funktionär. Die Verbindungen des glücklich taktierenden Stuermer reichten bis nach Süddeutschland und stießen in Stuttgart auf Oppositionelle um den Industriellen Robert Bosch und den Kommunalpolitiker Dr. Arnulf Klett.

Nicht weniger geschickt tarnte sich die »Gruppe Markwitz«, die vorwiegend aus Sozialdemokraten, Gewerkschaftlern und Bürgerlichen bestand, die in den Untergrund gegangen waren, illegale Flugblätter klebten, verbotene Schriften verteilten, gefährdete Personen verbargen oder ins Ausland schafften und Verbindungen zu anderen Männern suchten, die Hitler töten oder stürzen wollten.

Der Gestapo gelang es, einen Spitzel in den Kurierdienst einzuschleusen. Im Mai 1935 flog die Gruppe auf. Ihre Mitglieder wurden hingerichtet, verübten Selbstmord oder entkamen ins Ausland. Ihre Verfolger nahmen die »Gruppe Markwitz« als Vorwand zur Verhaftung von Sozialdemokraten und Gewerkschaftlern. Tausende kamen oder blieben in Haft, Hunderte wurden von »ordentlichen« Gerichten zu hohen Zuchthausstrafen verurteilt.

Es war eine der wenigen Aushebungen, die Heydrichs Häschern bis zu diesem Zeitpunkt gelungen waren. Den fürchterlichen Ruf, der ihr anhaftete, hatte sich die Gestapo nicht durch ihre Erfolgsquote, sondern durch ihre Grausamkeit verdient. Während der Treibjagd auf die Sozialisten war einer der späteren Wortführer des Widerstands, Dr. Carl Friedrich Goerdeler, der seinen Haß auf der Zunge trug, nicht nur als Oberbürgermeister von Leipzig, sondern auch als Reichspreiskommissar im Amt. Er war bei der Bevölkerung noch immer so populär, daß ihn die Nationalsozialisten nicht absetzen konnten, obwohl er in einem permanenten Stellungskrieg mit den sächsischen Parteidienststellen lebte.

Noch saßen in den Ministerien und in den Verwaltungen auch Männer an den Schalthebeln der Macht, die niemals Nationalsozialisten gewesen waren und den Verschwörern wichtige Informationen liefern konnten. Es war zu erwarten, daß Persönlichkeiten wie Goerdeler bald aus ihren Positionen entfernt würden; aber bis dahin hatten sie genügend Einblick in die Apparatur der Gewalt, um nicht selten Gefährdeten einen Wink zu geben, sofort unterzutauchen.

Der Propagandist des Widerstands war nicht nur den Braunen unbequem, sondern erschien auch den Gleichgesinnten oft genug wenigstens unvernünftig. Goerdeler begrüßte zum Beispiel den Berliner Bischof Konrad Graf von Preysing gleich bei der ersten Begegnung mit den Worten: »Natürlich muß das Naziregime ausradiert werden.« Bei dem Kirchenfürsten und späteren Kardinal konnte er der Diskretion sicher sein; aber der gebürtige Magdeburger fiel auch bei weniger zuverlässigen Persönlichkeiten mit der Bombe ins Haus, die erst am 20. Juli 1944 gezündet wurde.

Harold C. Deutsch, ein amerikanischer Historiker aus Milwaukee, der an der Havard University und an den Universitäten Paris, Wien und Berlin studiert hatte, gehörte zu den ausländischen Besuchern, die im Frühjahr 1936 im Leipziger Rathaus vorsprachen. Der Gast hatte sich ein paar Fangfragen zurechtgelegt, um im Gespräch mit Deutschen ihre politische Gesinnung auszuloten; er begrüßte den Oberbürgermeister mit den Worten: »Was ist Ihrer Meinung nach das größte Problem des heutigen Deutschlands?« – »Das größte Problem ist die Wiederherstellung des einfachen menschlichen Anstands«, erwiderte Leipzigs erster Bürger und begann eine Reihe von Mißständen aufzuzählen. Mitten im Redefluß stand er auf, trat ans Fenster und bat seinen Gast durch eine Geste, ihm zu folgen. »Sehen Sie«, sagte er und deutete auf das Gewandhaus, vor dem ein Denkmal des jüdischen Komponisten Felix Mendelssohn-Bartholdy stand: »Das ist eines meiner Hauptprobleme. Die SA setzt mir zu. Sie will, daß ich dieses Denkmal entferne. Aber wenn sie es je anfaßt, mache ich hier Schluß.«

Ein halbes Jahr später mußte der Oberbürgermeister eine Dienstreise unternehmen. Die Partei nutzte seine Abwesenheit, um das Denkmal vom Sockel zu stürzen. Goerdeler kam zurück, erklärte sich mit Mendelssohn solidarisch und legte noch am selben Tag sein Amt nieder.

Vor seinem Abgang hatte er als Reichspreiskommissar einige Begegnungen mit Hitler gehabt. Es war ihm während dieser Gespräche gelungen, den »gefährlichen Neurotiker« (Helmut Heiber) in einigen Detailfragen zu einer echten – oder nur gespielten – Änderung seiner Meinung zu bringen, woraus der Kommunalpolitiker, von Haus aus unerschütterlicher Optimist, den verhängnisvollen Trugschluß zog, man könne mit dem Diktator verhandeln, so man nur die rechte Argumentation fände.

Der Mann, der später als Hitlers Nachfolger vorgesehen war, begann seine konspirativen Versuche wie ein von Ort zu Ort ziehender Handelsvertreter. Nach seiner Demission in Leipzig hatte ihm der Krupp-Konzern eine hohe Stellung angeboten, doch Hitler verhinderte, daß er sie antrat. Er erhielt eine Abfindung und eine Anstellung bei Robert Bosch, der als einer der ersten Industriellen erkannt hatte, welche Fehlinvestition Hitler war.

Goerdeler verfügte über ein enormes Gedächtnis und eine unerschöpfliche Energie. »Seine Tätigkeit führte ihn in jede Gegend des Reiches wie in viele ausländische Staaten«, schreibt Harold C. Deutsch. »Als Deckmantel für diese Reisen diente eine nominelle Anstellung beim Robert-Bosch-Konzern. Der hochgewachsene Mann mit Schlapphut, wehendem Mantel und Knotenstock sah wirklich aus wie ein ›Wanderprediger‹, wie man ihn scherzhaft nannte.«

Die Bildung oppositioneller Gruppen oder Zirkel ging zumeist spontan, beinahe zufällig vor sich, schreibt Professor Deutsch weiter. »Um Personen von Einfluß und Ansehen sammelten sich Gleichgesinnte zum Gedankenaustausch und zu gegenseitiger Unterstützung. Solche Konventikel wiederum entwickelten die Neigung, mit anderen Gruppen von ähnlicher Einstellung auf überörtlicher Ebene Verbindung aufzunehmen. In dieser Phase spielten die führenden Figuren eine noch gewichtigere Rolle, weil sie am ehesten über Verbindungen zu Gleichgesinnten in anderen Teilen des Landes verfügten. Die nächste Phase war die Fühlungnahme zwischen Gruppen verschiedener Couleur. Persönlichkeiten des katholischen Widerstands nahmen den Dialog mit Protestanten auf; Konservative, Liberale und Sozialisten begannen einen Meinungsaustausch und suchten nach gemeinsamem Boden. Wie bei den kleineren Gruppierungen begann der Verbindungsprozeß fast immer rein lokal und dehnte sich allmählich auf die regionale und schließlich die nationale Ebene aus. Das führte dazu, daß die Verbindungen sich vervielfachten und häufig verwirrten. Die elementarsten Vorsichtsregeln erforderten, daß man nur wußte, was unbedingt nötig war, und daß vor allem über die Identität der Beteiligten möglichst wenig bekannt wurde. In diesem riskanten Spiel war Wissen nicht Macht, es konnte, für einen selbst wie für die Gefährten, zur tödlichen Gefahr werden. Was man nicht wußte, konnte einem selbst die Folter nicht entreißen. Bei Treffen, an denen mehrere Gruppen beteiligt waren, verzichtete man überhaupt darauf, die Teilnehmer vorzustellen. So kam es vor, daß manche Zusammenkünfte bis zum frühen Morgen dauerten und trotzdem nur wenige Anwesende über Namen und Personen von mehr als zwei oder drei Gesprächspartnern informiert waren.«

Goerdeler wurde zu einem Kristallisationspunkt der Opposition. Rastlos hetzte er von Ort zu Ort, bat, appellierte, wiegelte auf, ein Triebwerk des Widerstands, freilich ein ziemlich lautes. Weder unterschied er, zu wem er sprach, noch dämpfte er die Stimme, wenn er in Rage war. Eines Tages besuchte er in Begleitung eines Offiziers den Chirurgen Ferdinand Sauerbruch in seiner Villa. Während des lauten und heftigen Abends saß der Fahrer, ein biederer Soldat, wartend im Nebenraum, ein unfreiwilliger Zuhörer.

Der Offizier brachte seinen Gast nach Hause. Während der Fahrt durch das nächtliche Berlin drehte sich der Soldat am Steuer um. »Wann geht's denn nun eigentlich los?« fragte er die erschrockenen Insassen. »Wann wird denn dieser Hitler endlich umgebracht?«

Man fragt sich unwillkürlich, wie schlecht es um die fachliche Qualität der Gestapo gestanden haben muß, wenn sie einen Mann und seinen Freundeskreis nicht stellen konnte, der über ein Jahrzehnt lang seine Feindschaft gegen das System mit voller Lautstärke bekundete.

Nicht nur den Verschwörern, auch ihren Verfolgern fehlte es an Erfahrung. Lange liefen sie nebeneinander her, als hätten sie nichts miteinander zu tun. Mitunter nahm der Kampf im Untergrund burleske Formen an. »Die Deutschen sind keine Verschwörer«, witzelte der italienische Botschafter Bernardo Attolico. »Zum Verschwörer gehört alles, was sie nicht haben, Geduld, Menschenkenntnis, Psychologie, Takt. Nein, sie werden alle abgeschossen werden und in Lagern verschwinden: Gegen Gewaltregierungen, welche zur vollen Anwendung ihrer Gewaltmittel jederzeit bereit sind, gibt es keine Aufstände. Um gegen solche Verhältnisse anzukämpfen wie die hiesigen, braucht es eine Ausdauer, eine Verstellungsgabe, ein Geschick, wie es Talleyrand und Fouché besaßen. Wo finden Sie zwischen Rosenheim und Eydtkuhnen einen Talleyrand?«

Attolico, Mussolinis Botschafter in Berlin, spottete aus eigener Anschauung; denn er erlebte als Augenzeuge mit, wie Hitler die absolute Mehrheit des deutschen Volkes hinter sich brachte. 1936 war praktisch der letzte Arbeitslose von der Straße. Es herrschte Vollbeschäftigung, und Löhne wie Preise waren stabil. »Man kann sich die dankbare Verblüffung, mit der die Deutschen auf dieses Wunder reagierten und die insbesondere die deutsche Arbeiterschaft nach 1933 in hellen Haufen von der SPD und KPD zu Hitler umschwenken ließ, gar nicht groß genug vorstellen«, schreibt Sebastian Haffner. »Sie beherrschte in den Jahren 1936 bis 1938 die deutsche Massenstimmung absolut und verwies jeden, der Hitler immer noch ablehnte, in die Rolle eines querulantischen Nörglers. ›Der Mann mag seine Fehler haben, aber er hat uns wieder Arbeit und Brot gegeben‹ – das war in diesen Jahren die millionenfache Stimme der ehemaligen SPD- und KPD-Wähler, die noch 1933 die große Masse der Hitler-Gegner gebildet hatten.«

Das Elend von Millionen war beseitigt, auch wenn die Arbeiter jetzt an Fließbändern der Rüstungsindustrie oder an Autobahnbaustellen standen und ihre vorübergehende Erlösung bald mit unvorstellbarer Not würden bezahlen müssen, die weit über wirtschaftliches Elend hinausreichen sollte.

Es ging aufwärts. Selbst Hitler-Gegner drohten sich die Köpfe an den Errungenschaften des Nationalsozialismus einzurennen. Das Winterhilfswerk schützte Bedürftige vor Frost und Hunger. Es gab Ehestandsdarlehen, Mutterschutz, Erholung für Mütter, Kinderlandverschikkung und die NS-Gemeinschaft »Kraft durch Freude« – 22 Millionen Urlauber gingen bis 1937 mit der eigenen Flotte auf KdF-Reise. Die Geburtenzahl stieg von 971000 im Jahre 1933 auf 1413000 im Jahre 1939 – noch ohne Lebensborn.

Die Reparationszahlungen waren eingestellt. Der Versailler Vertrag wurde Punkt für Punkt demontiert, ohne daß es darüber zum Krieg gekommen wäre. Besucher aus dem Ausland schieden als Bewunderer

Hitlers, wie der berühmte Ozeanflieger Charles Lindbergh, der Herzog und die Herzogin von Windsor, der Gouverneur der Bank von Frankreich oder Lloyd George, einer der Großen Vier aus dem Ersten Weltkrieg. Die Saar war heimgekehrt ins Reich, und ausländische Mächte schlossen Verträge mit Hitler ab, zuerst ausgerechnet der Vatikan.

Propagiert war auch schon das neue KdF-Auto, der Volkswagen, der unter 1 000 Mark erhältlich sein sollte. Zwar bekamen ihn später nur Soldaten in Nordafrika oder Rußland zu sehen, aber ohnedies lebt der Mensch in einer Diktatur mehr von seinen Wünschen und Träumen als von der Wirklichkeit. Als Hitler die Jugend der Welt rief – die Olympiade 1936 in Berlin wertete ihn endgültig international auf –, waren bereits die ersten 1 000 Autobahnkilometer gebaut. Die Besucher staunten und lobten.

Als der stets trunkene Chef der deutschen Arbeitsfront, Dr. Robert Ley, der den Arbeitsfrieden mit Hilfe der KZs hergestellt hatte, in einer überfüllten Fabrikhalle ausrief: »In Deutschland ist es schöner als im Himmel«, erhielt er tosenden Beifall.

Einer, der diese Meinung nicht teilte, hatte sich bereits auf den Weg gemacht, den Diktator zu töten – es war der erste Versuch Otto Strassers, die Ära Hitler zu beenden. Symbolischerweise sollte die Tat auf dem Reichsparteitagsgelände in Nürnberg geschehen, wo der Diktator alljährlich seine gigantische Propagandainventur abzog: mit Wagner-Musik, Massenaufmärschen, Proleten in Uniform, berauschten Kleinbürgern und Friedensbeteuerungen, gepaart mit militärischen Schaustellungen. Es gab ein Fahnenmeer auf dem Zeppelinfeld, Luftparaden am Himmel, Panzergefechte auf der Erde und am Abend einen »Lichtdom«, gebildet aus 130 Flakscheinwerfern in sechs bis acht Kilometern Höhe. »Manchmal zog eine Wolke durch diesen Lichterkranz und verschaffte dem grandiosen Effekt ein Element surrealistischer Unwirklichkeit«, urteilte der Erfinder, Albert Speer, der nach dem Tod von Professor Paul Ludwig Troost zum Baumeister des braunen Reiches avanciert war. Und der britische Botschafter Neville Henderson beschrieb die Fata Hitleriana: »Gleichzeitig feierlich und schön, als ob man sich in einer Kathedrale aus Eis befände.«

Diese Eiskathedrale wollte der jüdische Architekturstudent Helmut Hirsch ein für allemal einreißen. Otto Strasser, der Drahtzieher im Hintergrund, lieferte Informationen und den Sprengstoff, mit dem umzugehen der Junge aus Stuttgart gründlich erlernte. Er sollte sich in der toten Zeit in das Gebäude einschleichen, eine Höllenmaschine in der Nähe der Rednertribüne anbringen und sie genau nach Terminplan scharf machen.

Der Attentäter hatte der Bündischen Jugend angehört. Er konnte Schwäbisch und sich so in Deutschland unauffällig bewegen. Er war mit den Verhältnissen vertraut und fiel weder durch sein Äußeres noch durch sein Benehmen auf. Hirsch glaubte daran, daß nach Hitlers Tod sein Auftraggeber die braune Partei übernehmen, ihr Programm entschärfen und vor allem die antisemitischen Ziele streichen würde. Er ließ es sich von Strasser ausdrücklich zusichern, bevor er von Prag heimlich nach Deutschland zurückreiste.

Der Plan wurde durch eine fixe Idee des Studenten erschwert: Er wollte neben Hitler unbedingt auch Julius Streicher erledigen. Aber im Gegensatz zu früher zeigte sich der Despot aus Braunau nur noch ungern mit dem selbsternannten »Franken-Führer« in der Öffentlichkeit. Schließlich fand Strasser eine interne Veranstaltung, auf der beide anwesend sein würden, und der Freiwillige des selbstmörderischen Einsatzes sah eine Chance, neben dem Diktator auch den Herausgeber des Hetzblattes »Der Stürmer«, Deutschlands bekanntesten Antisemiten, zu erledigen. Hirsch trieben die gleichen Motive wie David Frankfurter: Er wollte der Welt beweisen, daß es den Juden nicht an Mut fehlte, den Diktator und Politpornografen inmitten seiner Anhänger auszulöschen.

Am 20. Dezember 1936 erreichte er Stuttgart. Er übernachtete im Hotel und trug sich mit dem Namen ein, auf den sein Reisepaß ausgestellt war. Drei Tage später wollte er in Nürnberg an einem vereinbarten Treffpunkt den Sprengstoff übernehmen, der auf separatem Weg von einem Kurier nachgeliefert werden sollte. Hirsch traf schon vor der Zeit in der »Stadt der Reichsparteitage« ein und stapfte wie ein Müßiggänger durch die Straßen und Plätze, um sich seinen Fluchtweg einzuprägen.

Er besichtigte mit Hunderten von Neugierigen das Zeppelinfeld und rekapitulierte dabei den Bau der Bombe wie ihre Sprengkraft. Anstelle der Holztribüne hatte Albert Speer einen massiven Steinbau von 390 Metern Länge und 24 Metern Höhe errichten lassen. »Er übertraf die Länge der Caracalla-Thermen in Rom um 180 Meter, betrug also fast das Doppelte«, schrieb ihr Schöpfer.

Hirsch wußte zu diesem Zeitpunkt nicht, daß der Kurier mit dem Sprengstoff bereits beim Grenzübergang aufgefallen und aufgeflogen war. Er brach unter der Anwendung rüder Gestapomethoden rasch zusammen und legte ein volles Geständnis ab. Da er den Decknamen des Bombenlegers kannte, brauchte die Polizei nur noch die Meldezettel der deutschen Hotels zu durchforsten, um ihn zu stellen. Sie fand die erste Spur in Stuttgart und verfolgte sie bis Nürnberg. Hirsch wurde verhaftet, ausgequetscht und vor Gericht gestellt. Der Student gestand in der Hauptverhandlung, von Otto Strasser zur Tat angestiftet worden zu sein. Er wurde zum Tode verurteilt und hingerichtet.

Inzwischen betrieb der Chef der Schwarzen Front von Prag, Wien und Paris aus weiter seine weitverzweigte Verschwörung, wobei die Akteure erstmals auch Großbritannien und die Schweiz als Ausgangsräume nutzten. 1938 wurden zwei Männer namens Döpking und Kremin als Attentäter verdächtigt; drei weitere, Karl Hoffmann, Erich Schulz und Wilhelm Tosch, wurden wegen Vorbereitung eines Sprengstoffanschlags, dessen Verlauf verheimlicht werden konnte, in Plötzensee enthauptet.

Die SD-Auslandsspionage meldete vor dem Krieg immer wieder namentlich bekannte wie unbekannte Attentäter, Emigranten, Remigranten und Renegaten. Oft war es blinder Alarm, aber Otto Strasser hing bis zur Besetzung von Wien, Prag und Paris wie ein riesiger, stummer Schatten über Heydrich.

Der Diktator und das Risiko

Wenn Eva Braun, die vernachlässigte Lebensgefährtin, Hitler in der Reichskanzlei besuchen wollte, mußte sie den Wachposten einen Sonderausweis – einen von neun verschiedenen, die im Umlauf waren – präsentieren und wurde mehrmals kontrolliert. Der betrunkene Metzger Franz Kroll hingegen durchbrach am 14. Februar 1937 auf taumeligen Beinen ungesehen die Postenkette. Der Mann mit der unverkennbaren Schnapsfahne und den glasigen Augen torkelte unbemerkt durch das Regierungsgebäude und wurde erst gefaßt, als er in das Arbeitszimmer des Führers eindringen wollte, um sich zu beschweren, weil ihm die Polizei angeblich 135 Reichsmark abgenommen hatte.

Franz Kroll war unbewaffnet gewesen, im Gegensatz zu einem arbeitslosen Handelsvertreter, der im Vormonat, am 11. Januar 1937, gegen 14.30 Uhr über den Bauzaun an der Voßstraße geklettert und durch ein offenes Toilettenfenster in das Regierungsgebäude eingedrungen war, mit einer Schreckschußpistole bewaffnet. Entdeckt wurde er schließlich von einem wachsamen Zimmermädchen und nicht von Soldaten oder Beamten des Führerbegleitkommandos. Man ließ den Mann laufen, ohne ihn näher überprüft zu haben. Erst als der Kommandoführer zurückkam, fing man den Entlassenen wieder ein und drehte ihn durch die Vernehmungsmühle.

Damit war das Eindringen ungebetener Volksgenossen, die ihren Führer »sprechen« wollten, noch lange nicht abgestellt. Immer wieder bewiesen Zwischenfälle, wie leicht es war, an Hitler heranzukommen. Das Sicherungspersonal war überorganisiert und überfordert. Tagelangem Wachdienst ohne Ablösung folgten Wochen der Langeweile, die abstumpfend wirken mußten. Es war ein Sicherheitsrisiko, aber Hitler wollte keine fremden Gesichter um sich haben. Wenn man zu den Männern gehörte, an deren Konterfei er sich gewöhnt hatte, mußte man schon durch besondere Vorfälle in Ungnade gefallen sein, um abgelöst zu werden. Seine Diener, Sekretäre und Adjutanten waren Hitlers bevorzugter Umgang, seine Dauerzuhörer und seine Vertrauten. Vor ihnen brauchte er sich keine Hemmungen aufzuerlegen.

Intellektuelle waren dem »typischen Halbgebildeten« (Sebastian Haffner) ein Greuel; unter Akademikern fühlte er sich unsicher. »Von fünfzig Reichs- und Gauleitern, der Elite der Reichsführung, hatten nur zehn eine abgeschlossene Universitätsausbildung«, stellte der spätere Rüstungsminister Albert Speer fest. »Einige waren im Studium steckengeblieben, die meisten über die Mittelschule nicht hinausgelangt. Fast keiner von ihnen war auf irgendeinem Gebiet mit einer bemerkenswerten Leistung hervorgetreten, fast alle von einer erstaunlichen geistigen Uninteressiertheit ... Hitler war es im Grunde lieber, Mitarbeiter der gleichen Herkunft in seiner engeren Umgebung zu wissen; wahrscheinlich fühlte er sich unter ihnen am wohlsten. Überhaupt liebte er es, wenn seine Mitarbeiter einen Webfehler aufwiesen, wie man es damals nannte.«

Der Sekretär von Goebbels und spätere Gauleiter von Niederschlesien, Karl Hanke, stellte fest: »Es ist immer von Vorteil, wenn die Mitarbeiter Schönheitsfehler haben und wissen, daß das dem Vorgesetzten bekannt ist. Daher wechselt der Führer seine Mitarbeiter selten aus, denn mit ihnen arbeitet er am leichtesten. Fast jeder hat seinen dunklen Punkt, das hilft, sie im Zaum zu halten.«

Die Beamten des Reichssicherheitsdienstes (RSD) und die Soldaten der Leibstandarte – zusammen bildeten sie auf Reisen und bei der Bewachung der Residenzen und Hauptquartiere das Führerbegleitkommando – wurden oft von einander widersprechenden Vorschriften überfordert und von konfusen Kompetenzen genarrt. Sie unterstanden Hitler persönlich und hatten doch eigentlich von jedem Befehle entgegenzunehmen: vom Reichsführer-SS, vom RSD-Kommandeur, vom Chef der Staatskanzlei, vom Kommandeur der Leibstandarte, von den zahlreichen Adjutanten, Sekretären und nicht selten auch von Sekretärinnen und Leibdienern, Piloten und Kraftfahrern, die eine vom Auslandspressechef Hanfstaengl als »Chauffeureska« verspottete Nebenregierung bildeten.

Die Bewacher hatten strenge Vorschriften und waren doch gezwungen, sie ständig zu übertreten. Nazinotabeln wie Göring, Goebbels oder Ribbentrop, »Hitlers Papagei« (Harold C. Deutsch), verbaten sich Kontrollen ihrer Begleiter, wenn diese den Posten unbekannt waren. Rudolf Heß, von jeher ein spintisierender Sonderling, ließ sich von seinem Adjutanten das eigene Essen in einem Blechgefäß mit verschiedenen Einsätzen in die Reichskanzlei tragen, das natürlich nicht inspiziert werden durfte. Der Begleiter lieferte den speziellen

»Henkelmann« in der Küche ab, wo das Mitgebrachte dann aufgewärmt wurde.

Diese Sorge waren die RSD-Beamten los, als Hitler hinterbracht wurde, daß sein Stellvertreter sich im Regierungsgebäude selbst mit Nahrung versorge. Unter Hinweis auf seine »ausgezeichnete Diätköchin« befahl er Heß, die Eigenverproviantierung künftig zu unterlassen. Kurze Zeit später wurde die »nichtarische« Abstammung der hochgelobten Küchenfee entdeckt. Wohl oder übel mußte Hitler sie entlassen; er wagte nicht, es ihr selbst mitzuteilen.

Die Vorschriften ließen den Bewachern keinen Spielraum, trotzdem waren sie gezwungen, fortgesetzt Risikoentscheidungen zu treffen. Als Geschenk für Adolf Hitler wurde auf einem Tieflader ein Motorboot in den Hof geliefert, ein ideales Versteck für eine Höllenmaschine. Die Posten ließen es undurchsucht passieren. Am 30. Januar 1937 waren 84 ausländische Diplomaten geladen, um sich von den Fenstern der Reichskanzlei aus den Fackelzug anzusehen. Niemand wagte die Gäste zu untersuchen oder ihre Ausweise mehr als flüchtig zu prüfen.

Noch aus einem anderen Grund waren solcherlei Anlässe für das Wachpersonal ein Alptraum. Die alte Reichskanzlei stammte aus der Bismarck-Zeit, und der Eiserne Kanzler hatte noch keine Massenbegeisterung anheizen müssen, um seine politischen Ziele durchzusetzen. Hitler aber, der große Schausteller, brauchte einen Führerbalkon. Albert Speer, der gerade in Rekordzeit die neue Reichskanzlei erbaute, brachte ihn nachträglich für 28360 Reichsmark an. Acht Millimeter starke Stahlplatten der Brüstung sollten Hitler gegen Geschosse abschirmen – aber er wollte sich nicht verstecken, sondern zeigen. Bei nächtlichen Aufmärschen war er angestrahlt und exponiert, ein wahrer Kugelfang für entschlossene Attentäter.

Bei der vergeblichen Ausschau nach Feinden, die Hitler nach dem Leben trachten könnten, unterlief seinen Leibwächtern Panne auf Panne, folgten mehreren Wachvergehen Schießunfälle, auch wenn die Leibgardisten nicht mehr – wie in der ersten Zeit – zu ihrer Unterhaltung durch Hinundherfahren die Aufzüge blockierten oder im Vorzimmer Hitlers übermütig die Garderobenhaken abrissen oder so laut Skat droschen, daß ihr Grand mit Vieren in ihres Führers Staatsgeschäfte platzte.

Verstöße wider die Disziplin führten zu einer Verschärfung des Dienstes; das Wachpersonal wurde zu erhöhter Wachsamkeit verurteilt. Trotzdem irrte am 26. November 1937 der kurz zuvor aus einer

Irrenanstalt entlassene Geisteskranke Josef Thomas aus Elberfeld mit einer geladenen Pistole im Haus umher, vermutlich, um Hitler niederzuschießen. Er wurde kurz vor dem Ziel abgefangen und behauptete, er sei nur hierhergekommen, um den »Führer oder wenigstens Göring zu sprechen«. Der Mann wurde der Gestapo übergeben; man hat nie wieder von ihm gehört.

Eine mit einem Dolch bewaffnete »Bittstellerin« kam bis in die Nähe Hitlers. In dem abgeschirmten Garten der Reichskanzlei – hier fütterte Tierfreund Hitler gelegentlich am Nachmittag die Eichhörnchen oder führte seine Schäferhündin spazieren – wurden zwei Besucherinnen entdeckt, die ihm auflauerten. Sie waren in den streng abgeriegelten Bereich hineinspaziert wie in eine Anlage des nahen Tiergartens.

Spätestens am Freitag pflegte Hitler Berlin zu verlassen; regiert wurde frühestens wieder ab Montagabend. Die Wochenendreisen in den deutschen Süden waren längst Routine. Jeder, der es erfahren wollte, wußte, daß der Diktator zunächst in seiner Bogenhausener Privatwohnung übernachtete und dann zum Obersalzberg weiterfuhr, wenn er es nicht vorzog, in den Cafés, Teestuben und Restaurants der Isarstadt herumzusitzen.

In Berlin gab er sich als Staatsmann, in München pflegte er als Privatmann – oder Parteiführer – aufzutreten. Die Stadt, die, wie er voller Sentiment feststellte, »seinem Herzen von allen am nächsten stand«, machte aus Hitler einen Verwandlungskünstler. Hier hatte der Sitzenbleiber aus Linz, der Hallodri aus Wien, der zum Kriegsfreiwilligen avancierte Herumtreiber ein echtes Heimatgefühl entwickelt. Hier hatte sich die Frühgeschichte einer Bewegung abgespielt, die noch voller Bierseligkeit gewesen war. München war von Hitler ungefragt das Prädikat »Hauptstadt der Bewegung« verliehen worden, und viele Bewohner, die früher nichts mit der NSDAP zu tun gehabt hatten, waren nun stolz auf den Titel, während andere meinten, daß erst im deutschen Norden aus einer Hofbräuhaus-Gaudi eine Weltanschauung geworden sei.

In der »Kampfzeit« hatten die Isar-Städter dem Anführer der Braunhemden mit mildem Spott als »König von München« gehuldigt. Am 12. September 1929 war von dem »staatenlosen Maler und Schriftsteller Adolf Hitler«, Untermieter in der Thierschstraße 41 und Steuerschuldner des Finanzamts München, bei der Stadtverwaltung Antrag auf Umzug in eine größere Wohnung am Prinzregentenplatz 16 gestellt worden. Dem Gesuch wurde »mit Rücksicht auf die politische und soziale Stellung des Antragstellers« entsprochen, und der Mann, der sich entschlossen hatte, Politiker zu werden, konnte in die hochherrschaftliche Wohnung – neun Zimmer, zwei Badezimmer, Küche, Besenkammer, 4176 Reichsmark Jahresmiete – in einem der feinsten Stadtviertel umziehen, eines so feinen Viertels, daß in dem Anwesen, zu dessen Bewohnern auch der jüdische Kaufmann Siegfried Rosenau zählte, nicht ein Parteigenosse wohnte.

Erst zwei Jahre später folgten der Küchenmeister und Alt-PG Ernst Zaske, der für Hitlers Leibwächter kochte, und der Zeitungsexpedient Josef (Sepp) Dietrich, der es bis zum Generaloberst der Waffen-SS bringen sollte. 1933 mußten die Rosenaus binnen 24 Stunden ausziehen. Die anderen Bewohner blieben unbehelligt. 1938 erwarb Hitler, bisher Mieter des zweiten Stocks, von Kaufmann Hugo Schühle das Haus als Eigentum und ließ eine Hypothek von 175 000 Mark löschen.

Die Parterrewohnung wurde als Wachstube für RSD-Beamte eingerichtet. Die Mitbewohner des Regierungschefs erhielten Gratistelefone installiert, damit die Leibgardisten jederzeit Rückfrage bei ihnen halten konnten. Daß Hitler seine private Wohnung bis an sein Lebensende behielt, war vom Sicherheitsstandpunkt aus unbegreiflich. Bei Vorstellungen des gegenüberliegenden Prinzregententheaters fuhren Dutzende von Privatautos und Taxen vor. Hochbetrieb herrschte auch im benachbarten Prinzregentenstadion, das im Winter als Eisplatz, im Sommer als Badeanstalt benutzt wurde. Von den Nachbardächern aus konnte man ohne Schwierigkeiten in das Anwesen Nr. 16 gelangen. An den Kaminen wurden jedoch lediglich Stangen und Gitter angebracht, um das Hineinwerfen von Sprengkörpern zu verhindern.

»Wenn Hitler anwesend war, galt für die Hausbewohner die Regel, nur in dringenden Fällen Besuche zu empfangen«, schreibt Peter Hoffmann. »Ein ausdrückliches, offizielles Verbot bestand nicht, weil Hitler unnötige Belästigungen der Hausbewohner strengstens untersagt hatte. Aber in der Praxis wirkte sich die Empfehlung doch so aus, daß Fremde und selbst Freunde der anderen Mieter dann keinen Zugang hatten. Zu Leibesvisitationen, Akten- und Handtaschenkontrollen oder Haussuchungen ist man zu keiner Zeit übergegangen ... Die Hausbewohner selbst konnten mit ihren eigenen Hausschlüsseln öffnen. Wenn Hitler da war, wurde die Haustür Tag und Nacht nicht geschlossen. In jedem Fall mußten die Bewohner von der Wache erkannt werden und sich im Zweifelsfall ausweisen.«

Sieben Posten waren ständig im Dienst; war Hitler anwesend, kamen sieben weitere hinzu, zu deren Aufgabe es gehörte, die Straße vom Friedensengel bis zum Prinzregentenplatz unauffällig zu kontrollieren. Die Anwesenheit Hitlers war für seine Nachbarn sofort ersichtlich; dann mußten Polizeibeamte nämlich einen Parkplatz vor dem Haus für ihn freihalten.

In Oberbayerns verwirrender Föhnluft trieb der »dämonische Spieler« (Peter Hoffmann) die Gefährdung seiner Sicherheit auf die Spitze. Er besuchte, fast unbegleitet, das Dachgartencafé im »Haus der deutschen Kunst« – als »arische Gasanstalt« verspottet –, das »Bratwurstglöckerl« am Dom, die »Carlton-Teestuben« und das Café Luitpold in der Nähe des Braunen Hauses, das Café Heck am Hofgarten, das italienische Spezialitätenlokal »Osteria Bavaria« und auch das Hofbräuhaus.

Am Weihnachtsabend vor dem Krieg packte er zusammen mit seinem Ersten Diener Karl Krause auf dem Fußboden seiner Wohnung Geschenkpakete. Der SS-Mann verknotete versehentlich eine Schnur über dem Daumen seines Führers.

»Hitler lachte, klopfte Krause auf den Nacken und bat ihn, ihm seinen Smoking zu bringen«, schreibt Biograph John Toland. »Er wollte den Weihnachtsabend in altgewohnter Weise feiern und befahl dem Burschen, ihm dabei Gesellschaft zu leisten. Die beiden Männer schlichen sich an den SS-Wachen vorbei die Treppe hinunter zu einem wartenden Taxi wie zwei Verschwörer. ›Niemand hat uns gesehen‹, und Hitler war recht erleichtert. Krause wollte sich neben den Fahrer setzen, aber Hitler faßte ihn am Arm, und so setzte er sich neben ihn in den Fond. Während der folgenden zwei Stunden fuhr die Taxe kreuz und quer durch die Innenstadt von München. Schließlich sagte Hitler: ›Zum Café Luitpold.‹

Der Fahrer, der keine Ahnung hatte, wer seine Fahrgäste waren, schien erleichtert, sie loszuwerden, und fuhr rasch davon, nachdem Hitler das Fahrgeld bezahlt hatte. Krause meinte: ›Wahrscheinlich hat er uns für zwei Verrückte gehalten, und damit hat er nicht ganz unrecht. Auch mir kam die ganze Sache recht eigenartig vor.‹ Anstatt ins Café zu gehen, machte sich Hitler auf den Weg zum Königsplatz. Als er sah, daß Krause sich ständig nervös umblickte, sagte er: ›Haben Sie keine Angst, niemand würde annehmen, daß Adolf Hitler hier allein in München herumläuft.‹ Und doch senkte er den Kopf, wenn ihnen irgend jemand entgegenkam. Es fing an zu hageln, und Hitler hängte sich bei Krause ein, weil seine Schuhsohlen so glatt waren. So gingen sie eine sehr weite Strecke und kamen schließlich zur Wohnung. Hitler schien sich zu freuen wie ein Schuljunge, und zwar nicht nur, weil er seinen Wachen entschlüpft, sondern auch, weil es ihm gelungen war, unerkannt durch die Stadt zu gehen. Aber am nächsten Morgen machte Himmler Krause Vorwürfe, weil er sich an einer solchen Eskapade beteiligt habe. Er befahl ihm, in Zukunft solche Vorhaben zu melden, auch wenn der Führer es ihm verbieten sollte . . .«

Ein potentieller Attentäter konnte schon beim ersten Augenschein feststellen, daß an den Verhaßten am leichtesten in München heranzukommen war. Kurz vor und nach Kriegsausbruch stellte sich heraus, daß, unabhängig voneinander, Amateure und Professionelle zur gleichen Erkenntnis gelangt waren und danach handeln würden.

Hitlers ständige Reisen erlaubten nur die sporadische Erledigung seiner Dienstgeschäfte. Der Mann, der es abgelehnt hatte, einen »Brotberuf« zu erlernen, wurde zum Erfinder des ambulanten Regierungsstils. Er saß kaum am Schreibtisch, wirkte bei Besprechungen ungeduldig, hielt 1937 seine letzte Kabinettssitzung ab. Von da an regierte er »in fliegender Form, im Stehen und im Gehen, zwischen Tür und Angel«, schreibt Helmut Heiber. »Wer etwas von Hitler wollte, mußte ihm oft wochenlang auf den Fersen sein und in seinen Vorzimmern herumstehen, um ihn schließlich, wie sein eigener Außenminister klagte, höchstens zwei Minuten allein sprechen zu können . . . Weiter gehemmt wurde der Apparat endlich dadurch, daß Hitler nur die wenigste Zeit in Berlin war. Eine hektische innere Unrast zwang ihn förmlich, ständig seinen Aufenthaltsort zu wechseln: Von Berchtesgaden jagte er nach Berlin, von Berlin nach München und von München irgendwo anders hin, wie es ihm gerade die Laune eingab. Richtig zu Hause war dieser antisemitische Ahasver überall und nirgends.«

Hielt er sich in der Reichskanzlei auf, drängten sich Privilegierte an seine Mittagstafel. Sie waren ständig zu Tisch gebeten; ein vorhergehender Telefonanruf war eine Formsache, nur für die Küche, die wissen wollte, mit wie vielen Gästen sie jeweils zu rechnen hatte.

»Auch ich hatte freien Zutritt zur Wohnung Hitlers, und ich machte häufig davon Gebrauch. Der Polizist am Eingang des Vorgartens kannte mein Auto, öffnete das Tor ohne weitere Erkundigungen«, erinnert sich Albert Speer. Bei seinen Besuchen stellte er den Wagen im Hof ab und ging dann allein in die Wohnung Hitlers im Nebenflügel der Reichskanzlei. »Das wachhabende SS-Mitglied des Hitlerischen Begleitkommandos begrüßte mich vertraut. Ich übergab meine

Zeichenrolle und ging dann unbegleitet, wie jemand, der zum Haus gehört, in die geräumige Vorhalle ... Es war durchaus nicht üblich, daß man sich mit dem ansonsten obligatorischen ›Heil Hitler‹ begrüßte; ein ›Guten Tag‹ war weitaus häufiger. Auch die Sitte, durch das Abzeichen am Rockaufschlag die Parteizugehörigkeit zu demonstrieren, war in diesem Kreis wenig verbreitet, und Uniformen sah man relativ selten. Wer bis hierher vorgedrungen war, besaß das Privileg einer gewissen Formlosigkeit ... Hitler war mit dem Zeitpunkt seines Erscheinens souverän unzuverlässig. Auf zwei Uhr etwa war das Essen festgesetzt, aber meistens wurde es drei Uhr und noch später, bis Hitler kam ... So standen die Gäste etwa fünfzehn bis zwanzig Minuten herum, bis der Vorhang vor einer Glastür aufgezogen wurde, die zum Speiseraum führte ... Der ›Führer‹ ging voran, die anderen schlossen sich ohne jede Rangordnung an, um in das Speisezimmer hinüberzugehen ... Das war das ›Restaurant zum fröhlichen Reichskanzler‹, wie Hitler es seinen Gästen gegenüber oft nannte. Er hatte seinen Platz an der Fensterseite, und er bestimmte vor dem Einzug in den Speiseraum bereits zwei Gäste, die an seiner Seite Platz nehmen sollten. Alle übrigen setzten sich, wie es sich gerade ergab ... Das Essen war betont einfach: eine Suppe, keine Vorspeise, Fleisch mit etwas Gemüse und Kartoffeln, eine Süßspeise. Als Getränk hatten wir die Auswahl zwischen Mineralwasser, einem gewöhnlichen Berliner Flaschenbier oder einem billigen Wein ...«

Martin Bormann fehlte nie an der Tafel; Goebbels war häufig zu Gast und Hermann Göring selten. »Mir ist offengestanden dort das Essen zu schlecht«, äußerte er einmal zu Speer. »Und dann diese Parteispießer aus München. Unerträglich.«

Mit Rücksicht auf seine Gäste ließ sich Vegetarier Hitler aus Gemüse eine Fleischattrappe zurechtkochen, die wie eine Frikadelle aussah. Hitler litt an Magenkrämpfen. Er bediente sich vor jeder Mahlzeit aus einer Medizinflasche, die achtlos wie eine Flasche mit Suppenwürze verwahrt wurde.

»Ihm schräg gegenüber in der entgegengesetzten Ecke sah man den kleinen Abstelltisch, auf dem Tag und Nacht unbewacht die Flasche mit Hitlers Magenelixier herumstand«, beobachtete Dr. Henry Picker, der eine Zeitlang Hitlers Tischgespräche aufzeichnete. »Ein deutliches Dokument seiner ... noch auffallend geringen Vorsicht vor Attentaten. Jeder Führerhauptquartiersangehörige oder Gast hätte Hitler damals ohne Schwierigkeiten umbringen können, wenn er es gewollt hätte«, behauptet der Augenzeuge.

Einer, der es wollte, Fabian von Schlabrendorff, beobachtete unmittelbar vor seinem Attentat den Diktator bei der vermeintlichen Henkersmahlzeit. »Hitler essen zu sehen war ein höchst widerwärtiger Anblick«, stellte er fest. »Die linke Hand stützte er auf den Oberschenkel, während er mit der rechten Hand sein aus vielerlei Gemüsesorten bestehendes Essen in sich hineinlöffelte. Dabei führte er nicht die Hand zum Mund, sondern ließ den rechten Arm während des ganzen Essens auf dem Tisch liegen, schob hingegen seinen Mund zum Essen hinunter. Zwischendurch trank er verschiedene vor seinem Teller aufgestellte, alkoholfreie Getränke.«

Zweifelhaft wie Hitlers Tischsitten war auch die Gesellschaft, die er um sich zu versammeln pflegte. Viele kamen nur, damit nicht ein anderer auf ihrem Stuhl Platz fände, und zahlten für das einfache, aber geschmacklose Essen durch verkrampftes Zuhören. Die Runde lichtete sich erst, als der Eintopf auch an Hitlers Tisch eingeführt wurde. Es gab nur noch eine Terrine mit Suppe; gleichzeitig lag eine Liste auf, in der die Spende einzutragen war. Albert Speer zahlte für jeden Eintopf etwa 50 bis 100 Mark und hörte sich dafür die sarkastischen Worte seines Führers über den Opferwillen der Mitarbeiter an. An Eintopftagen waren oft nur noch zwei, drei Gäste anwesend, obwohl »etwa vierzig bis fünfzig Personen jederzeit Zutritt zu Hitlers Mittagstafel in der Reichskanzlei hatten«, wie Speer konstatiert. »Meist waren es Gau- und Reichsleiter der Partei, einige Minister, dazu die Personen des engeren Kreises, jedoch außer Hitlers Wehrmachtsadjutanten keine Offiziere.

Mehrmals wurde Hitler von seinem Adjutanten Oberst Schmundt nahegelegt, auch die Militärs an seiner Tafel teilnehmen zu lassen. Aber Hitler lehnte immer wieder ab.«

Es war kein Zufall: Zwischen dem Diktator und seinen Generalen war es zu einer Entfremdung gekommen. Widerwille war in Zorn und dieser in den Willen zum Handeln umgeschlagen. Erstmals gab es Offiziere, die Hitler nicht nur ein Ultimatum stellen wollten; erstmals waren feldgraue Attentäter in Sicht.

Stoßtrupp gegen die Reichskanzlei

Am 5. November 1937 bestellte Hitler nachmittags 16.15 Uhr die Oberbefehlshaber der drei Wehrmachtsteile sowie den Reichskriegs- und den Reichsaußenminister in die Reichskanzlei, um ihnen zu eröffnen, daß die Erweiterung deutschen Lebensraums künftig nur durch eine konsequente Eroberungspolitik zu erreichen sei. Während sich der Diktator nach seinem Vortrag bei der stundenlangen Kontroverse als scheinbar neutraler Zuhörer gab, gerieten der Oberbefehlshaber des Heeres, Generaloberst Werner Freiherr von Fritsch, unterstützt von Generalfeldmarschall von Blomberg, in eine harte Auseinandersetzung mit Hermann Göring. Der Oberbefehlshaber der im Aufbau befindlichen Luftwaffe verteidigte entschieden und nicht zu überhören das Programm seines Führers.

Als sich gegen 20.30 Uhr die Teilnehmer der Konferenz trennten, ohne sich geeinigt zu haben, stand für die Heeresgenerale fest, daß Hitler den Krieg wollte, und dem Diktator war klar, daß er mit diesen Militärs keinen Krieg würde führen können. Die Begegnung, ein historisches Datum, wurde von einem Obersten im Generalstab offiziell protokolliert. Dieses Hoßbach-Protokoll war der erste – aber durchaus nicht einzige – Beweis, daß Hitler spätestens ab 1937 mit einer voll auf Aggression programmierten Außenpolitik den Krieg nicht nur riskierte, sondern bewußt herbeiführte.

In den ersten vier vergleichsweise milden Regierungsjahren war der Reichskriegsminister von Blomberg Hitler in »enthusiastischer Blindheit« (Joachim Fest) gefolgt. Er hatte das Röhm-Massaker, die Beseitigung der Länder, die Abschaffung der Parteien, die Verfolgung der Minderheiten, die Gleichschaltung der Presse und die Ausschaltung des ordentlichen Rechtswegs tatenlos hingenommen und dafür die Wiederaufrüstung und die Wiedereinführung der allgemeinen Wehrpflicht eingetauscht oder, wie der englische Historiker John W. Wheeler-Bennett urteilte, »die Ehre der Armee für die Illusion der Macht verhökert«.

Im Vorfrühling des Jahres 1936 riß Hitlers Spiel mit dem Feuer einige bislang folgsame Generale erstmals aus ihrem neu erwachten

Machtrausch. Der Diktator inszenierte eines seiner gewagtesten Abenteuer: die Besetzung des Rheinlands mit noch schwachen, schlecht ausgerüsteten Wehrmachtsverbänden. Dabei handelte es sich nicht mehr um die Revision des Versailler Vertrags, der die Franzosen und Engländer de facto längst zugestimmt hatten, sondern um den eindeutigen Bruch des freiwillig eingegangenen Pakts von Locarno. Die deutschen Militärs warnten, bangten und kuschten. Gedeckt durch das Völkerrecht und militärisch noch weit überlegen, brauchten die französischen Generale nur einen Finger zu rühren, um Hitler zum Rückzug zu zwingen und dadurch vor der ganzen Welt zu blamieren – tatsächlich hatten die einrückenden deutschen Regimenter den Rückzugsbefehl in der Tasche.

»Aber keiner marschierte«, stellte der englische Historiker Alan Bullock fest, »außer den Deutschen.« Helmut Heiber kommentiert: »Die günstigste und letzte Stunde, den gefährlichen Neurotiker mit seinen Scheußlichkeiten unblutig aus der Geschichte zu streichen, wurde vertan.« Und der Hasardeur Hitler triumphierte: »Herrgott, bin ich froh, daß das so glatt abgegangen ist. Ja, dem Mutigen gehört die Welt. Die achtundvierzig Stunden nach dem Einmarsch ins Rheinland sind die aufregendste Zeitspanne in meinem Leben gewesen. Wären die Franzosen damals ins Rheinland eingerückt, hätten wir uns mit Schimpf und Schande zurückziehen müssen, denn die militärischen Kräfte, über die wir verfügten, hätten keineswegs auch nur zu einem mäßigen Widerstand ausgereicht.«

Er hatte wieder einmal recht behalten, nicht nur auf Kosten der Franzosen und Engländer, sondern auch gegenüber seinen eigenen Generalen. Jetzt, im November 1937, unverhohlen mit Hitlers Kriegsplänen konfrontiert, stand die Generalität jedoch vor einer Barriere, die ihr »selbstgenügsamer Professionalismus« (Joachim Fest) nicht mehr überspringen konnte. Führende Generale der Wehrmacht hatten Bedenken gegen einen baldigen Krieg, wenn auch mehr aus realen als aus moralischen oder völkerrechtlichen Gründen.

Hitler wiederum urteilte: »Als ich noch nicht Reichskanzler war, habe ich gemeint, der Generalstab gleiche einem Fleischerhund, den man fest am Halshand halten müsse, weil er sonst jeden anderen Menschen anzufallen drohe. Nachdem ich Reichskanzler geworden war, habe ich feststellen müssen, daß der deutsche Generalstab nichts weniger als ein Fleischerhund ist. Dieser Generalstab hat mich immer gehindert, das zu tun, was ich für nötig gehalten habe . . .«

Das Duell zwischen einem Skrupellosen und den Gehemmten stand bevor; es war unausweichlich geworden, auch wenn es mehr zufällig ausgelöst wurde.

General Erich Ludendorff war gestorben und wurde am 22. Dezember 1937 beigesetzt. Der General, einst ein eifriger Nazi-Anhänger, hatte vor 14 Jahren mit Hitler gebrochen und kein Wort mehr gesprochen, weil der ehemalige Gefreite bei dem Putsch an der Feldherrnhalle 1923 in München nicht – gleich ihm – geradewegs in die Mündungsblitze der bayerischen Landespolizei marschiert, sondern geflüchtet war. Jetzt gewährte Hitler seinem Verächter ein pompöses Staatsbegräbnis, bei dem die Würdenträger des Dritten Reichs fast geschlossen anwesend waren. Blomberg nutzte die Gelegenheit, am Sarg des Feldherrn dem Oberbefehlshaber der Luftwaffe ein höchst privates Problem vorzutragen: Blomberg, der 59jährige Witwer, Vater und Großvater, hatte sich in eine »nicht standesgemäße Dame«, in die 24jährige Luise Margarethe Gruhn, Sekretärin der »Reichseierstelle im Reichsnährstand«, verliebt und war bereit, das »einfache Kind aus dem Volke« zu heiraten, falls dabei Standesrücksichten nicht im Wege stünden.

Göring schaltete schnell und erwiderte, daß der Nationalsozialismus schließlich mit dem Standesdünkel aufgeräumt habe, worauf der hochgewachsene Blomberg etwas kleinlaut mit dem weiteren Geständnis herausrückte, es handle sich um eine »Dame mit Vergangenheit«. Der Luftwaffen-Oberbefehlshaber zeigte weiterhin kameradschaftliches Verständnis und erklärte sich auch noch bereit, einen wesentlich jüngeren Nebenbuhler des Kriegsministers auszuschalten, indem er ihn nach Südamerika abschieben ließ.

Der Hochzeit stand also nichts mehr im Wege, und Hitler und Göring waren im Januar 1938 die Trauzeugen. Die Zeitungen mit den Fotos waren noch nicht den Mülltonnen übergeben worden, als sich bereits herausstellte, daß es sich bei der Sekretärin der Reichseierstelle um eine sittenpolizeilich registrierte Frau handelte. Im Polizeipräsidium zirkulierten Abbildungen der nackten Frau Generalfeldmarschall in aufreizenden Pornoverrenkungen. Anonyme Anrufer steuerten pikante Einzelheiten bei. Berlins Polizeipräsident Graf Helldorf blieb diskret und übergab die Unterlagen Göring persönlich, der sie sofort Hitler vorlegte. Mit der Hand auf dem Rücken ging der Führer erregt in seinem Zimmer hin und her und bemerkte danach zu seinem persönlichen Adjutanten (und Kompaniechef im Ersten Weltkrieg)

Fritz Wiedemann: »Wenn ein deutscher Feldmarschall eine Hure heiratet, dann ist auf der Welt alles möglich.«

Blomberg war erledigt, auch wenn er zunächst anbot, sich scheiden zu lassen, was er dann aber widerrief. Der Reichskriegsminister, aus den Flitterwochen in Capri gerissen und zum Rapport erschienen, mußte mit Zustimmung der anderen Generale seinen Abschied nehmen. Der »Gummilöwe« war nicht über Traditionen oder überkommene Ehrauffassungen gestolpert, sondern über seinen Johannistrieb – und über den Oberbefehlshaber der Luftwaffe.

Göring arbeitete mit Himmler weiterhin Hand in Hand, um nunmehr auch den Generalobersten von Fritsch zu stürzen, den Prätendenten in der Nachfolge Blombergs. Beide wußten, daß Hitler ihn – und eine stattliche Reihe anderer Generale – nur zu gern loswürde, und beide verfolgten sie persönliche Interessen: Der Reichsführer wollte seine bewaffnete SS ausbauen, wogegen sich der Oberbefehlshaber des Heeres immer gestemmt hatte. Und Göring strebte danach, den Oberbefehl über die gesamte Wehrmacht zu erhalten.

Im Privatleben des steifen, korrekten Generalobersten von Fritsch gab es keine Pikanterien. Man mußte, wenn man dieses unbequeme Musterbeispiel eines preußischen Offiziers in eine Affäre verwickeln wollte, auf fragwürdiges Material zurückgreifen. Also machte man sich die Aussage eines Berufsverbrechers namens Otto Schmidt zunutze, der sich darauf spezialisiert hatte, Strichjungen an wohlhabende Homosexuelle auszuleihen, um diese dann später zu erpressen. Der dubiose Zeuge, wegen dieses Delikts 14mal vorbestraft, war vor zwei Jahren von Heydrichs Männern vernommen worden und hatte dabei angegeben, daß zu seiner Klientel auch ein Offizier »namens von Frisch oder so ähnlich« gehöre. Später wollte er sogar wissen, bei seinem »Kunden« habe es sich um den Oberbefehlshaber des Heeres, Freiherrn von Fritsch, gehandelt.

Die schwarz Uniformierten der Prinz-Albrecht-Straße witterten sofort die Chance, die feldgraue Konkurrenz mit Schmutz zu bewerfen, und griffen beherzt in den Kübel, doch Hitler wollte davon nichts hören. Nach dem Sturz Blombergs brachte die Gestapo den »Fall« erneut auf, obwohl sie inzwischen wußte, daß es sich nicht um den Generalobersten von Fritsch, sondern um einen pensionierten Rittmeister von Frisch handelte. Vermutlich wußte Hitler davon nichts, und Homosexualität hatte ihn, trotz heftiger Anwürfe aus der Partei, lange Zeit weder bei seinem SA-Stabschef Röhm noch bei seinem

Wirtschaftsminister Walter Funk gestört – aber er nutzte konsequent die Möglichkeit, den Mann loszuwerden, der, mit der Wehrmacht im Rücken, seinem Krieg im Wege stand.

Der Generaloberst machte es ihm leicht. Angewidert von der Verleumdung, schwieg er zunächst überhaupt. Später verteidigte er sich reichlich ungeschickt, um am Ende, als die Situation restlos verfahren war, den Reichsführer-SS auf Pistolen zu fordern. Fritsch war angeschlagen, obwohl alle Generale, die von den Vorwürfen erfuhren, sich auf seine Seite stellten und auf einem ordentlichen Kriegsgerichtsverfahren bestanden.

Hitler taktierte hinhaltend; er erlaubte und verzögerte die Untersuchung. Fritsch war kein Frondeur, doch auch kein Gummilöwe. Er hatte starken Rückhalt in der Generalsriege, aber sein Gegenspieler schob die Rehabilitierung immer wieder hinaus und nahm sie schließlich nur halbherzig vor. Erst Monate später – die Kriegsgerichtsverhandlung hatte längst die völlige Haltlosigkeit der Vorwürfe bestätigt – erklärte Hitler vor Offizieren eindeutig, Freiherr von Fritsch wie er selbst seien »Opfer eines tragischen Irrtums« geworden. Aber der Oberbefehlshaber könne in seine Stellung nicht mehr zurückkehren, weil ihm »durch die bedauerliche Untergrabung des Vertrauensverhältnisses eine weitere Zusammenarbeit mit dem Führer nicht mehr zuzumuten sei«.

Auf dem Höhepunkt der Krise hatte Carl Friedrich Goerdeler den General der Infanterie Wilhelm List und seinen Chef des Stabes Friedrich Olbricht beschworen, sofort nach Berlin zu marschieren, um die Gestapo »auszuräuchern«, Göring, Himmler und Heydrich festzusetzen und Hitler vor vollendete Tatsachen zu stellen.

Dazu waren die Generale nicht bereit, nicht nur wegen des Gehorsams, den sie Hitler gelobt hatten, sondern wegen der technischen Schwierigkeiten, auf die ein so unvorbereitetes Unternehmen stoßen mußte. Dennoch war der Widerständler zum erstenmal auf Offiziere getroffen, die zu mehr als nur verbalem Protest geneigt waren. Der Fall des Freiherrn von Fritsch – »eine so schmachvolle Behandlung hat zu keiner Zeit je ein Volk seinem Oberbefehlshaber des Heeres angedeihen lassen«, stellte er verbittert fest – wurde für viele zu einem Damaskus. Sie traten offen auf seine Seite, um ihm, auch mit Mitteln der Gewalt, Recht zu verschaffen. »Dieser Mann ist Deutschlands Schicksal«, wiegelte der Gekränkte selbst ab. »Und dieses Schicksal wird seinen Weg zu Ende gehen.« Ein sonst kurzsichtiger Monokelträger hatte hellsichtige Worte gefunden.

Doch das Unglück war schon geschehen. Am 4. Februar 1938 hatte Hitler das Reichskriegsministerium aufgelöst und durch das Oberkommando der Wehrmacht (OKW) ersetzt, mit dem Artilleriegeneral Wilhelm Keitel, einer »phantasielosen Null« (Harold C. Deutsch), an der Spitze. Der neue Liebediener machte Hitler sofort den Vorschlag, Göring zum Oberbefehlshaber der gesamten Wehrmacht zu ernennen.

»Niemals«, winkte sein Führer ab. »Der Mann ist viel zu faul und leichtlebig.« Als Trostpreis erhielt Göring den Titel eines Generalfeldmarschalls. 16 Generale wurden überraschend in Pension geschickt; 24 weitere auf bedeutungslose Kommandos abgeschoben. General Walther von Brauchitsch, politisch weder Fisch noch Fleisch, trat die Nachfolge Fritschs an.

Viele der jüngeren Offiziere, die nachrückten, trugen bereits dazu bei, was Brauchitsch seinem Führer versprochen hatte: »den Nationalsozialismus näher an die Wehrmacht heranzurücken.«

Bei der Machtergreifung hatte es in Deutschland 44 Generale gegeben; jetzt waren es 305, und bald würden es weit über 1 000 sein. Die Stunde bedenkenloser Karrieristen, hemmungsloser Charakterakrobaten und eifriger HJ-Führer war gekommen – doch auch die Zeit der Mutigen, Tapferen und Intelligenten, die endlich begriffen hatten, daß der ihnen abgelistete Treueid künftig kein Nasenring mehr sein durfte, der sie zu Hitlers Tanzbären machte.

Weitgehend unbemerkt von der deutschen Öffentlichkeit tobte hinter den Kasernentoren ein stummer, erbitterter Kampf zwischen Gemeinheit und Anstand, Verwirrung und Erkenntnis, Unterwerfung und Rebellion. Unter dem Zwang eines außenpolitischen Ereignisses kam er plötzlich jedoch zum Erliegen: Am 12. März 1938 befahl Hitler seinen Truppen, die österreichische Grenze zu überschreiten und in sein Herkunftsland einzumarschieren. Das Unternehmen war gleichermaßen halsbrecherisches Vabanquespiel wie perfekte Doppelstrategie: Hitler holte – unblutig – »Österreich heim ins Reich« und lieferte seinen Offizieren ein alle anderen Probleme überlagerndes Ablenkungsmanöver.

Zwar hatte Hitler den Konflikt mit dem rotweißroten Nachbarland systematisch geschürt, trotzdem kam der Überfall jetzt so überraschend, daß die vorrückenden Panzerverbände sich mit Hilfe des Baedekers orientieren und sich an zivilen Tankstellen mit Sprit versorgen mußten. Den Vorwand zum Einmarsch hatte ein Rezept aus der Giftküche der Geschichte geliefert: Eine Minderheit bat eine fremde

Macht um Hilfe. Der Einfachheit halber diktierte Göring dem österreichischen Naziführer Arthur Seyß-Inquart das Telegramm, in dem um Schutz ersucht wurde, gleich selbst telefonisch durch, um am Schluß zynisch zu bemerken: »Jetzt, da ich Ihr Hilfeersuchen kenne, brauchen Sie das Telegramm gar nicht mehr abzuschicken.«

Die feldgrauen Kolonnen stießen rasch vor, von nichts aufgehalten als von dem Begeisterungsrausch der österreichischen Nationalsozialisten, die zu Zehntausenden an den Straßenrändern standen. Hitler hatte zunächst seine braunen Anhänger in Wien nur an die Macht bringen und Österreich und Deutschland durch eine enge Allianz aneinander binden wollen. Aber der Mann, der Österreich überrumpelt hatte, wurde nunmehr selbst von der Haltung eines Großteils seiner Bevölkerung überrascht.

Als ihm in Linz Seyß-Inquart ein neues Gesetz vorlegte, dessen erste Bestimmung lautete: »Österreich ist ein Gebiet des Deutschen Reiches«, war er, wie Alan Bullock feststellt, »sehr bewegt. Tränen rannen ihm über die Wangen, während er sich an seine Umgebung wandte und bemerkte: ›Richtiges politisches Handeln erspart Blut.‹ In derselben Nacht begannen die Verhaftungen: In Wien allein wurden siebenundsechzigtausend Menschen festgenommen.«

Die Franzosen verlangten von den Engländern, gemeinsam gegen die Annexion Österreichs vorzugehen, aber Arthur Neville Chamberlain verteidigte seine angeblich den Frieden sichernde Beschwichtigungspolitik vor dem Unterhaus mit den Worten: »Die nackte Tatsache ist, daß nichts imstande gewesen wäre, Deutschland an seinem Vorhaben zu hindern, solange wir – und andere mit uns – nicht bereit waren, Waffengewalt dagegenzusetzen.«

Es blieb dabei: Aus Österreich wurde die Ostmark, und dieser Erfolg wirkte wie eine psychologische und strategische Einladung an den Diktator, als nächstes Land die Tschechoslowakei zu kassieren.

Als die deutschen Truppen die österreichischen Grenzpfähle beseitigten, hatte der deutsche Generalstabschef Ludwig Beck an seinem Schreibtisch gesessen und an einer Denkschrift gearbeitet, in der er Hitler energisch vor den Gefahren seiner aggressiven Politik warnte. Der Diktator gab ihm niemals eine Antwort, aber der General brauchte sie auch nicht mehr; denn er hatte inzwischen begriffen, woran er mit dem Obersten Befehlshaber der Wehrmacht war.

»Der Mann von Ehre, von unübertrefflicher Integrität« (John W. Wheeler-Bennett) hatte es nicht leicht gehabt, sich vom preußischen

Leitprinzip des Gehorsams freizumachen und sich zu dem Entschluß durchzuringen, Hitler mit Gewalt zu beseitigen.

»Was macht der Hund aus unserem schönen Deutschland?« hatte der feinsinnige, hochgebildete, sorgfältig abwägende Offizier schon in den ersten Jahren nach der Machtübernahme geklagt. Bei der Intrige gegen Fritsch war er der Aufforderung zum Aufruhr noch mit den Worten entgegengetreten: »Meuterei und Revolution sind Worte, die es im Lexikon eines deutschen Offiziers nicht gibt.«

Nach Österreich und dem nunmehr sofort einsetzenden Kesseltreiben gegen Prag, das aller Wahrscheinlichkeit nach zu einem zweiten Weltkrieg führen mußte, erklärte Ludwig Beck unmißverständlich im vertrauten Kreis: »Bringen Sie mir den sicheren Beweis dafür, daß England kämpfen wird, wenn die Tschechoslowakei angegriffen wird, und ich will diesem Regime ein Ende machen.«

Aus der Masse der Uniformierten schälten sich Menschen heraus, die zwar unterschiedlichen Temperaments waren, die aber von dem einheitlichen Willen beseelt wurden, Hitler und sein System zu vernichten, noch ehe er den angestrebten Krieg vom Zaun gebrochen hatte. Truppenführer wie Erwin von Witzleben, Friedrich Olbricht, Karl-Heinrich von Stülpnagel, Graf Erich von Brockdorff-Ahlefeldt und Erich Hoepner waren entschlossen, notfalls ihre Einheiten gegen Hitler und die SS zu führen. Der aufrechte Generaloberst von Hammerstein, seit 1934 pensioniert, wartete ungeduldig darauf, im Rahmen der stürmischen Wiederaufrüstung ein neues Kommando zu erhalten und gegen Hitler mitzumachen.

Die Frondeure, endlich »politisch« geworden, wußten, daß es nicht genügte, den Diktator zu töten, wenn man nicht im Anschluß an das Attentat die Macht in den Griff bekäme. Sie nahmen Verbindung zu oppositionellen Kreisen im Auswärtigen Amt, zu führenden Weltwirtschaftlern und zu Vertretern der vom Regime immer deutlicher angegriffenen Kirchen auf, um Pläne für die Nach-Hitler-Ära zu schmieden.

Moralisten sind meist schlecht im Pistolenschießen, aber fachkundigen Zulauf erhielten die Verschwörer durch Offiziere der militärischen Abwehr. Männer wie Oberstleutnant Hans Oster, Oberstleutnant Helmuth Groscurth, Hauptmann Friedrich Wilhelm Heinz, Hauptmann Werner Schrader und andere brachten nicht nur pragmatisches Ungestüm in die nächtlichen Diskussionsrunden, sie verfügten auch über erstklassige Informationen aus der unmittelbaren Umgebung Hitlers und über hochwirksamen Sprengstoff.

Konteradmiral Wilhelm Canaris, der Chef der Abwehrzentrale am Tirpitzufer, war kein Akteur des geplanten Staatsstreichs, doch sein Mitwisser. Der nur 1 Meter 60 große Mann mit dem Spitznamen »Der kleine Levantiner«, der mit Vorliebe zivile Kleidung trug, an Magenkrämpfen litt, noch in den Hundstagen fröstelte und sich um seine beiden Dackelhunde mehr zu sorgen schien als um seine Sicherheit, hatte sich den Trinkspruch angewöhnt: »Wir gedenken des Führers«, um nach kurzer Pause jeweils hinzuzusetzen: »uns zu entledigen.«

»Er war von kleinem Wuchs und ein vibrierendes Nervenbündel«, schildert ihn Harold C. Deutsch. »Seine wenig imposante Erscheinung, der müde, geradezu matte Blick und seine fast gebrechlich wirkende Schlankheit wurden noch dadurch betont, daß er sich beim Gehen leicht vornübergebeugt hielt. Das weiße Haar und das nachlässige Äußere ließen ihn älter erscheinen, als er war. Sein Auftreten und sein Arbeitsstil wirkten höchst unmilitärisch. Er sprach leise und neigte im erregten Zustand zum Lispeln ... Die widersprüchlichen Ansichten über den ›wahren Canaris‹ ergeben sich vor allem aus der Schwierigkeit, die Schläue und Unaufrichtigkeit, die man ihm nachsagte, mit Charaktereigenschaften wie seinem hohen ethischen Empfinden und seiner Lauterkeit des Gefühls in Einklang zu bringen.«

Der ungewöhnliche Abwehrchef stand bei Hitler in Gunst, weil die von ihm geleitete Organisation weit bessere Ergebnisse vorzeigen konnte als die Auslandsagenten des SD. Sicher verfügte der »kleine Levantiner« über die Verschwörerqualitäten, die der italienische Botschafter den deutschen Generalen abgesprochen hatte. Ein Oppositioneller, der Staatssekretär im Außenministerium Ernst Freiherr von Weizsäcker, würdigte Canaris als »eine der interessantesten Erscheinungen der Epoche, wie eben Diktaturen sie zutage bringen und zur Vollkommenheit entwickeln, selbst in einem Land wie Deutschland, wo zur reinen Gesinnung höchst selten sich Verschlagenheit gesellt. Klug wie die Schlangen und ohne Falsch zu sein wie die Tauben – diese Verbindung ist bei uns rar.«

In die abgesonderten Räume, in denen Offiziere, Diplomaten und Wirtschaftler die Beseitigung Hitlers berieten, platzte der Jubel der Straße über den Anschluß Österreichs und verlieh den Gesprächen einen absurd-unzeitgemäßen Akzent. Millionen glaubten nunmehr, was im »Völkischen Beobachter«, dem offiziellen Parteiorgan, bereits am 9. November 1935 über Hitler zu lesen stand: »Statuenhaft steht er, der über das Maß des Irdischen bereits hinausgewachsen.«

Sein Sturz wurde von Tag zu Tag nötiger und schien doch gleichzeitig auch unmöglich zu werden. Zwar wurde der frenetische Massenwahn auf dem Heldenplatz in Wien zum Beispiel mittels Lautsprecherübertragung von Schallplatten mit hellen Kinderstimmen immer wieder angeheizt, ohne daß die Manipulierten es merkten, aber der Diktator hatte fraglos die absolute Mehrheit der großdeutschen Bevölkerung hinter sich, auch wenn bei der Volksabstimmung vom 10. April 1938 die 99,22 Prozent (Österreich 99,73 Prozent) Wählerzustimmung als eine grobe und auch dumme Fälschung dastehen mußten. Großdeutschland war geboren. Es verfügte über die immer wieder vorgeführte stärkste militärische Schlagkraft in Europa; doch hinter der Millionenmauer der Berauschten spielten sich, weniger sichtbar, abscheuliche Jagdszenen ab. Stefan Zweig, den der Einmarsch – gleich Sigmund Freud, Walter Mehring, Carl Zuckmayer und vielen anderen – aus Wien vertrieben hatte, schrieb über die von ihm beobachteten Exzesse: »Mit nackten Händen mußten Universitätsprofessoren die Straßen reinigen, fromme, weißbärtige Juden wurden in den Tempel geschleppt und von johlenden Burschen gezwungen, Kniebeugen zu machen und im Chor ›Heil Hitler‹ zu schreien. Man fing unschuldige Menschen auf der Straße wie Hasen zusammen und schleppte sie fort, die Abtritte der SA-Kasernen zu fegen. Alles, was krankhaft-schmutzige Haßphantasie in vielen Nächten sich orgiastisch ersonnen, tobte sich am hellen Tage aus.«

Noch schlimmer mußte sich auswirken, daß Hitler nunmehr das letzte Augenmaß verloren hatte. Er glaubte selbst an den Götzenkult, der mit seiner Person getrieben wurde. Er kam sich endgültig wie der Auserwählte vor, über den die »Vorsehung« ihre schützenden Hände hielt. Wenn ihm schon nichts mehr passieren konnte, wollte er künftig auch alles riskieren.

Er versäumte keine Zeit. Der hysterische Triumph über Österreich war noch nicht verklungen, als er schon mit Konrad Henlein, dem Führer der 3 225 000 Sudetendeutschen, hinter verschlossenen Türen über das weitere Vorgehen verhandelte. Der frühere Turnlehrer würde bei der Zerschlagung der Tschechoslowakei eine ähnliche Rolle spielen wie Seyß-Inquart und seine Komplizen bei der Annexion Österreichs. Die Siegermächte von Versailles waren wie paralysiert. Der »frühere Agitator der Münchener Bierhallen« (Alan Bullock) war zu einem Faktor der Weltpolitik geworden.

Die Goebbels-Propaganda ließ jeden Tag schlimmere Tatarenmeldungen aus der ČSR veröffentlichen und am Schluß der Nachrichtensendungen zwecks Stimmungsmache den »Egerländer Marsch« spielen. Zu dieser Zeit hatte Hitler längst unter dem Decknamen »Fall Grün« einen Operationsplan für einen Überraschungsangriff ausarbeiten lassen.

Dem 69jährigen Premierminister Chamberlain erwuchs eine zunehmende Opposition in der eigenen Partei ob seiner Appeasement-Politik. »An dem mit Freitag, dem 20. Mai, beginnenden Wochenende spitzten sich die Dinge zu«, berichtet William L. Shirer. »Im Laufe der folgenden achtundvierzig Stunden steigerte sich bei den Regierungen in London, Paris, Prag und Moskau die Panik derartig, daß man glaubte, Europa stehe dichter vor einem Krieg als jemals seit 1914. Möglicherweise waren die neuen deutschen Pläne für einen Angriff auf die Tschechoslowakei durchgesickert, die das OKW ausgearbeitet hatte und an jenem Freitag Hitler vorlegte. Jedenfalls war man zumindest in London und Prag überzeugt, daß Hitler im Begriff stehe, einen Angriff gegen die Tschechoslowakei zu unternehmen. Aus dieser Überzeugung heraus begannen die Tschechen mobil zu machen, und England, Frankreich und Rußland trugen angesichts der von ihnen befürchteten, unmittelbar bevorstehenden deutschen Aggression eine Festigkeit und Einigkeit zur Schau, wie sie sie erst wieder im Zweiten Weltkrieg zeigen sollten, als sie beinahe schon vernichtet waren.«

Hitler tobte über die »Provokation« und trieb den Nervenkrieg auf die Spitze. Obwohl er annahm, daß die Alliierten wegen der Tschechoslowakei nicht kämpfen würden – trotzdem Frankreich und die Sowjetunion einen Beistandspakt mit Prag hatten –, beließ er es zunächst noch bei Drohgebärden. Doch das war Verstellung; er wartete nur den günstigsten Zeitpunkt ab, um über den 1918 entstandenen Staat herzufallen.

Inzwischen baten auch Generale, die nichts mit den konspirativen Kreisen zu tun hatten und weniger gegen den Krieg als solchen als vielmehr gegen den Zeitpunkt waren, zu dem er ausgelöst werden sollte, um Mäßigung. Der Westwall bestand mehr auf dem Papier und in der Propaganda als in Wirklichkeit. Hitlers Plan sah in nicht zu überbietender Leichtfertigkeit vor, daß er von schwachen deutschen Streitkräften wenigstens die vier Tage gehalten würde, die man für die militärische Niederwerfung der Tschechen und Slowaken veranschlagt hatte, wonach dann Verbände des Invasionsheeres sofort zur Westverteidigung abgezogen werden könnten.

General Beck brachte seine schmerzliche Gewissensentscheidung hinter sich. Geradlinig, wie er war, konnte er nicht gleichzeitig Generalstabschef für einen Angriffskrieg und designierter Reichsverweser nach dem Sturz Hitlers sein. Er bereitete einen Aufruf vor, in dem es hieß: »Die Geschichte wird die militärischen Führer mit einer Blutschuld belasten, wenn sie nicht nach ihrem fachlichen und staatspolitischen Wissen und Gewissen handeln . . .«

Am 18. August 1938 trat er aus Protest gegen Hitlers Kriegspolitik zurück und entsprach auch noch der Bitte des Diktators, die Demission geheimzuhalten. »Sein Ausscheiden kam zu früh und wurde zu wenig publik, um die Entwicklung so zu beeinflussen, wie man es vielleicht erwartet hatte«, urteilt Harold C. Deutsch. »Wäre Becks Rücktritt einige Wochen später erfolgt, auf dem Höhepunkt der Krise, als sich die Augen der Welt auf Deutschland richteten, hätte er möglicherweise eine enorme Wirkung gehabt und eine revolutionäre Stimmung geschaffen. So aber ließ Beck sich von seinem Oberbefehlshaber bewegen, den Rücktritt nicht sofort bekanntzugeben, und die Öffentlichkeit erfuhr davon erst im Oktober, durch die offizielle Mitteilung. Zum letztenmal hatte sich Beck von den Traditionen und Denkgewohnheiten seines Standes bestimmen lassen bei einem Entschluß, der eine politische Aktion hätte sein sollen. Es war eine Chance, die für ihn nie mehr wiederkehren sollte.«

Sein Nachfolger wurde Franz Halder, ein bayerischer Protestant und exzellenter Fachmann, der bereits in seiner Position als Stellvertreter Becks diesen gedrängt hatte, Hitler energischer gegenüberzutreten. Als Beck die Amtsgeschäfte Halder übergab, sagte er: »Ich sehe jetzt ein, daß Sie recht gehabt haben.«

Die Zeit drängte. Wenn es Hitler gelungen war, den Krieg zu beginnen, würden manche Offiziere, die längst mit den Verschwörern sympathisierten, ihre Haltung überprüfen, Militärs, die zwar bereit waren, Hochverrat an dem Diktator zu begehen, die jedoch keinen Landesverrat betreiben würden. Hatten erst einmal die Kanonen das Wort, dann konnte man Hitler nicht mehr schaden, ohne dem Feind zu nutzen. Der Freundeskreis um Beck und Canaris sah nur eine Chance, die fanatisierten Massen zu ernüchtern: die Kriegsgefahr. Selbst die von Hitler Infizierten wollten – anders als die meisten Deutschen im Jahre 1914 – keinen Krieg. Sie hatten sich heiser geschrien, weil Hitler bisher seine Erfolge ohne militärische Auseinandersetzung erreicht hatte. Konnte man ihnen klarmachen, daß die Politik ihres Abgottes unweigerlich zum Krieg führen mußte, würden sie zwangsläufig von ihm abrücken. Nur wenn sie den Amoklauf Hitlers in ein neuerliches Völkermorden glaubhaft darstellten, konnten die Frondeure ihrer Meinung nach den Sturz des Diktators vor der deutschen Öffentlichkeit rechtfertigen und die Massen für sich gewinnen.

Dazu brauchten sie die Hilfe der potentiellen Feinde Großdeutschlands, der Engländer und Franzosen. Es begann eine Schlacht mit verkehrten Fronten, ein undurchschaubares Vexierspiel. Bei den Regierungsstellen in Paris und London erschienen auf einmal Deutsche, die ein ganz anderes Hitler-Bild enthüllten, als viele der eigenen Diplomaten in Berlin es übermittelt hatten. Niemand konnte mit Sicherheit sagen, ob die mehr oder weniger anonymen Sendboten echt waren oder nur Schwätzer, Bluffer oder womöglich sogar braune Agenten. Sie hatten keine Legitimation. Sie konnten keine Vollmacht vorweisen. Sie durften ihre Hintermänner nicht nennen, allenfalls andeuten, wie weitverzweigt der Widerstand bereits war. Ihre meist ziemlich unwirschen Gesprächspartner aber wollten Beweise, Namen, Daten, Taten und Tatsachen.

Goerdeler – längst im Visier der Gestapo – unternahm mehrere Bittgänge nach Frankreich und England. Er verlangte nicht mehr als eine unmißverständliche Garantie, daß die Alliierten tatsächlich gegen Hitler losschlagen würden, wenn seine Regimenter die tschechische Grenze überschritten. Der frühere Oberbürgermeister von Leipzig wollte etwas, das sich von bloßen Lippenbekenntnissen und politischen Pflichtübungen deutlich unterschied und das es vermutlich gar nicht gab oder geben konnte. Er hatte, zu seinen Freunden zurückkehrend, statt einer Zusage nur unverbindliche Beteuerungen vorzuweisen.

Erich Kordt, einem oppositionellen Diplomaten – und späteren Attentäter –, erging es nicht besser. Zwar erreichte er durch Beziehungen, daß er durch einen Nebeneingang unbemerkt in die Downing Street eingeschleust wurde. Großbritanniens Premier hörte ihn an, doch er glaubte ihm nicht.

Ewald von Kleist-Schmenzin führte zwar Gespräche mit Lord Vansittart, die er mit der Einleitung begann, er sei praktisch »mit dem Strick um den Hals« auf die Insel gekommen, aber seine Unterhaltungen verliefen im Sand, im Mißtrauen. Dabei erging es ihm noch besser als Goerdeler, dessen Ausführungen von dem durchaus hitlerfeindlichen Chefberater des britischen Außenministers mit den Worten unterbrochen wurden: »Was Sie da sagen, ist ja Landesverrat.«

So dachte – mehr oder weniger konsequent – das amtliche London; und auch Paris war ein Fiasko. Die Franzosen wollten die Engländer und die Engländer die Franzosen vorschieben. Jeder beteuerte zu handeln, und keiner wollte etwas tun, solange der andere nicht damit begonnen hatte. Noch glaubte man, sich mit Hitler arrangieren zu können.

Seine Beseitigung war im übrigen eine deutsche Angelegenheit und keine alliierte. Die deutschen Gesprächspartner selbst waren so unterschiedlich, sowohl als Menschen wie auch in ihren Wünschen, Plänen und Zielen, daß sie selbst bei besserem Willen keinen Rückschluß auf eine einheitliche Widerstandsbewegung zuließen.

Allesamt waren sie darauf bedacht, die nationalen Interessen Deutschlands nicht zu verletzen. So verlangte etwa einer die Abschaffung des polnischen Korridors, der als Folge des Versailler Diktats Ostpreußen vom Reichsgebiet abtrennte, und der nächste gar die Wiederherstellung der Monarchie. Natürlich merkten die ungebetenen Besucher, daß sie keinen Boden gewannen und bestenfalls höfliche Floskeln statt der Zusage gemeinsamer Aktionen nach Berlin zurückbrachten. Kleist-Schmenzin versuchte diese gläserne Wand zu zerschlagen und erläuterte Winston Churchill, den er auf seinem Landsitz besuchte: »Ich bin kein Nationalsozialist, aber ein Patriot.«

»Ich auch«, erwiderte der spätere Kriegspremier trocken.

Fast hätte ein unbekannter Außenseiter den gordischen Knoten zerschlagen: Ein namenloser, enttäuschter SS-Mann brachte, wie John Toland ohne nähere Quellenangabe berichtet, bei einer Veranstaltung im Berliner Sportpalast an der Rednertribüne eine unbemerkte Bombe an, genau an der Stelle, an der Hitler eine lange Rede hielt. Bevor der Attentäter den Zünder einschaltete, mußte er auf die Toilette, und hier wurde er unabsichtlich bis zum Ende der Veranstaltung eingeschlossen. Die Bombe blieb taub, und ein Freund des Attentäters stellte fest: »Das war der Witz des Jahrhunderts. Die Weltgeschichte wäre anders verlaufen, hätte er nicht aufs Klosett müssen.«

So spitzte sich die Lage weiter zu. Im Hochsommer erreichte die Propaganda ihren Siedepunkt, und im September sah es so aus, als müßte die Hochspannung täglich explodieren. Henlein stellte ein sudetendeutsches Freikorps auf. Auf dem Nürnberger Parteitag verkündete Hitler am 12. September 1938, er werde die »Unterdrückung und Verfolgung von dreieinhalb Millionen Deutschen in der Tschechoslowakei« nicht länger dulden. Vierzehn Tage später stand er im

Berliner Sportpalast am Rednerpult. Er explodierte vor Haß und erhob Anspruch auf das Sudetengebiet. Dann wurde der »notorische Lügner« (Franz Halder) feierlich und verkündete: »Dieses ist die letzte territoriale Forderung, die ich Europa zu stellen habe.«

Schon vor seinem Amtsantritt war über den neuen Generalstabschef bekannt, daß er Hitler skeptisch gegenüberstand, und tatsächlich war Halder bei seinem Antrittsbesuch bereits mit ihm aneinandergeraten. Sicherlich stand der zweite Mann der Armee der Opposition näher als dem Diktator, auch wenn er sich erst durch das wuchernde Politgestrüpp einen Pfad bahnen mußte, den er mit seinem Gewissen vereinbaren konnte. Er hatte einen beschwerlichen Weg vor sich, aber bald schon sagte Halder zu Vertrauten über Hitler: »Bringt denn niemand den Hund um?«

Noch konnte er sich nicht vorstellen, daß er – sonst grundsätzlich unbewaffnet – bald eine Pistole mit sich führen würde, um den Anschlag selbst zu verüben. Spätestens Mitte September stellte sich der Generalstabschef eindeutig auf die Seite der Verschwörer. Zwar war er noch immer gegen ein offenes Attentat, »aber nicht gegen die Beseitigung Hitlers«, wie Peter Hoffmann urteilt. »Er zog sogar eine unauffällige Methode der Ermordung einer Verhaftung vor, weil er dann seine und des Heeres Beteiligung am Sturz Hitlers verbergen und so das von ihm befürchtete Entstehen eines gefährlichen Hitler-Mythos verhindern konnte. Er hielt es daher für am besten, Hitler mit seinem Eisenbahnzug in die Luft zu sprengen und vorzugeben, er sei bei einem Bombenangriff umgekommen. Zur Durchführung dieses Planes war es freilich nach Halders Auffassung unerläßlich, den Beginn der Feindseligkeiten abzuwarten . . . Viele Verschwörer, Beck zumal, waren der Überzeugung, man müsse Hitler lebend fangen und vor Gericht stellen, damit seine Verbrechen dem ganzen Volke offenbar würden. So hofften sie am ehesten der Entstehung einer neuen ›Dolchstoßlegende‹ vorzubeugen. Der an der Verschwörung beteiligte Reichsgerichtsrat Dr. Hans von Dohnányi und Oster wollten Hitler nach dessen Verhaftung durch ein Ärztegremium für geisteskrank erklären lassen.«

Während Abwehroberstleutnant Oster, um überhaupt voranzukommen, diesem umständlichen und langwierigen Verfahren zustimmte, bereitete er insgeheim eine weit wirksamere und pragmatischere Lösung vor. Der schlanke, elegante Mann, mittelgroß, intelligent, gesellig und genußfroh, wurde zum Mittelpunkt eines harten

Kerns innerhalb der Verschwörung, der vergebliche Bittübungen in London ebenso satt hatte wie die theoretischen Erörterungen darüber, wie nach dem Sturz Hitlers zu verfahren sei. Er wollte keine Debatten, weder vorher noch nachher. Ihm und seinen Akteuren Helmuth Groscurth und Friedrich Wilhelm Heinz dauerte selbst ein kurzer Prozeß gegen Hitler noch zu lange. Ohne Wissen der anderen Rebellen sprachen sie einen Tatverlauf ab, der endgültig war und Revision wie Diskussion ausschloß. Sie beließen die anderen in dem Glauben, daß Hitler abgesetzt und verhaftet werden sollte, um dann den Richtern oder Psychiatern übergeben zu werden, waren sich aber einig, ihn auf der Stelle zu erschießen. Ohnedies würden beim Sturm auf die Reichskanzlei die RSD-Beamten und SS-Wachen Widerstand leisten, so daß es zu bewaffneten Auseinandersetzungen kommen mußte. Und sollten die Leibgardisten, von dem plötzlichen Überfall gelähmt, nicht handeln, würde man einen Schußwechsel provozieren, dem der Diktator als erster zum Opfer fiele.

Die Vorteile dieser realistischen Lösung waren nicht zu übersehen. Ein toter Hitler konnte die Massen weder berauschen noch faszinieren, zu keinem Widerstand mehr aufrufen und fürderhin auch nicht den weitverbreiteten Aberglauben nähren, daß zwar einige Satrapen des Führers üble Kreaturen seien, Hitler selbst aber nichts über ihr Treiben wisse. Die Putschversion der Abwehr-Akteure bot zudem noch den Vorteil, daß sie sich mühelos und diskret in den Ablauf des Staatsstreiches einbauen ließ.

Über den Aktionsplan war man sich einig: Halder, der als Generalstabschef als erster von Hitler den Befehl zum Einmarsch in die Tschechoslowakei erhielte, würde unverzüglich danach den Befehl zum Aufstand an General von Witzleben telefonisch weitergeben. Im gleichen Moment, da die Truppen des Kommandierenden Generals im Wehrkreis III, verstärkt durch die Potsdamer Division des Generalmajors von Brockdorff-Ahlefeldt, ausrückten, würde sich Witzleben in die Reichskanzlei begeben, um von Hitler den Rücktritt zu verlangen. Da zu erwarten war, daß man ihn nicht ohne weiteres vorließ, sollte er von einer Gruppe jüngerer Offiziere begleitet werden, die ihm notfalls mit Waffengewalt Eingang verschafften.

Gleichzeitig stand im Raum Greiz – Plauen – Chemnitz die 1. Leichte Division des Generalleutnants Erich Hoepner bereit, um der für die Dauer des NS-Parteitags nach Nürnberg verlegten SS-Leibstandarte Adolf Hitler den Weg nach Berlin zu sperren. Auch mit dem Infanterieregiment 50 des Generalmajors Paul von Hase in Landsberg an der Warthe konnten Witzleben und Halder als Eingreifreserve rechnen. Berlins Polizeipräsident Graf Helldorf und sein Stellvertreter Graf von der Schulenburg waren in den Umsturzplan eingeweiht und versprachen, zumindest stillzuhalten.

Der Chef der Reichskriminalpolizei Arthur Nebe, Altparteigenosse und Renegat, versorgte die Frondeure mit Informationen; zusammen mit Oberstleutnant Oster lieferte er zum Beispiel Unterlagen über die Stationierung und Stärke der SS-Verbände im ganzen Reichsgebiet. Der frühere Regierungsrat Gisevius arbeitete als Koordinator der Rebellion im Wehrkreiskommando und erhielt den Konferenzraum, der neben Witzlebens Büro lag, zugewiesen. Da ein Zivilist in der militärischen Umgebung am Hohenzollerndamm auffällig war, gab der Hausherr an, ein entfernter Verwandter ordne seine Familienpapiere.

Die Frau des späteren Abwehroffiziers Strünck chauffierte, um Aufsehen zu vermeiden, General von Brockdorff-Ahlefeldt und Gisevius in ihrem Privatwagen zu den strategischen Punkten, die in der Reichtshauptstadt schlagartig zu besetzen waren: dem Palais Göring, den Anlagen des Deutschlandsenders in Königswusterhausen, der SS-Kaserne in Lichterfelde, Heydrichs Hauptquartier an der Prinz-Albrecht-Straße, Ministerien, Parteidienststellen und Fernsprechzentralen der Reichspost. Der General, von Gisevius mit Informationen versorgt, nahm die Okkupationspunkte in Augenschein und errechnete, wie viele Soldaten für ihre Besetzung benötigt würden.

Die Reserven reichten, und die Recherchen hatten keinerlei Aufsehen erregt. Auch die Bewachung in der Reichskanzlei, wo sich der Legationsrat Erich Kordt, der in der Stunde X dafür sorgen wollte, daß die großen Flügeltüren für den Stoßstrupp geöffnet wurden, häufiger sehen ließ, um die Wachtposten mit seinem Gesicht vertraut zu machen, war nicht verstärkt worden.

Der heiße Herbst zündelte mit Rekordtemperaturen, und noch immer stand Europa nicht in Flammen. Es war, als bräche der Krieg in Zeitlupe aus. Offiziere in der Abwehr hatten die Eskorte für General von Witzleben zusammengestellt und als Sonderlehrgang getarnt. Ihr Anführer, Major Friedrich Wilhelm Heinz, ein früherer Freikorpskämpfer und Stahlhelm-Führer, drillte seine Rebellen nach Grundrißplänen der Reichskanzlei. Der 40 Mann starke Voraustrupp des Aufstands – von seinem Anführer selbst »Verschwörung in der Verschwörung« genannt – bestand zum größten Teil aus zu allem entschlossenen

Offizieren, verstärkt durch Studenten und Arbeiter. Die Zusammensetzung war bewußt gemischt, damit der Coup nicht als reiner Offiziersputsch vor der Öffentlichkeit dastehen würde.

Sprengstoff und Waffen sowie Unterführer kamen von der Canaris-Organisation. Zum »Stoßtrupp Reichskanzlei« gehörten Draufgänger wie Oberleutnant Dr. Hans Albrecht Herzner und Oberleutnant Wolfgang Knaak, für die der Einsatz im Regierungsgebäude nicht schwieriger war als der spätere Handstreich auf den Jablunka-Paß in Polen oder die Sicherung der Düna-Brücke in sowjetischer Uniform.

Sie alle waren bereit, ihr Leben in die Schanze zu schlagen, um das Leben des Verhaßten auszulöschen, der drahtige Kapitänleutnant Franz Liedig ebenso wie seine monarchistisch eingestellten Gesinnungsfreunde vom »Jung-Stahlhelm« und vom »Studentenring Langemarck«. Mitte September stand der Sturmtrupp und wartete, verteilt auf mehrere Wohnungen mit Zentrale in der Eisenachstraße 118, auf den Einsatzbefehl, Tage oder Stunden und, wie es schien, oft auch nur eine Zigarettenlänge lang von einem Ereignis der Weltgeschichte entfernt, das sie auslösen wollten, unbeeindruckt von dem zermürbenden Spiel von Alarm und Entwarnung.

Die Verschwörer entsicherten ihre Waffen, als am 15. September 1938 der greise britische Premierminister nach Berchtesgaden fuhr, worauf sich die Spannung noch verschärfte. Sie stellten sich bereit, als es am 22. September zur nächsten Runde in Bad Godesberg kam, wo Hitler seine Forderung erhöhte und vor dem englischen Gast den Kriegsausbruch am 1. Oktober androhte.

Die überzogene Lage spitzte sich noch weiter zu. Frankreich zog die Reservisten ein. England versetzte seine Flotte in Kriegsbereitschaft. Die ČSR-Regierung mobilisierte ihre Armee. Hitler ließ am Abend des 27. September kriegsbereite Panzertruppen durch das Regierungsviertel rasseln und war enttäuscht, daß die Passanten, von ein paar Hitlerjungen abgesehen, das militärische Spektakel mehr mit Entsetzen als mit Begeisterung aufnahmen.

Sir Horace Wilson, Industrieberater der englischen Regierung, erklärte Hitler, daß England und Frankreich unweigerlich kämpfen würden, falls er in die Tschechoslowakei einfiele – richtige Worte aus inkompetentem Munde. Einen Tag später beschwor Mussolini Hitler, von der Kriegsdrohung abzulassen. Rasend drehte sich in den letzten Septembertagen ein Karussell von Drohung und Bluff, Erpressung und Friedensbeschwörung.

Am 26. September sagte Generalstabschef Halder zu dem Generalobersten von Hammerstein, der vor seiner Reaktivierung stand: »Es wird jetzt gehandelt.« Oberstleutnant Oster hatte Hitlers letzte Antwort auf Chamberlains äußerstes Angebot beschafft. Gisevius überbrachte Witzleben die Kopie. Witzleben bestürmte Halder. Halder ging zu Brauchitsch, der nun auch eine »Aktion« für unumgänglich hielt. Halder versprach seinen Mitverschwörern, falls nötig auch ohne Brauchitsch, und Witzleben, gegebenenfalls auch ohne Halder zu handeln.

»So war alles vorbereitet, gründlicher und mit offenbar größeren Erfolgsaussichten als jemals wieder ...«, analysiert Joachim C. Fest. »Alle militärischen und polizeilichen Maßnahmen waren eingeleitet, für die reibungslose Übernahme des Rundfunks gesorgt und die Aufrufe an die Bevölkerung entworfen. Das Signal zum Losschlagen hatte Halder für den Augenblick angekündigt, in dem Hitler den Marschbefehl gegen die Tschechoslowakei ausgeben würde. Alles wartete ... Nachdem Hitler am Mittag Bereitstellungsmaßnahmen für die erste Angriffswelle ausgegeben und wenige Stunden später die Mobilisierung von neunzehn Divisionen angeordnet hatte, erwartete man die allgemeine Mobilmachung für den folgenden Tag, 14 Uhr.«

Der Propagandaschwulst des gleichgeschalteten Reichsrundfunks konnte nicht verheimlichen, daß sich die internationale Lage von Stunde zu Stunde dramatisch zuspitzte. Greuelmeldungen von der tschechoslowakischen Grenze, Stimmungsmache, am Schluß jeweils der »Egerländer Marsch«. Die zackige Anheizmusik plärrte auch in die konspirativen Unterkünfte in der Nähe der Reichskanzlei, wo Verwegene seit Tagen permanent fünf Minuten vor dem Weltereignis standen, das ihre Pistolen und Eierhandgranaten auslösen sollten.

Ihre Gesichter waren gespannt wie ihre Revolver; ihre Nerven wurden von der Zeit gedrillt. Tag und Nacht lebten sie in einer Art Dauerbiwak der Verschwörung. Sooft das Telefon schrillte, fuhren sie hoch, um enttäuscht wieder in die brütende Unruhe vor dem Sturm zu verfallen. Sie dösten, statt zu schlafen. Sie verproviantierten sich schlecht und recht, und sie schlugen sich mit unzureichenden Toilettenverhältnissen herum – unrasiert kommt man nicht zum Putsch, wenn man nicht vorzeitig auffallen will.

Die Spannung steigerte sich noch einmal. In der nächsten Minute konnte, mußte das Stichwort gezündet werden. »Der Stoßtrupp Heinz stand auf Abruf in seinen Quartieren«, berichtet Chronist Fest weiter,

»da überbrachte ein Kurier dem Generalstabschef die Meldung, daß Hitler auf Vermittlung Mussolinis eingelenkt und einer Konferenz in München zugestimmt habe. Die Nachricht schlug buchstäblich wie eine Bombe ein, jedem der Beteiligten war schlagartig klar, daß damit dem gesamten Aktionsplan die Grundlage entzogen war. Verwirrung und Lähmung erfaßte alle. Nur Gisevius, einer der zivilen Verschwörer, versuchte mit einem verzweifelten Wortschwall, Witzleben doch noch zum Losschlagen zu veranlassen ...«

In schrecklicher Umkehrung galt nunmehr die Feststellung des Stoßtruppführers Heinz, daß ein lebender Führer allein stärker sei als das ganze Armeekorps Witzleben.

»Das Münchener Abkommen schien Hitler den bisher größten Erfolg gebracht zu haben«, resümiert Harold C. Deutsch. »Sein Prestige war derart gestiegen, daß es fraglich war, ob die Opposition imstande sein würde, die Nation gegen ihn zu mobilisieren, selbst wenn es um die Vermeidung eines großen Krieges ginge.« Immerhin hatte Hitler erreicht, daß die ČSR mit Englands und Frankreichs Segen die sudetendeutschen Gebiete an Deutschland abtrat.

Der britische Botschafter Henderson, der durch seine regimefreundlichen Berichte nicht wenig zur britischen Appeasement-Politik beigetragen hatte, schrieb jetzt selbstkritisch an seinen Außenminister: »Am Frieden festhaltend, haben wir Hitler und sein Regime gerettet.« Und Goerdeler stellte in einem Schreiben an einen US-Freund fest: »Es wäre das Ende Hitlers gewesen.«

Die Ungunst diesmal außenpolitischer Umstände hatte wieder einmal die Tat verhindert, wodurch Hitler auch diesem, bislang gefährlichsten Anschlag entgangen war – einmal nicht durch die Unschlüssigkeit der Attentäter, sondern durch die Nachgiebigkeit der englischen und französischen Politiker.

Der Usurpator fuhr nach Berlin zurück. In seiner engeren Umgebung machte er keinen Hehl aus seiner Enttäuschung über den aufgeschobenen Kriegsausbruch. »Der Kerl hat mich um meinen Einzug in Prag gebracht«, sagte Hitler bei der Ankunft zu seinen SS-Wachen. Er meinte damit Chamberlain, den alten Herrn, der zum ersten Mal in seinem Leben seinetwegen ein Flugzeug bestiegen hatte.

Der »verhängnisvolle Steuermann eines Zeitalters« (Rolf Hochhuth) trieb nach dem Münchener Abkommen auf der Volksgunst wie nie zuvor. Er wurde von den Massen vergöttert, nicht, weil er den Krieg riskiert, sondern weil er ihn – wie sie meinten – verhindert hatte.

Millionen glaubten es blind, und die Zweifel der Einäugigen nahmen ebenfalls ab, aber es gab auch hellsichtige Männer, die die Zukunft richtig einschätzten. »Indem Mr. Chamberlain vor einem kleinen Risiko zurückscheute, hat er einen Krieg unvermeidbar gemacht«, stellte Goerdeler weiter in dem Brief an seinen amerikanischen Freund fest. »Das englische wie das französische Volk werden nun ihre Freiheit mit den Waffen zu verteidigen haben, es sei denn, daß sie ein Sklavendasein vorziehen.«

Die Verschwörer waren auseinandergegangen, hinreichend damit beschäftigt, bei ihren Einheiten, in ihren Betrieben oder Dienststellen ihre Abwesenheit zu erklären und Spuren, die zu den konspirativen Quartieren führten, zu verwischen. Wochen- und monatelang mußten sie bei überraschenden Anrufen oder Besuchen darauf gefaßt sein, verhaftet zu werden; aber die Gestapo hatte den »Stoßtrupp gegen die Reichskanzlei« verschlafen und sollte ihn erst nach dem 20. Juli 1944 rückwirkend aufdecken. Zu diesem Zeitpunkt waren dann nicht wenige, die sich darauf vorbereitet hatten, Hitler zu töten, für Hitler gefallen.

Nach München schien die Opposition gegen den Diktator am Ende zu sein. Die Männer des linken Widerstandes waren ermordet, hinter Gittern oder in der Emigration. Die Frondeure von rechts, die es leichter hatten, da sie bisher kaum verfolgt worden waren, mußten in Deckung abwarten, bis Untaten und Fehler des Amokläufers aus Braunau einen Stimmungsumschwung herbeiführen würden – aber bislang war Hitlers Rückhalt bei der Bevölkerung von Jahr zu Jahr nur gewachsen.

Während die Regimegegner, zur Ohnmacht verdammt, verzweifelten, kamen erstmals aus dem Ausland Attentäter nach Deutschland, die das Problem Hitler gewaltsam lösen wollten, um den Ausbruch eines zweiten Weltkriegs zu verhindern.

Ein Fachmann und ein Amateur

Hitlers »letzte territoriale Forderung an Europa« war erfüllt und die nächste, die Zerschlagung der »Rest-Tschechei«, bereits programmiert. Aus den Volksempfängern – zum Spottpreis von 35 Mark erhältlich – dröhnten Hitlers Ruhm und Wahn. Der Mann, der dabei war, Großdeutschland in einen Vernichtungskrieg zu führen, schien unangreifbar geworden zu sein, und zwar nicht nur in Deutschland; selbst im Ausland wurde er ebensosehr bewundert wie gehaßt.

Die Engländer anerkannten in einer Abmachung mit Mussolini die Annexion Abessiniens, gleichzeitig übernahm der »Duce« die bislang abgelehnte Rassentheorie Hitlers, der, um die Geburtenzahl in Deutschland zu steigern, nunmehr das »Mutterkreuz« kreierte, zu verleihen nach dem dritten Kind, in Gold nach dem siebten – eine biologische Kriegsvorbereitung.

Die Amerikaner begannen nach dem Münchener Abkommen zu rüsten, aber sie hatten damals unvorstellbare 14,4 Millionen Arbeitslose und waren vielleicht deshalb gerade zur 40-Stunden-Woche übergegangen. In der Emigration erschien Bert Brechts Szenenfolge »Furcht und Elend des Dritten Reiches«, in der westlichen Welt zunächst weit weniger beachtet als der neue Modetanz »Lambeth walk«, der sich wie ein Lauffeuer ausbreitete. In den deutschen Kinos war, mit Gustaf Gründgens in der Hauptrolle, der Film »Tanz auf dem Vulkan« angelaufen.

Als die Besucher in der Nacht des 9. November 1938 aus den Spätvorstellungen der Filmtheater kamen, konnten sie zusehen, wie der Vulkan gezündet wurde. Nicht ein Vulkan, Hunderte von Bränden, gleichzeitig in ganz Deutschland. SA-Rowdies stellten »spontanen Volkszorn« dar.

Am Nachmittag war in Paris der von dem polnisch-jüdischen Emigranten Herschel Grynszpan niedergeschossene deutsche Legationsrat Ernst vom Rath – zufällig ein Gegner das Antisemitismus zwei Tage nach dem Attentat seinen Verletzungen erlegen, und Goebbels hatte daraufhin – nach kurzer Absprache mit Hitler im Münchener Rathaus die »Reichskristallnacht« inszeniert.

Der Reichspropagandaminister machte den Staat zum Brandstifter und entfachte die niederen Instinkte der Fanatiker zu »höherer Gewalt«. Die Polizei verfolgte aus gemessenem Abstand das Treiben der Feuerleger; statt gegen sie vorzugehen, beschützte sie sie. Aus 190 Synagogen loderten haushohe Flammen. Feuerzungen leckten schaurig nach oben, färbten den nächtlichen Himmel grellrot. 171 Wohnhäuser wurden zerstört, 840 Ladengeschäfte geplündert. Jüdische Mitbürger wurden erschlagen, zu Tode getrampelt, erstochen, erschossen. Bilanz: 36 Tote, ebenso viele Schwerverletzte und 26000 Verhaftete.

Diese Jagdszenen aus dem Dritten Reich waren auch im Ausland nicht mehr zu übersehen, und der Korrespondent der »New York Times« telegrafierte seiner Redaktion, daß er zum Zeugen einer Terroraktion geworden sei, wie es sie in Deutschland seit dem Dreißigjährigen Krieg nicht mehr gegeben habe.

24 Stunden lang tobte sich der Braunhemdenmob in den deutschen Städten aus. Überall standen Menschen und verfolgten mit betroffenen Gesichtern und hängenden Armen das Treiben der Tempelschänder. Unter den Augenzeugen, die verstört, tatenlos, beschämt und auch empört die Exzesse verfolgten, befanden sich in München zwei Männer, die heimlich nach Deutschland gereist waren, um Hitler zu beseitigen. Beide kamen aus der Schweiz. Sie kannten einander nicht, wußten auch nichts voneinander. Einer reiste auf Befehl Stalins, der andere wurde von seinem Gewissen getrieben, Kommunist der eine und Professioneller, Katholik der andere, ein krasser Amateur.

Von allen Männern, die sich je subversiv in die Nähe Hitlers gedrängt hatten, brachte Alexander Allen Foote die besten Voraussetzungen mit, ein erfolgreiches Attentat durchzuziehen. Er war ein Brite, der in der Schweiz lebte und dort unter dem Decknamen Jim äußerst wirksam für die Sowjetspionage arbeitete. Er stammte aus Schottland, war überzeugter Kommunist, hatte im Spanischen Bürgerkrieg auf der Seite der Republik gekämpft, war nicht enttarnt worden und nach dem Zusammenbruch via Frankreich in die Schweiz entkommen.

Der Mann mit der hohen Stirn, den schütteren Haaren, den leicht abstehenden Ohren, den kleinen Augen mit den buschigen Brauen darüber lebte in Lausanne am Genfer See und führte hier das Leben eines reichen Nichtstuers. Er war bei Nachbarn und Bekannten beliebt, lud ein und wurde eingeladen, schuf sich Freunde und Verbindungen, zu Schweizern wie zu Ausländern. Obwohl die Alpenrepublik kurz vor und vor allem im Krieg ein Tummelplatz der Nachrichtendienste war, sah man in Foote keinen Mann des Untergrunds. Er galt als unpolitischer Ausländer, der sich klugerweise aus allen Zeitläuften heraushielt. Erst Jahre später entpuppte er sich als einer der besten Spione Stalins, als einer der wichtigsten Männer des von dem sowjetischen Residenturleiter Rado geführten Agentennetzes, das von der deutschen Spionageabwehr »Die roten Drei« genannt wurde und während des Krieges von der Schweiz aus über V-Leute in Deutschland zahlreiche militärische Geheimnisse ausspähte und nach Moskau sendete. Für den Funkdienst war Foote ebenso zuständig wie für die Finanzierung des Netzes. Körperlich und geistig auf den Untergrundkampf gedrillt, war er ein hochkarätiger Agent mit einem unbeirrbaren Haß auf Hitler.

Im Herbst 1938 erhielt er den Überraschungsauftrag, sich zusammen mit Bill Philips, einem weiteren Sowjetagenten, mit gefälschten Papieren und adaptierten Legenden in das Großdeutsche Reich einzuschleusen. Moskaus Politik gegen Hitler war von Anfang an zwiespältig gewesen. Zwar mußte Stalin wissen, daß die NS-Ideologie auf den Kampf gegen den Kommunismus ausgerichtet war, aber der rote Zar betrachtete Hitler als ein notwendiges Intermezzo für die Vorbereitung der Bolschewisierung Deutschlands. Die braune Bewegung sollte die bürgerliche (und kleinbürgerliche) Grundhaltung der Bevölkerung proletarisieren. Inzwischen freilich war das braune Zwischenspiel über das rote Kalkül hinausgewachsen.

Der Kreml hatte eben noch Prag den Rücken gegen die Deutschen gestärkt, nach dem Münchener Abkommen aber den gleichen Rückzug angetreten wie die Westmächte, die begannen, die bisher isolierten Sowjets als eventuelle Bundesgenossen zu umwerben. Aber auch die Braunen setzten zu einem ungewohnten Flirt mit den Roten an.

In diesem Stadium wurden Foote und Philips vom sowjetischen Geheimdienst nach Deutschland in Marsch gesetzt, um die Möglichkeiten eines Anschlags auf Hitler zu erkunden. Foote sprach recht gut Deutsch, reiste aber als Engländer, als einer dieser typischen Touristen, die auf die Nazipropaganda hereinzufallen pflegten und ihren eigenen Zeitungskorrespondenten Vorwürfe über ihre »tendenziöse Berichterstattung« machten. Er kam mit seinem Begleiter nach München, wo es am leichtesten war, den Spuren des Diktators zu folgen, vom Braunen Haus an der Brienner Straße bis zur Garçonnière der Eva Braun in Bogenhausen, in die »Carlton-Teestuben« oder ins

Staatsatelier des Bildhauers Josef Thorak, des »NS-Gipsgiganten« (Volksmund) in Baldham.

Einige Informationen hatte Foote bereits aus der Schweiz mitgebracht; es war nicht schwierig, sie in der »Hauptstadt der Bewegung« zu ergänzen, wo »der Mann mit der Haartolle über dem einen Auge« (US-Historiker Eugene Davidson) als Lokalgröße gestartet war. Die Bevölkerung der Isarstadt kannte seine Privatausflüge, seine Lieblingsplätze, die Personen seines bevorzugten Umgangs. Die offiziellen Veranstaltungen wurden ohnedies in der Presse in großer Aufmachung angekündigt, und an jedem Zeitungsstand war als Groschenartikel zum Beispiel das Programm zum 9. November erhältlich, das die Straßen und Plätze genau anführte, an denen sich der Diktator zeigen würde.

Schon vor seinem Eintreffen in Deutschland hatte Foote gewußt, daß es schwierig, doch nicht ausgeschlossen sein würde, Hitler bei einer seiner exaltierten Schaustellungen zu erschießen; aber die weit bessere Gelegenheit sah der Topagent bei den unzulänglich bewachten Privatexkursionen des Diktators. Nicht selten entschloß er sich zu Überraschungsbesuchen bei seinen vertrauten Anhängern. Er kam einfach zum Mittagessen oder zum Nachmittagskaffee, im letzten Moment angemeldet, fast ohne Begleitung. Sichtbare Sicherungsmaßnahmen in der Öffentlichkeit haßte er. Er war auch dagegen, daß zufällig Anwesende durch sein Erscheinen belästigt würden. Ein übereifriger SS-Begleitoffizier hatte einmal die vollbesetzte Terrasse des Rheinhotels Dreesen in Bad Godesberg räumen lassen. Hitler bestand darauf, daß die Kaffeegäste zurückgeholt würden, saß nunmehr unter ihnen und mimte den schlichten Volksgenossen.

Die Amts- und Parteigeschäfte betrieb der Diktator in München in einem leicht übersehbaren Raum zwischen der Innenstadt und dem südlichen Schwabing. In der Brienner Straße war das Braune Haus, in der Nähe hatte man die »Ehrentempel der Bewegung« – in die man die Opfer des Bierkellerputsches von 1923 umgebettet hatte – sowie weitere Parteibauten im typischen Stil bombastischer Schlichtheit errichtet. Von hier war es nicht weit zur Schellingstraße, in der die Parteizeitung »Völkischer Beobachter« redigiert und gedruckt wurde.

Wiederum ganz nahe unterhielt auch der zum Professor ernannte Fotograf Heinrich Hoffmann sein Studio nebst Ladengeschäft, in dem Hitler Eva Braun als Angestellte seines späteren »Leib-Lichtbildners« kennengelernt hatte. In der »Kampfzeit« pflegte im preiswerten

»Schelling-Salon« die zweite NS-Garnitur zu Tisch zu gehen; die braunen Spitzen tafelten nicht selten mit ihrem Führer eine Ecke weiter, in der »Osteria Bavaria«, einem gemütlichen italienischen Speise- und Weinrestaurant. Es war ein kleiner, unauffälliger Familienbetrieb im Erdgeschoß eines um die Jahrhundertwende erbauten Eckhauses an der Schelling-/Zieblandstraße, intim, gepflegt, bekannt durch original italienische Küche und selbst importierte Weine. Die »Osteria«, in der auch betuchte italienische Geschäftsleute bei ihren Münchener Besuchen gerne verkehrten, verfügte über Stammgäste aus einem bürgerlich gehobenen Publikum. Wenn unbekannte Besucher auftauchten, erzählten ihnen die Kellnerinnen nicht ungern, daß gestern erst oder irgendwann vor kurzem der Regierungschef hier gewesen sei, in Zivil und ganz leger, ein Gast wie jeder andere, unter einem gewaltigen Stilleben in Öl sitzend, wie er sie vielleicht selbst gemalt hätte, wenn er nicht »Führer« geworden wäre.

Das Ristorante, in dem Hitler mit Vorliebe Spaghetti mit Tomatensoße verzehrte, bestand aus dem Hauptraum mit einem offenen Durchgang zu einem kleineren Nebenzimmer. Hier war für den Diktator ein Tisch ständig reserviert. Unschwer konnten die beiden Sowjetagenten weitere Einzelheiten eruieren: Hitler kam unregelmäßig, aber ziemlich oft. Der Wirt wurde mitunter erst Minuten vor seinem Erscheinen telefonisch verständigt. Er komplimentierte die Gäste dann aus dem Nebenzimmer in den Hauptraum. Es gab keinen zweiten Eingang, so daß jedermann den Ankömmling sehen konnte; er gelangte dann durch den Hauptraum in das dem Eingang gegenüberliegende Nebenzimmer. Meistens ging das so vor sich, daß zunächst zwei, drei SS-Männer erschienen, denen Hitler mit seinen jeweiligen Gästen folgte. Ein Seil, das die Bewacher im offenen Durchlaß spannten, war die einzige Absperrung.

Alexander Foote und sein Begleiter legten sich in der Nähe der »Osteria Bavaria« auf die Lauer. Sie brauchten nicht lange zu warten. Es klappte fast auf Anhieb: Sie standen links und rechts des Eingangs, und der Diktator mußte zwischen beiden hindurch. Bill Philips griff in die Tasche und beobachtete dabei die SS-Männer.

Obwohl er genausogut eine Pistole hätte ziehen können wie sein Zigarettenetui, reagierte keiner von ihnen auf die Geste.

Dann setzten sich die potentiellen Attentäter an einen Tisch, nur wenige Meter von Hitler entfernt; niemand achtete auf sie, obwohl sie als Ausländer erkennbar waren. Sie sahen, wie ab und zu ein Neugieriger an der Absperrstelle erschien, um einen verstohlenen Blick auf den Führer zu werfen. Die Agenten stellten fest, daß es keine Schwierigkeiten böte, Hitler zu erschießen. Freilich hatte der Schütze kaum eine Möglichkeit zu entkommen.

Die Rückwand des Tisches, an dem Hitler saß, war zugleich die Garderobe. Unter den Mänteln, Schirmen, Hüten, die hier verwahrt waren, ließ sich völlig unauffällig eine Aktentasche mit einer Höllenmaschine verstecken. Die Trennwand zum Nebenraum bestand aus einer dünnen Sperrholzplatte. Dem Bombenleger blieb sogar noch genügend Zeit, sich vor der Explosion in Sicherheit zu bringen.

Je präziser Foote und Philip ihren Plan überdachten, desto leichter schien er ihnen durchführbar. Ein Bombenanschlag in einem von Hitlers Lieblingslokalen war rasch realisierbar und beinahe risikolos. Sie gingen noch andere Möglichkeiten durch. Dann verließen sie Deutschland, ohne Aufsehen zu erregen, und funkten von der Schweiz aus den Vorschlag nach Moskau durch, Hitler durch ein Bombenattentat in der »Osteria« zu töten.

Während sie auf Antwort warteten, die sie nie erhalten sollten – womöglich war bereits die Kehrtwendung der sowjetischen Politik geplant, die zu dem verhängnisvollen Nichtangriffspakt Moskau – Berlin vom August 1939 führen sollte –, kämpfte sich ein 21jähriger Theologiestudent aus der Schweiz, dem zu einem Attentäter eigentlich alles fehlte, schrittweise an Hitler heran. Der spätere Volksgerichtshof in Berlin bestätigte ihm, »im Oktober und November 1938 in Baden-Baden, Berlin, Berchtesgaden, München und Bischofswiesen es fortgesetzt unternommen zu haben, den Führer und Reichskanzler zu töten«.

Die bayerische Hauptstadt hatte sich längst daran gewöhnt: Kaum war der Oktoberfesttrubel vorbei, begann der NS-Novemberrummel. Die Hotels waren meistens schon seit Monaten ausgebucht, die Fensterplätze in der Innenstadt einträglich vermietet. Die Parteidienststellen appellierten in Tageszeitungen an die Bevölkerung, Privatquartiere zur Verfügung zu stellen. Die Isarstadt wurde von einem individuell nicht mehr kontrollierbaren Menschenstrom von Gefolgsleuten und Gaffern überschwemmt. Schon Tage vor dem Nachvollzug des Marsches auf die Feldherrnhalle, der 1923 als lächerliche Operettenposse begonnen und als blutige Spring-in-Deckung-Prozession geendet hatte, marschierten Spielmannszüge der Hitlerjugend durch die Stadt. Die Kinder erhielten schulfrei, die Häuser wurden beflaggt. Aus den auf Straßen aufgestellten Lautsprechern steigerte sich die systematisch aufgeputschte Stimmung zu einem einzigen Trommelwirbel.

Bewohner aus dem bayerischen Umland benutzten Hitlers monströse Selbstdarstellung mit ihrer Architektur aus Menschenmassen zu Verwandtenbesuchen oder Einkäufen. Hunderttausende kämpften um einen Platz, auf dem sie dann am 9. November verfolgten, wie der vormalige Putschist in der gleichen Aufstellung wie 1923 mit seinen Alten Kämpfern – soweit sie noch lebten – von der Isar her durch das »Tal« zur Feldherrnhalle marschierte.

Unter den Hartnäckigen, die die Münchener Stadtverwaltung nach einem Tribünenplatz bestürmten, war ein junger Schweizer, der kein Wort Deutsch sprach, sich für einen Berichterstatter westschweizerischer Zeitungen ausgab, über keinen Presseausweis verfügte und sich auch auf keine hochstehenden Befürworter berufen konnte. Trotzdem fiel Maurice Bavaud nicht auf. Ausländer waren nicht selten genauso hitlersüchtig wie viele der deutschen Volksgenossen. Das System hatte sich angewöhnt, die Hakenkreuztouristen möglichst bevorzugt zu behandeln. Ein Beamter gab dem Gast aus der Alpenrepublik den Rat, sich an das eigens geschaffene »Büro des Amtes für den 9. November« zu wenden.

Der angebliche Journalist schaffte es, bis zum Chef der Behörde, einem Stabsleiter Emil Senftinger, vorzudringen. Der schlanke Junge mit den knapp nach hinten gekämmten Haaren, der hohen Stirn, den bald verträumt und dann wieder lebhaft wirkenden Augen sprach nur Französisch; und Amtschef Senftinger war vorwiegend bei seinem SA-Sturm in die Schule gegangen. Der Stabsleiter wollte nicht ungefällig sein und wandte sich an den Geschäftsführer der »Arbeitsgemeinschaft ausländischer Zeitungen«, Albert Bintz.

Der Bittsteller schoß wiederum eine schnelle Lobrede auf Hitler und die Errungenschaften des Dritten Reiches ab; sie wurde ohne weitere Nachprüfung mit einer Ehrenkarte für die Tribüne gegenüber der Heiliggeistkirche honoriert. Hier, in der ersten Reihe, wollte Bavaud Hitler auflauern und niederschießen. Falls der Führer in zu großer Entfernung vorbeimarschieren sollte, war er entschlossen, die Absperrung zu durchbrechen, ihm entgegenzugehen, um ihn auf der Straße zu erledigen, wobei der Theologiestudent bewußt auf sich nahm, hinterher von der erregten Volksmenge gelyncht zu werden.

Die wichtigste Voraussetzung für das Attentat hatte er geschaffen. Bavaud brauchte jetzt nur noch Munition für seine Pistole und eine sichere Hand. Noch am selben Tag erwarb er in der Waffenhandlung Abele zwei Patronenpackungen und veranstaltete in einem Wald bei Pasing Schießübungen, bis er merkte, daß er auffiel. Er fuhr mit einem Vorortszug nach Herrsching am Ammersee, mietete sich einen Kahn, bastelte Papierschiffchen und knallte sie vom Boot aus ab, etwa aus der gleichen Entfernung, in der er am 9. November dem Diktator gegenüberstehen würde.

So absurd begann die burleske Tragödie eines naiv-wahnwitzigen Amateurs, dem durch Gerichtsurteil bestätigt wurde, daß er »mindestens zweimal den Führer unmittelbar in Lebensgefahr« gebracht hatte. Der Fall Bavaud birgt nicht nur das erschütternde Schicksal eines todesmutigen Einzelgängers, sondern ist auch ein Beweis dafür, daß entschlossene Attentäter zumindest bis zu den ersten Kriegsjahren – trotz aller Sicherungsmaßnahmen – es leicht gehabt hätten, die »scheußlichste Figur der überlieferten Geschichte« (Eugene Davidson) zu erledigen.

Maurice Bavaud entstammte als Ältester von sechs Geschwistern einer streng katholischen Familie. Der begeisterungsfähige Junge war in Neuchâtel aufgewachsen. Sein Elternhaus stand in der Nähe von drei idyllischen Altstadtbrunnen. Die Bavauds waren nicht reich, aber es ging ihnen nicht schlecht. Der Vater arbeitete als Oberbriefträger, die Mutter betrieb nebenher einen gutgehenden Obst- und Gemüseladen, in dem die Kinder oft aushalfen, um ihr Taschengeld aufzubessern. Maurice wollte zunächst technischer Zeichner werden und trat nach dem Besuch der Grund- und Realschule sowie einer fachlichen Lehranstalt in Fribourg bei einer Baufirma als technischer Zeichner ein. Er war in diesen Jahren unruhig und leicht beeinflußbar. Er las viel und ziemlich wahllos. So abonnierte er als 17jähriger eine antisemitische Zeitung aus Deutschland und trat vorübergehend in die »Front National«, eine kryptofaschistische Partei, ein und nach ein paar Monaten wieder aus. In diesen Jahren war der Junge sprunghaft, unreif, sein politisches Weltbild verworren, halbgar.

Die Schweiz war in diesen Vorkriegsjahren keineswegs eine ungefährdete Insel des Friedens, auch wenn die meisten Eidgenossen sich anstrengten, ihrem Land die Neutralität zu erhalten. Schon nach dem Attentat auf den NSDAP-Landesgruppenleiter Wilhelm Gustloff in Davos hatte sich herausgestellt, daß es in der Schweiz straff organisierte Nazizellen mit Ortsgruppenführern und Kreisleitern gab, die längst Geheimlisten von ihren unliebsamen Zeitgenossen aufgestellt hatten und auf ihre Stunde warteten. Die meisten Zeitungen berichteten – soweit es ihre Regierung nicht einschränkte – wahrheitsgemäß über Hitler-Deutschland, aber es gab auch eine ganze Reihe helvetischer Hetzblätter aus der nationalistischen Sudelküche, zum Beispiel den »Schweizer Faschisten«, den »Eisernen Besen«, das »Schweizer Banner«, den »Reichsdeutschen«, den »Schweizer Nationalsozialisten«, den »Volksbund« und die »Front«.

Der junge Bavaud las, wie gesagt, was ihm in die Hand fiel, aber die katholische Jugendorganisation »Sankt-Josephs-Verein« war ein starkes Gegengewicht. Seine religiöse Vorstellungswelt vertiefte sich, und der Junge mit dem Milchgesicht faßte den Entschluß, sich in der französischen »Congrégation du Saint Esprit« zum Missionar ausbilden zu lassen. Nach bestandener Aufnahmeprüfung zog er als Student in das Priesterseminar St-Brieuc in der Bretagne ein.

Er unterzog sich mit Eifer und Ehrgeiz der Vorbereitung auf das geistliche Amt. Zwar stand das Seminar weltlichen Dingen fern, aber seine Grundhaltung war entschieden antikommunistisch und auch antinationalsozialistisch. Der neue Zögling erfuhr, daß in Deutschland die christlichen Konfessionen bei der Ausübung des Gottesdienstes behindert, Kirchenaustritte gefördert und unter dem euphemistischen Namen »gottgläubig« von dem NS-Regime eine Art Neuheidentum nachdrücklich propagiert würden.

Einer seiner Mitschüler postulierte ganz offen, daß nur durch eine gewaltsame Beseitigung Hitlers die Welt wieder in Ordnung gebracht werden könne; es war ein theoretischer Appell, keine pragmatische Aufforderung. Mehr zum Verhängnis wurde dem übersensiblen Zögling des Priesterseminars erst, daß er sich an den psychisch kranken Marcel Gerbohay besonders eng anschloß. Der neue Freund, der wegen schizophrener Schübe mehrfach das Seminar verlassen mußte, bildete sich abwechselnd ein, der Zarewitsch und dann wieder der Sohn General de Gaulles zu sein.

Gerbohay gründete einen verschwommenen Geheimbund, die »Compagnie du Mystère«, der von niemandem ernst genommen wurde – außer später vom Volksgerichtshof. Unter dem Einfluß Gerbohays steigerte sich der empfindsame Maurice – stets mehr Idealist als Realist – in den Wahn hinein, Hitler töten zu müssen und die Kirche dadurch vor ihrem Verfolger schützen zu können. Gemessen an den Möglichkeiten schien dieses Vorhaben absurd und utopisch, aber der Junge wollte etwas Großes vollbringen.

Im dritten Studienjahr entschloß sich Bavaud, aus den Semesterferien, die er in Neuchâtel bei seinen Eltern verbrachte, nicht mehr in das Priesterseminar zurückzukehren, sondern nach Deutschland zu fahren und das Unmögliche zu vollbringen. Keiner wußte von seinem Vorsatz, und der Verschwörer aus eigenem Antrieb hatte auch noch nie eine Pistole in der Hand gehabt. Er verfügte über kein Geld für die Reise und entnahm deshalb der Gemüsekasse seiner Mutter 600 Franken. Seine Eltern würden ihm den Diebstahl verzeihen, wenn sie erführen, welch großem Zweck er diente. Der Abschiedsbrief bestand aus zwei Zeilen. »Liebe Eltern«, schrieb Bavaud auf einen Zettel, »beunruhigt Euch nicht meinethalben. Ich werde mir eine Existenz aufbauen. Maurice.«

Am 9. Oktober 1938 verließ er mit dem Frühzug Neuchâtel, traf um 10 Uhr in Basel ein, wo er gegen 538,35 Schweizer Franken einen Reisekreditbrief über 555 Reichsmark erhielt. Er fuhr nach Baden-Baden weiter und besuchte Frau Karoline Gutterer, die Schwester seiner Großmutter. Die Verständigung fand mit den Händen statt. Aber schließlich erfuhr die Großtante, daß der Junge nach Baden-Baden gekommen war, um eine Arbeit als technischer Zeichner anzunehmen. Der Wunsch war ebenso Tarnung wie die wüsten antisemitischen und nazistischen Suaden, die er abschoß. Die Gutterers, ein pensioniertes Hausmeisterpaar, wollten Maurice behilflich sein und wandten sich an das Arbeitsamt. Gleichzeitig teilten sie ihrem Sohn Leopold, einem erfolgreichen NS-Karrieristen, Ministerialdirektor im Reichspropagandaministerium, mit, daß ein Vetter aus der Schweiz überraschend eingetroffen sei, sich in Baden-Baden wohl fühle und sich in den großdeutschen Aufbau einreihen wolle.

Seit Jahren hatten zwischen den Familien Bavaud und Gutterer keinerlei Kontakte mehr bestanden; der hohe Beamte im Ministerium für Volksaufklärung und Propaganda schaltete rasch und denunzierte den Vetter aus Neuchâtel bei der Geheimen Staatspolizei, unter Hinweis darauf, daß die Gefahr bestünde, der technische Zeichner wolle den gerade entstehenden Westwall ausspionieren. Darüber hinaus schickte der Hausmeisterssohn und Spitzenbeamte seine Frau mit seinem sechsjährigen Sohn nach Baden-Baden, um seine Eltern zu warnen – mit wenig Erfolg zunächst, denn in den nächsten Tagen sah man den verdächtigen Bavaud häufig mit dem kleinen Dietrich beim Stadtbummel. Auch die Anzeige Leopold Gutterers verschwand in den Akten der Geheimen Staatspolizei und kam erst wieder zum Vorschein, als es – beinahe – zu spät gewesen wäre.

Am 20. Oktober 1938 erklärte der Gast seinen Verwandten, daß er sich wegen Arbeitsbeschaffung nun selbst an den schweizerischen Konsul in Mannheim wenden wolle. Tatsächlich fuhr er nach Basel, um für 30 Franken eine Pistole Modell Schmeißer, Kaliber 6,35 mm, sowie zehn Patronen zu erwerben. Die Waffe, mit der er das Attentat nunmehr in Berlin hinter sich bringen wollte – eigentlich eine Damenpistole –, war nur für Schüsse aus nächster Nähe verwendbar – aber dazu war der Theologiestudent entschlossen.

Am 21. Oktober traf er in der Reichshauptstadt ein, stieg im Hotel »Alexandra« an der Mittelstraße ab und trug sich auf dem polizeilichen Meldeschein mit seinem richtigen Namen ein. Er streifte durch die Stadt, gleichermaßen auf der Suche nach einem preiswerten Quartier wie nach einer Möglichkeit, Hitler zu erschießen. Er schlenderte durch die Regierungsviertel, er beobachtete die Reichskanzlei. Er wartete auf eine Gelegenheit, und zwischendurch fand er bei der mißtrauischen Witwe Anna Radke in der Berliner Straße 146 ein möbliertes Zimmer. Radebrechend wurde er mit der Vermieterin handelseinig und versprach, die polizeiliche Anmeldung zu erledigen.

Bavaud wußte, daß er den Umgang mit der Waffe erst erlernen müsse, und erwarb in einem Waffengeschäft in der Friedrichstraße weitere 25 Schuß Munition, die in dieser Zeit in Deutschland frei erhältlich war. Er holte sein Gepäck im Hotel ab, und Frau Radke zeigte ihm vom Balkon ihrer Wohnung aus das Meldebüro der Polizei. Er erkundete wieder Attentatsmöglichkeiten, bis er in einer ausländischen Zeitung las, daß sich Hitler zur Zeit auf dem Obersalzberg aufhalte.

Er teilte der Vermieterin mit, er müsse für ein paar Tage nach Dresden verreisen, fuhr aber tatsächlich so eilig nach Berchtesgaden, daß er Wäsche, Fotos, Schriftstücke und Hitlers Buch »Mein Kampf« in französischer Sprache sowie eine unter dem Titel »Ma Doctrine« erschienene Sammlung seiner Reden zurückließ, was dazu führte, daß die gegen einen Ausländer ohnedies voreingenommene Frau Radke ein paar Tage später wiederum bei der Polizei Anzeige erstattete. Dieser Hinweis blieb ebenso ohne Folgen wie eine später erfolgte Meldung der Familie Gutterer in Baden-Baden, die nur zur Abholung postlagernder Sendungen führte. Würde es das tragische Schicksal des Hauptbeteiligten nicht verbieten, könnte man den Fall Bavaud durchaus auch als Burleske bewerten.

Nach seiner Ankunft in Berchtesgaden quartierte sich Hitlers Verfolger im Hotel »Stiftskeller« ein. Er unternahm stundenlange Spaziergänge, um sich zurechtzufinden und Hitlers Berghof-Gewohnheiten auszuspähen. Aus dem bescheidenen Haus »Wachenfeld« war inzwischen ein sieben Quadratkilometer großer Besitz geworden, abgeschirmt gegenüber der Volksgemeinschaft durch einen 14 Kilometer langen Drahtzaun. Der innere Bereich, in 1900 Metern Höhe, in dem neben Hitler und Eva Braun auch Hermann Göring, Martin Bormann und Albert Speer gewissermaßen in einem arischen Getto wohnten, wurde noch einmal durch eine drei Kilometer lange Umzäunung gesichert.

Aus einem der schönsten Landschaftsgebiete im Rupertiwinkel war Hitlers Privatberg geworden, ein riesiges Areal, das von Bormann durch List, Druck, Bestechung und auch Erpressung – die Androhung der KZ-Haft im Fall einer Verkaufsweigerung – zusammengerafft worden war. Die praktisch auf Enteignung hinauslaufenden Maßnahmen hatten zu Unruhen unter der Bevölkerung geführt, aber noch verbitterter waren die Berchtesgadener, weil die zahlreichen am Wege stehenden Marterln, Ausdruck frommen bayerischen Brauchtums, entfernt worden waren. Hitlers Berghof war eine permanente Großbaustelle, auch noch während des Krieges, bis zu 5000 Mann waren im ständigen Arbeitseinsatz, und die letzten legten Schaufel, Pickel und Kelle praktisch erst aus der Hand, als die ersten »Sherman«-Panzer am Fuße des Obersalzbergs angerollt waren.

Es war nicht schwer, Informationen über Hitlers Obersalzberg-Lebensweise zu sammeln, zumal bis zum Vorjahr täglich an die 2000 Besucher in das Freigehege eingelassen worden waren, in dem der »größte aller Wundermänner eines illusionshungrigen Volkes« (der englische Publizist Sefton Delmer) nach Tisch zum 600 Meter tiefer liegenden Teehaus spazierte. »Voran gingen in einigem Abstand zwei Sicherheitsbeamte«, schildert Augenzeuge Albert Speer diesen Vorgang, »dann kam Hitler mit einem Gesprächspartner, dahinter in bunter Reihenfolge die Tischgesellschaft, gefolgt von weiterem Wachpersonal. Hitlers zwei Schäferhunde streunten im Gelände herum und mißachteten seine Befehle: die einzigen Oppositionellen bei Hofe. Zum Ärger Bormanns ging Hitler jeden Tag nur diesen einen immer gleichen Weg von einer halben Stunde und verschmähte es, die kilometerlangen, asphaltierten Waldwege zu benutzen.«

Die Einheimischen, die Maurice Bavaud auf der Suche nach solchen Informationen ansprach, zeigten sich freundlich, hilfsbereit und oft durchaus vertraut mit den intimen Gewohnheiten des Mannes, den er töten wollte. Aber wegen der sprachlichen Schwierigkeiten kam der Junge nur langsam voran. Einmal fragte er sogar einen Polizisten, wie er Zutritt zum Haus Wachenfeld erhalten könne; der Beamte belehrte ihn freundlich, daß dazu ein eigener Passierschein nötig sei.

Der Theologiestudent streifte nun schon Tage und durchaus auffällig im Rupertiwinkel herum, aber er wurde nicht ein einziges Mal angehalten, kontrolliert oder denunziert. Der Junge wandte sich an den Geschäftsführer des »Stiftskellers« und klagte, daß er sich schrecklich langweile, da er sich mit niemandem unterhalten könne. Der Angesprochene gab ihm den Rat, sich an den Studienassessor Willi Ehrenspeck zu wenden, der an der örtlichen Oberschule Französischunterricht erteile. Der Besucher aus der romanischen Schweiz suchte den Neuphilologen während der Unterrichtsstunden im Schulgebäude auf und verabredete sich mit ihm für den Nachmittag im Café »Rottenhöfer«. Ehrenspeck brachte seinen Kollegen Emil Reuther zum Rendezvous mit. Die Konversation sprudelte in Französisch, und alle drei Beteiligten waren glücklich darüber. In seiner Muttersprache konnte der potentielle Attentäter seine Jubelreden auf Hitler voll ausspielen und die Zuhörer dabei aushorchen, ohne daß sie Verdacht schöpften.

Wenn die neuen Bekannten Unterricht abhielten, ging Bavaud rund um den Obersalzberg, befestigte an den Bäumen provisorische Zielscheiben und verbesserte seine Treffsicherheit aus sieben Meter Distanz – es war die Entfernung, auf die er an Hitler herankommen wollte. Seine Waffe hatte keine Schalldämpfer. Den Abschußknall schluckten die zahlreichen Detonationen der Sprengungen auf dem Baugelände. Am 31. Oktober erfüllte der Theologiestudent den Wunsch der beiden Assessoren, mit denen er sich angefreundet hatte, und stellte sich für deren Französischunterricht zur Verfügung. Er las original-französische Texte und führte vor den begeisterten Oberschülern mit den Lehrern eine Konversation über die verschiedenen Sprachgebiete der Schweiz.

Die Groteske erreichte einen Höhepunkt, als Bavaud den beiden Neuphilologen eröffnete, es sei sein größter Wunsch, einmal Adolf Hitler zu sehen. Bei diesem Gespräch war zufällig der für die Sicherheit auf dem Obersalzberg verantwortliche Polizeimajor Deckert, Chef der im früheren Hotel »Zum Türken« untergebrachten RSD-Dienststelle 9, anwesend, ein persönlicher Bekannter Ehrenspecks. Der Assessor fragte den Mann, dem die Sicherheit des Reichskanzlers auf dem Berghof und speziell die Überwachung der Fremden in den Räumen Berchtesgaden und Bad Reichenhall anvertraut war, ob eine Begegnung mit dem Führer zu bewerkstelligen sei.

»Das ist zur Zeit leider unmöglich«, ließ Berchtesgadens ranghöchster Bewacher dem Attentäter bestellen. »Der Führer ist zur Zeit so beschäftigt, daß er nicht einmal den Reichsaußenminister Joachim von Ribbentrop und den Chef der Reichskanzlei Dr. Heinrich Lammers empfangen konnte.«

Der Fahnder erteilte den Rat, nach München zu fahren, wo Hitler bei den Traditionsfeiern zum 8. und 9. November mit Sicherheit anwesend sei. Assessor Ehrenspeck ergänzte diese unfreiwillige Aufforderung zum Tyrannenmord noch durch den Hinweis, daß er vor Jahren einmal den Erinnerungsmarsch durch die Münchener Innenstadt vom Café »City« aus verfolgt habe. Ausgerechnet vor seinem Standort sei der Zug ins Stocken geraten, und er habe Gelegenheit gehabt, den Führer lange aus nächster Nähe zu sehen.

»Wäre es vielleicht auch möglich, mit dem Führer zu sprechen?« fragte Bavaud.

»Das wird schwer sein«, erwiderte der Mentor. »Dafür braucht man wohl das Empfehlungsschreiben einer einflußreichen Persönlichkeit.«

Am 31. Oktober fuhr der Bittsteller nach München, stieg im Hotel »Stadt Wien« ab und begann im Rathaus, bei der Auslandspressestelle, bei der Wache an der Feldherrnhalle um eine Tribünenkarte zu kämpfen, die er – wie schon berichtet – ohne weitere Überprüfung im Büro des »Amtes für den 9. November« erhielt.

Die Massenaufmärsche, die sich in den nächsten Tagen ankündigten, konnten ihn nicht beirren. Sendungsbewußtsein und Gottvertrauen schirmten ihn gegen die sich immer mehr steigernde Massenekstase ringsum ab. Er sah den Arbeitern beim Bau der Ehrentribüne zu, die der Schauplatz seiner Tat werden sollte, schätzte unauffällig die Entfernung ab und verglich sie mit den Resultaten seiner nachmittäglichen Schießübungen in der Umgebung Münchens. Der Autodidakt des Tötens kam voran. Die Einschläge seiner Kugeln saßen jetzt dichter am Ziel; er drückte in schnellerer Folge ab, er hatte sich an den Rückstoß der Waffe gewöhnt. Nach etwa achtzig Versuchen in der Umgebung von München war er sich seiner Hand, seiner Nerven und seines Mutes sicher, als er am Morgen des 9. November – einige

Stunden zu früh – sein Hotel verließ, um seinen Platz in der ersten Reihe einzunehmen.

Außer ihm waren erst die Straßenkehrer unterwegs, sie hielten den Jungen mit dem Milchgesicht, der zur Unzeit ganz allein auf der Tribüne saß, eher für einen Nachtbummler als für einen Attentäter. Die Straßen füllten sich rasch mit freiwilligen und befohlenen Spalierstehern. Die übliche, dichtgedrängte Menschenmauer von Jubeldeutschen, mühselig gebändigt von einer zweireihigen Kette aus SA-Männern. Während des Vorbeimarsches standen sie Schulter an Schulter. Einer hatte dabei befehlsgemäß mit dem Gesicht zu den Zuschauern zu stehen, der nächste in Front zu der Profanprozession.

Bavauds Ehrenkarte wurde mehrere Male kontrolliert; er mußte zusammenrücken, so daß sein rechter Sitznachbar in Tuchfühlung zu der Schmeißer-Pistole geriet, die der Student geladen, gespannt und entsichert in seiner Manteltasche trug, noch immer zuversichtlich, zum Schuß zu kommen. Die Entfernung war günstig, sein Platz wie geschaffen für sein Vorhaben, und der Mann, den er töten wollte, würde heute nicht ziemlich schnell in seinem gepanzerten Mercedes vorbeifahren, sondern langsam vorbeigehen, im getragenen Rhythmus des Trauermarsches, den die Trommeln markierten.

Von den Wochenschauen in den Kinos her wußte der Junge, der sich opfern wollte, daß inmitten der berauschten Masse es einzelnen immer wieder einmal gelang, die Absperrung zu durchbrechen, sich auf Hitler zu stürzen, um einen Händedruck zu erhaschen oder um ihm Blumen zu überreichen. Falls nötig, würde er es versuchen, ohne einen Gedanken darauf zu verschwenden, was hinterher geschehen würde.

Die der Ehrentribüne gegenüberliegende Heiliggeistkirche empfand der Einsame womöglich als eine Ermunterung, den Hauptverantwortlichen für den Ungeist der Zeit zu erledigen. Er saß und wartete geduldig, umbrandet von Geschwätz, Fanatismus und Neugier.

Endlich war es soweit: Hitlers Auftritt kündigte sich schon Minuten vorher an. Von der Isar her, vom Osten Münchens, schwoll das Geschrei orkanartig an, in Richtung Marienplatz, vorbei am früheren Sternecker-Bräu, dessen Hinterzimmer das erste Parteibüro der NSDAP gewesen war. Pimpfe rissen Hände und Fähnchen hoch, hysterische Frauen kreischten, die Menschen drängten gegen die Absperrung, nur mühsam von den SA-Männern gebändigt.

200 Meter noch, 150.

Auch auf der Ehrentribüne sprangen die Menschen auf, kletterten auf die Bänke. Die Hintermänner schimpften und fluchten und folgten dann dem Beispiel. Umbrodelt von frenetischem Geschrei, von fanatischer Verzückung, stand Maurice Bavaud noch immer gut: Er erkannte Göring, dann Himmler und dann Hitler. Er stellte fest, daß der Zug nicht in der Mitte der Straße marschierte, sondern näher der gegenüberliegenden Seite, in weit ungünstigerer Entfernung.

Bevor er die Waffe ziehen konnte, hoben die Spaliersteher, die sich im letzten Moment vor ihn gedrängt hatten, die Hände hoch, verdeckten die Schußbahn zum Ziel. Von seinem Standort aus konnte Bavaud nicht gezielt schießen. Er hatte auch keine Chance, durch die Kette der SA-Männer zu schlüpfen. Eingekeilt in eine tobende Masse, mußte er tatenlos verfolgen, wie Hitler mit seinen Paladinen langsam, doch unerreichbar an ihm vorbeiging. »Tatsächlich erwies sich beim Marsch, als die ›Führergruppe‹ an der Heiliggeistkirche vorbeikam, daß die Entfernung für einen sicheren Pistolenschuß zu groß war und daß Hitler nur für kurze Momente seitlich ungedeckt war«, beschreibt Peter Hoffmann die Situation. »Er konnte nur von seitlich vorne oder hinten getroffen werden, die Zielfläche war gering, das Opfer immer wieder von anderen Marschierern und von den im Gänsemarsch auf beiden Seiten marschierenden Sicherheitsbeamten verdeckt. Das größte Hindernis aber war die dichte Absperrkette der SA, die unmittelbar vor der ersten Reihe der Tribüne stand. Als die Blutfahne vorbeigetragen wurde und dann die Führergruppe folgte, hoben alle SA-Leute auch noch den rechten Arm und verdeckten Bavaud völlig die Sicht und das Schußfeld. Den Plan, auf die Straße zu laufen, mußte er als undurchführbar erkennen, da er gewiß am Verlassen der Tribüne gehindert und vielleicht seine Absicht, sinnlos, trotz völliger Aussichtslosigkeit, entdeckt worden wäre.«

Bavaud gab nicht auf. Obwohl trotz äußerster Einschränkung seine Reisekasse fast ganz zusammengeschmolzen war, wollte er weiterhin in Deutschland bleiben und versuchen, zu Hitler in Schußdistanz zu kommen. Er fälschte einen handschriftlichen Brief des früheren französischen Ministerpräsidenten Flandin, fuhr nach Berchtesgaden, ließ sich vom Bahnhof aus direkt mit dem Taxi zum Obersalzberg fahren, Einlaß Schießstättbrücke. Hier wurde er von der Wache angehalten. Er wies das angebliche Empfehlungsschreiben vor, behauptete, in wichtiger Mission zu kommen. Der Wachhabende, der ihn zunächst abgewiesen hatte, wurde unsicher. Er telefonierte mit seinem Vorgesetzten auf dem Berghof und teilte dann dem Bittsteller mit, daß Hitler gar nicht anwesend sei und sich in München aufhalte.

Der hartnäckige Verfolger ließ sich mit demselben Taxi zum Bahnhof zurückbringen und reiste in die bayerische Hauptstadt zurück. Er nahm an, daß ihn eine Empfehlung des nationalradikalen französischen Abgeordneten Pierre Taittinger weiterbringe, entlieh sich eine Schreibmaschine und hämmerte mit zwei Fingern in die Tasten: »Eure Exzellenz! Ich bitte Sie, Herrn Maurice Bavaud gütigst empfangen zu wollen. Ich habe ihm einen Brief anvertraut, den er Ihnen nur eigenhändig übergeben wird. Es handelt sich um eine im wesentlichen private Mitteilung, obgleich auch Politik darin vorkommt. Genehmigen Sie, Exzellenz, die Versicherung meiner vorzüglichen Hochachtung. Pierre Taittinger, Abgeordneter von Paris und Präsident der Nationalradikalen Partei Frankreichs.«

Am Vormittag des 12. November sprach der zielstrebige Eidgenosse im Braunen Haus vor, präsentierte das Empfehlungsschreiben und wurde an den SS-Hauptsturmführer Karl Koch verwiesen. Der Wachhabende konnte nicht Französisch, er ließ eine Sekretärin rufen, die das angebliche Taittinger-Schreiben mühselig übersetzte. Ohne weitere Überprüfung des Bittstellers ließ sich Koch mit dem Amt des Reichsleiters Bormann verbinden. Der zuständige Sachbearbeiter, Landgerichtsdirektor Dr. Kurt Hanssen, erklärte sich bereit, den Gast aus der Schweiz zu empfangen.

Der Jurist hörte sich den radebrechenden Besucher an. Er schöpfte keinerlei Verdacht, aber er eröffnete ihm auch, daß ein persönlicher Besuch beim Führer nicht in Frage käme. Als Bavaud hartnäckig blieb und behauptete, es sei ihm von Taittinger auferlegt worden, seine Botschaft dem Führer nur persönlich zu übergeben, entgegnete Hanssen, der Reichskanzler halte sich zur Zeit in der Ferienreichskanzlei Bischofswiesen bei Berchtesgaden auf, und stellte dem Besucher anheim, sein Glück dort zu versuchen.

Es war schon dunkel, als Maurice Bavaud dort am Spätnachmittag eintraf. Er besaß noch 5 Reichsmark und mußte deshalb zu Fuß gehen. Unterwegs fragte er mehrere Passanten nach dem Weg. Er sah ein, daß er keine Chance mehr hatte, in Bischofswiesen vorgelassen zu werden. Er kehrte unterwegs um. Sein Vorhaben, Hitler zu töten, gab der Theologiestudent nicht auf; er wollte es zurückstellen, bis er wieder Geld hätte.

So entschloß er sich, zunächst in die Schweiz zurückzufahren, und löste eine Fahrkarte nach Freilassing. Er verpflegte sich notdürftig und besaß noch 1,52 Reichsmark, als er in den Schnellzug umstieg, der ihn an die französische Grenze bringen sollte. Dort wollte er aussteigen und später als Fußgänger im Dreiländereck in seine Heimat zurückkehren.

Bavaud wurde noch immer nicht verfolgt, als er erschöpft im Zug saß, mehrfach von Verwandten und einer Vermieterin denunziert, vielfach – eigentlich ständig – aufgefallen, doch niemals aufgeflogen. Den Rückzug hatte er nicht geplant, und so unterlief ihm dabei eine Reihe von Fehlern: Er hatte weder die gefälschten Empfehlungen vernichtet noch die Waffe mit der Restmunition weggeworfen. Auch in seinem Münchener Quartier, dem »Hotel Wien«, waren Schriftstücke und Patronenhülsen zurückgeblieben.

Nichts war ihm zum Verhängnis geworden, bis ein banaler Zufall die Versäumnisse geschulter Sicherheitsbeamter, professioneller Verfolger und gedrillter Gestapohäscher ausbügelte. Der Zugschaffner, ein Mann namens Egg, ertappte bei der Fahrkartenkontrolle den verhinderten Attentäter als offensichtlichen Schwarzfahrer und übergab ihn, da der Mann kein Geld bei sich hatte, um die Nachzahlung zu erledigen, in Augsburg der Bahnpolizei. Wäre Maurice Bavaud Deutscher gewesen, hätten sich die Beamten sicher damit begnügt, seine Personalien festzustellen und später Fahrgeld nebst Ordnungsstrafe einzutreiben. Als Ausländer wurde er der Gestapo zugeführt. Jetzt, mit beträchtlicher Verspätung, durchsuchte man erstmals seine Taschen, und dabei kamen das angebliche Taittinger-Schreiben und die geladene Schmeißer-Pistole mit sechs Patronen zum Vorschein. Im Münchener Hotelzimmer befanden sich eine Umgebungskarte von Berchtesgaden und weitere 19 Schuß Pistolenmunition. Während der Theologiestudent – Ordnung mußte sein – wegen Fahrkartenbetrugs und unbefugten Waffenbesitzes zwei Monate und eine Woche Gefängnis absaß, hatte die Geheime Staatspolizei genügend Zeit, die Attentatsversuche zu rekonstruieren.

Die Spuren, auf die sie stieß, waren überdeutlich und der verhinderte Attentäter – freiwillig oder unter Zwang – geständig. Die Fahndung nach Hintermännern scheiterte bei diesem typischen Einzelgänger, auch wenn gelegentliche Hinweise auf dritte Personen als Schutzbehauptungen in den Aussageprotokollen auftauchen. Der Volksgerichtshof erhob Anklage gegen den 22jährigen wegen Verbrechens gegen § 5 Nummer 1 der Verordnung zum Schutz von Volk und Staat vom 28. Februar 1933 – wegen eines Unternehmens der Tötung des Führers –, und damit war Bavauds Schicksal schon vor der Verhandlung besiegelt, zumal er in die Hände des fanatischen Oberreichsanwalts Lautz gefallen war, der die Todesurteile nach dem gleichen Fließbandverfahren beantragte, wie sie später die Blutrichter des Roland Freisler verhängten.

Die Verhandlung fand am 18. Dezember 1939 statt. Die Öffentlichkeit wurde ausgeschlossen, weil die Verhandlung »die relative Leichtigkeit von Attentatsversuche dartun würde und auch über andere Attentatsversuche Einzelheiten bringen könnte«. Hitler hatte persönlich angeordnet, ständig über den Verlauf des Verfahrens unterrichtet zu werden.

Im Urteil stand zu lesen, daß der Angeklagte des mehrfachen Versuchs angeklagt sei, »dem deutschen Volk seinen Retter zu nehmen, jenen Mann, dem achtzig Millionen deutscher Herzen in unendlicher Liebe, Verehrung und Dankbarkeit entgegenschlagen, zu töten«. Das Gericht stellte fest, daß Maurice Bavaud zur Zeit der Tat nicht vorbestraft und geistig voll zurechnungsfähig gewesen sei. Es unterstellte, daß der Angeklagte »infolge der alle Grenzen übersteigenden üblen Greuelhetze gegen das nationalsozialistische Deutschland in fast der gesamten schweizerischen Presse sowie durch die bösartigen mündlichen Greuelnachrichten seitens aus Deutschland emigrierter Angehöriger von katholischen Ordensorganisationen ein völlig schiefes und falsches Bild vom neuen Deutschland gewonnen und in seinem katholisch-religiösen Fanatismus aus dieser falschen Unterrichtung die Anregungen zu seinem verruchten Vorhaben entnommen habe«. Dann heißt es wörtlich: »Diese Tatsachen konnten den Angeklagten jedoch nicht im geringsten entlasten; denn vom ersten Augenblick seiner Einreise ins Reichsgebiet an (9. Oktober 1938) bis zu seiner Verhaftung (13. November 1938) hatte er doch reichlich Gelegenheit, in verschiedenen Städten und Orten Deutschlands sich davon zu überzeugen, daß die wahren Zustände im nationalsozialistischen Deutschland ganz andere waren, als wie sie in der meist von Juden beeinflußten Presse des Auslands, insbesondere auch in der Schweiz, oder auch von vaterlands- und gewissenlosen emigrierten Lügnern ihm geschildert worden waren.«

Die »wahren Zustände« lernte der zum Tod durch das Fallbeil verurteilte Theologiestudent in der Strafanstalt Plötzensee kennen, der Endstation zahlreicher Männer und Frauen, die sich, ihrem Gewissen folgend, gegen Hitler gestellt hatten und dafür hier gehängt oder geköpft wurden; der älteste 83, der jüngste 17, unter den Verurteilten 41 Ehepaare, die sich vor ihrem letzten Gang nicht voneinander verabschieden durften; Mütter, die in Haft ein Kind geboren hatten und zu den 250 Frauen gehörten, denen ein alter Schuster am Vorabend »mit Gleichmut, ohne Gemütsbewegung und mit einer gewissen stumpfsinnigen Befriedigung« – wie ein Gefängnisgeistlicher als Augenzeuge feststellte – die Haare abschnitt.

Das Auswärtige Amt und die Schweizer Gesandtschaft waren übereingekommen, über den Fall Bavaud Stillschweigen zu bewahren Die Feststellung, daß es sicherer sei, diese Diskretion zu wahren, wenn das Todesurteil nicht vollstreckt würde, war der einzige schwächliche Versuch der schweizerischen Diplomaten, ihren Landsmann zu retten.

»Die Probleme, mit denen sich Dr. Hans Frölicher als Gesandter in Berlin konfrontiert sah, stellten an den Berliner Postenchef höchste Anforderungen«, schreibt der Schweizer Zeitgeschichtler Klaus Urner. »Der ihm vom Politischen Departement erteilte Auftrag, sich für die Begnadigung des vom Tode bedrohten Schweizers einzusetzen, war besonders brisant. Die Art und Weise, wie der Gesandte Maurice Bavaud und seine Angehörigen im Stich gelassen hat, muß als beschämend bezeichnet werden. Eine differenzierende Bewertung – dies gilt es deutlich auszusprechen – ist keine Rechtfertigung für ein Versagen, dessen menschliche Tragweite durch die politischen Aspekte nicht entlastet wird. Minister Frölicher und Legationsrat Kappeler sind nicht einmal dem absoluten Minimum an routinemäßiger Pflichterfüllung nachgekommen. Dies ging so weit, daß eindeutige Weisungen aus dem Politischen Departement mißachtet wurden. Letztlich waren es die Bitten und Hilferufe des Vaters Alfred Bavaud, die das schweizerische Außenministerium jeweils bewogen, die Gesandtschaft erneut zu mahnen, sich um den Häftling zu kümmern. Die Appelle stießen in Berlin gegen eine Mauer des Schweigens oder brachen sich an der Lethargie aus politischem Kalkül. Sowohl das Reichsjustizministerium wie auch das Auswärtige Amt waren daran interessiert, daß sich Bavauds Heimatstaat nicht wirksam für ihn einsetzen konnte. Der Rachejustiz blieb Maurice Bavaud ohne Schutz ausgeliefert. Das mutige Beispiel des deutschen Pflichtverteidigers fand schweizerischerseits kein Gegenstück. Die Briefe des verzweifelten Vaters im noch erhaltenen Aktendossier geben ein erschütterndes Zeugnis.«

Am 12. Mai 1941 eröffnete man Bavaud, daß er am nächsten Morgen hingerichtet werde. Er las gerade Descartes und schrieb dann in einem Abschiedsbrief an seine Eltern: »Ich habe kaltes Blut bewahrt und werde es bewahren bis um sechs, in dem Moment, wo mein Kopf fallen wird.«

Sie holten ihn erst einen Tag später als angekündigt. »Einsamer ist keiner zum Schafott gegangen, weniger getröstet, selbst durch den Pfarrer nicht, dessen unüberbietbarer, ekelhafter Nazibrief an den Vater Bavaud grußlos mit der Versicherung schließt, Maurice habe ›Schande‹ über seine Eltern gebracht«, schreibt Rolf Hochhuth. »Maurice ging nach achtundzwanzig Monaten Haft zur Guillotine. Siebzehn Monate lang hatte er täglich auf jenen Pferdeschlächter Röttger zu warten gehabt, der – neben anderen – in Plötzensee köpfte oder erhängte ...« Obgleich es Präzedenzfälle gab für Besuche bei inhaftierten Schweizern durch Angehörige der schweizerischen Gesandtschaft in Berlin, die zuweilen auch Prozeßbeobachter schickte, sandte Herr Frölicher, Berns Gesandter bei Hitler, niemals einen Landsmann zu Bavaud und begründete das, als Bavaud noch lebte, am 2. April 1940 gegenüber seinen Berner Vorgesetzten mit den »verabscheuungswürdigen Absichten des Verurteilten«.

Der Fall Bavaud hatte einige Nachspiele: Zunächst denunzierte der Vorsitzende des Verfahrens Engert den Pflichtverteidiger, Rechtsanwalt Dr. Franz Wallau, beim »NS-Rechtswahrerbund«, weil er sich für seinen Mandanten eingesetzt und beantragt hatte, ihn nur wegen einer »Vorbereitungshandlung« zu verurteilen.

»Dieser Antrag hat unter anderem auch in der Kanzlei des Führers genauso wie bei den einzelnen Mitgliedern des erkennenden Senats das größte Erstaunen erregt. Die Meinung des Senats geht übereinstimmend dahin, daß ein Rechtsanwalt, der derartig seine Verteidigerpflichten verkennt, seines Berufes sich als unwürdig erwiesen hat.«

Dann ordnete Hitler – um keine Parallelen aufkommen zu lassen – persönlich an, daß Schillers Schauspiel um den schweizerischen Freiheitshelden Wilhelm Tell nicht mehr aufgeführt und im Deutschunterricht der Schulen nicht mehr behandelt werden dürfe.

Dem hinterhältigen und dem lächerlichen Nachspiel des Falls Bavaud folgte, nach der Überrennung Frankreichs 1940, ein grausames: SD-Häscher lockten Bavauds psychisch kranken Kommilitonen Marcel Gerbohay – der zunächst in den unbesetzten Teil Frankreichs entkommen war – in eine Falle und stellten ihn vor den Volksgerichtshof.

»Mit welch mörderischer Schludrigkeit die Anklageschrift vom 5. November 1942 gezimmert worden ist«, stellt Klaus Urner fest, »zeigt allein schon die Tatsache, daß die divergierenden Aussagen der beiden Freunde lediglich resümiert werden; ohne weitere Abklärung wird dann die Todesstrafe gefordert. Auf die Bemühung von psychiatrischen Gutachtern wurde von vornherein verzichtet; wie sie ausgefallen wäre, lassen die Expertisen über Maurice Bavaud ahnen. Erst nachträglich sind die zusätzlichen Recherchen in der Bretagne [. . .] unternommen worden. Obwohl auch diese Nachforschungen eindeutig ergaben, wie unsinnig diese Geschichten waren, hat der Volksgerichtshof den jungen Franzosen am 11. Januar 1943 zum Tode verurteilt. Als offensichtlich wurde, wen man auf die Guillotine bringen wollte, hat die Nazijustiz so getan, als würde sie der Absurdität des Inhalts dieser Anklage nicht gewahr.« Bald darauf wurde Gerbohay als Anstifter Bavauds hingerichtet. In den Asservaten des hingerichteten Bavaud hatte sich ein persönlicher Briefwechsel und ein Foto mit der lateinischen Widmung auf der Rückseite befunden: »Credo in stellam tuam. Sumus unum corpus, unum cor, una anima ubicumque et semper.« (»Ich glaube an Deinen Stern. Wir sind ein Körper, ein Herz, eine Seele. Überall und immer.«)

Fast ein Geburtstagsmord

Am 15. März 1939 herrschte in Europa Hochspannung. Es sah aus, als mache Hitler dem drangsalierten Frieden endgültig den Garaus: Er befahl die »Erledigung der Rest-Tschechei«, und wie immer folgten ihm die Militärs, unter ihnen auch einige, die längst vom Sturz des Diktators träumten und ihn herbeiführen wollten, bislang aber unfähig waren, zum Zug und zum Schuß zu kommen. Ihre Situation umriß Hauptmann Fritz Wiedemann, Hitlers Adjutant und Kompaniechef aus dem Ersten Weltkrieg, der zu dem oppositionellen Reichskriegsgerichtsrat Hans von Dohnányi bemerkte: »Ich gebe Ihnen zu, hier hilft nur noch der Revolver, aber wer soll es tun? Ich kann niemanden morden helfen, der sich mir anvertraut hat.«

Während man in diesen Stunden in Deutschland und wie überall in der Welt auf die Mobilmachung Großbritanniens und Frankreichs wartete, hielt Hitlers Sonderzug bereits am Grenzort Böhmisch-Leipa. Hier stieg der Diktator in seinen dreiachsigen Geländewagen zur Weiterfahrt nach Prag um. Sein Begleitkommando trug erstmals feldgraue Uniformen statt der schwarzen SS-Kluft, aber die Sicherheitsmaßnahmen waren genauso improvisiert und deshalb mangelhaft wie bei der Triumphfahrt durch das Sudetenland vor fünfeinhalb Monaten.

Die Führerkolonne, durch Panzerspähwagen verstärkt, kam fast unbemerkt am Abend in Prag an und fuhr sofort zum Hradschin hinauf, auf dem bereits die Hakenkreuzfahne wehte. Hier erwarteten Hitler die Generale, in deren Beisein er die Gründung des »Reichsprotektorats Böhmen und Mähren« verkündete. Hier erfuhr Hitler auch, daß Frankreich und England keine militärischen Maßnahmen gegen den offenen Bruch des Münchener Abkommens getroffen hätten. »Ich habe es gewußt«, erwiderte er. »In vierzehn Tagen wird kein Mensch mehr davon sprechen.«

Diese Einschätzung war falsch, denn selbst der britische Premier Chamberlain der durch seine fatale Nachgiebigkeit (»Peace for our time«) die unbändige Aggressionslust des Diktators unfreiwillig gefördert hatte, war jetzt endlich der Meinung, daß man mit einem solchen

Mann keine Verträge schließen könne. Am Vorabend seines 70. Geburtstags verkündete er bei einer Rede in Birmingham das Ende der Appeasement-Politik. »Hitler hatte seinen ersten schweren Fehler gemacht«, urteilt John Toland. »Er eignete sich die Tschechoslowakei durch Drohung mit Gewalt an, obschon sie im Laufe der Zeit unvermeidlich in seinen Einflußbereich geraten wäre. Und indem er einen völkerrechtlich gültigen Vertrag mißachtete, den die Regierung seines Landes aus freiem Willen geschlossen hatte, bewirkte er in Frankreich und England einen totalen Umschwung in der öffentlichen Meinung. Chamberlain und dessen Anhänger würden Hitler nie wieder glauben.«

Noch im März – am 23. waren Hitlers Truppen nach einem erzwungenen Abkommen mit Litauen auch in das Memelgebiet einmarschiert – gab die englische Regierung eine Garantieerklärung für Polen ab und dehnte sie später auf Rumänien und Griechenland aus. Gleichzeitig führte Großbritannien die allgemeine Wehrpflicht ein. Die deutsche Öffentlichkeit erfaßte nicht, daß damit bei Fortsetzung von Hitlers expansiver Außenpolitik die Weichen für Krieg gestellt waren.

Die Beklemmung von Millionen schlug wieder einmal um in Begeisterung über Hitlers »unblutige« Eroberungen, zumal die braune Propaganda den vormaligen Ausländer als »größten aller Deutschen« feierte. Die Legende von dem »Mann, der Geschichte machte« dröhnte durch Großdeutschland. Hitlers 50. Geburtstag am 20. April 1939 war für Goebbels Anlaß und Vorwand, den Führerkult bis zur Vergötzung voranzutreiben. In Deutschland schien es kein anderes Ereignis mehr zu geben, schon Wochen und Tage vor dem Fest: Gleichklang und Gleichschritt. Berlin sollte zum Schauplatz von Aufmärschen und Huldigungen werden, die noch einmal alle exhibitionistischen Politorgiasmen des Regimes überbieten würden.

Schon am Vortag begann ein endloser Gratulationsaufmarsch der Parteikader. Die Siegessäule war vom Königsplatz zum Adolf-Hitler-Platz versetzt worden, Albert Speer meldete dem Diktator und seinen in 50 Wagen vorgefahrenen Ehrengästen die Fertigstellung der Ost-West-Achse, als Triumphstraße, ein Vorgriff auf den gigantischen Umbau der Reichshauptstadt, der dann nie erfolgen sollte.

Auf dem Programm standen Fackelmärsche, Standkonzerte und Zapfenstreich. Als der Lieblingsarchitekt dem »halbgebildeten Poseur« (Eugene Davidson) meldete, daß er als Geburtstagsgabe ein vier Meter großes Modell des projektierten Triumphbogens im Regierungsgebäude aufgestellt habe, verließ Hitler im Laufe des Abends immer wieder die Festgesellschaft, um sein selbst erträumtes Denkmal in Pappmache und Sperrholz zu bestaunen.

»Auf dem Hin- und Rückweg passierten wir jedesmal den ehemaligen Kabinettssitzungssaal, in dem Bismarck 1878 dem Berliner Kongreß vorgestanden hatte«, erinnert sich Albert Speer. »Nun waren hier auf langen Tischen Hitlers Geburtstagsgeschenke aufgebaut – im wesentlichen eine Ansammlung von Kitsch, gespendet von seinen Reichs- und Gauleitern: weiß-marmorne Nuditäten, beliebte kleine Bronzeabgüsse etwa vom römischen Dornauszieher und Ölbilder, die ihr Niveau von den Ausstellungen im ›Haus der Kunst‹ bezogen. Teils fanden die Geschenke Hitlers Beifall, teils machte er sich darüber lustig, aber die einen unterschieden sich kaum von den anderen.«

Eine Geburtstagsüberraschung ganz besonderer Art hatte sich der britische Militärattaché Noel Mason-Macfarlane ausgedacht: Er wollte Hitler während der Parade auf seiner Ehrentribüne mit einem Präzisionsgewehr erschießen oder erschießen lassen. Der bewährte Haudegen, vom Typ ein Eisenfresser, später zum General befördert und in den Adelsstand erhoben, war ebenso ein erfahrener Truppenoffizier wie ein fachmännischer Abwehrchef, ein Außenseiter, der seinem Botschafter in Berlin laufend und lautstark vorrechnete, welche Fehler er bei der Beurteilung des Nationalsozialismus begehe, ein Sonderling, der sich zwischen konspirativen Gesprächen und Plänen täglich mindestens eine Stunde Zeit nahm, um in der Bibel zu lesen. In den Tagen, da Hitler den Staat zerschlug, der nach dem Willen seiner Gründer eine »mitteleuropäische Schweiz« werden sollte, aber doch nur zu einer »Demokratur« geworden war, die ihre Minderheiten unterdrückte, stand der entschlossene Schotte gewissermaßen zwischen Beten und Töten.

Nach Hitlers Einmarsch in Prag war als Protest der Botschafter Neville Henderson vorübergehend aus Berlin abberufen und durch den Geschäftsträger Sir George Ogilvie-Forbes vertreten worden. An ihn wandte sich der drahtige Militärattaché und forderte auf dem Dienstweg »binnen drei Wochen einen Zwei-Fronten-Krieg« gegen Hitler. In Whitehall und Westminster lächelte man ein wenig über die krude Forderung des alten Haudegens aus dem Ersten Weltkrieg und aus nachfolgenden Kämpfen in der Türkei, in Mesopotamien, in Afghanistan und in Indien.

Nach 1930 war Mason-Macfarlane, der Sohn eines Offiziers, zuerst als Militärattaché nach Wien, Bern und Budapest entsandt worden. Nach einer speziellen Ausbildung an der englischen Militärakademie wurde er 1936 nach Berlin versetzt, wo er mit wachen Augen und wachsendem Zorn die Eroberungspolitik des Mannes verfolgte, mit dem er das Geburtsjahr 1889 teilte. Der Oberst war überzeugt, daß Hitler den Zweiten Weltkrieg nicht nur riskieren, sondern auch zünden wollte, solange die Deutschen noch über einen Rüstungsvorsprung verfügten.

Er sandte seine Kassandrarufe nach London und begründete sie ausführlich. Ohne Erfolg zunächst. Aber Mason-Macfarlane war gewohnt, sich gegen Unmöglichkeiten zu stemmen. In seiner Jugend war er beim Polospiel vom Pferd gestürzt und hatte sich einen Halswirbel verletzt. Kurze Zeit später erlitt er in Ungarn einen Autounfall, der zu einer weiteren Schädigung der Wirbelsäule führte. Mit beispielloser Energie trat er trotz seiner Qualen in die erstrebte Offizierskarriere ein. »Er hatte einen nervösen Tick, seine Finger zu betasten, als wollte er sich vergewissern, daß sie noch alle da waren«, beschrieb ihn der britische Historiker David Irving. »Er konnte seine Beine nicht ordentlich heben; statt dessen schlurfte er, die Zehen nach innen, vorwärts, und sein Kopf fiel über seinem schwachen Hals nach vorne. Er kämpfte mit unglaublicher Stärke gegen diese Schwächen und den Schmerz.«

Jetzt, fünf Monate vor Kriegsausbruch, dämmerte Londons Regierungsstellen, daß die Warnungen des bärbeißigen Militärattachés nicht voreilig, sondern allenfalls vorzeitig erfolgt waren. Tatsächlich hatte der Artillerieoberst mit den kurzen Haaren, den großen Ohren, der kräftigen Nase, den kleinen Augen und dem schiefen Mund die politische Lage richtiger und scharfsinniger eingeschätzt als die meisten Diplomaten und Politiker. Zudem kannte er die oppositionelle Einstellung einiger deutscher Generale zu Hitler und eröffnete seinem Freund Ewen Butler, dem Berliner »Times«-Korrespondenten, seine Meinung, daß nur der gewaltsame Tod Hitlers einen Zweiten Weltkrieg verhindern könne. Das Oberkommando der Wehrmacht hasse den Diktator und werde sein Ableben nutzen, um das Nazisystem zu liquidieren.

»Und die diplomatischen Komplikationen?« fragte der Journalist.

»Niemand wird wegen des Attentats einen Krieg beginnen«, erwiderte der Militärattaché überzeugt. »Aber der Krieg ist sicher, solange Hitler lebt.«

Es war kein unverbindliches Gespräch. Noel Mason-Macfarlane wohnte in Berlin an der Sophienstraße 1, in nicht einmal 100 Metern Schußentfernung von der Tribüne, auf der Hitler, umgeben von Göring, Brauchitsch, Ribbentrop, Keitel, Erich Raeder und seinen Adjutanten, alljährlich die Geburtstagsparade abnahm. Gegenüber, direkt unter den Fenstern der Wohnung des Militärattachés, folgte das Diplomatische Korps der militärischen Darbietung. Die Straße zwischen der Charlottenburger Brücke und dem Knie bis zur Technischen Universität hielt die Leibstandarte-SS Adolf Hitler besetzt. Wie bei seinen anderen Triumphfahrten stand Hitler bei der Anfahrt im offenen Wagen. Er passierte Menschentrauben auf selbstgebastelten Tribünen. Seine Anhänger jubelten ihm von den Bäumen herab zu, sie saßen auf Zäunen, standen auf Leitern, Tischen, Handkarren und umgedrehten Eimern. Sowie sich der Diktator ihnen näherte, verwandelte sich die Straße in ein Tollhaus, der Massenwahn explodierte förmlich, es kam zu ekstatischen Entladungen, bei denen der einzelne unterging und so auch nicht mehr bewacht werden konnte.

Darauf setzte Oberst Mason-Macfarlane. Er stellte fest, daß man von seinem Badezimmer aus durch das offene Fenster den Jubilar bei der Abnahme des Vorbeimarsches ungesehen und ungehindert erschießen konnte. Nötig waren eine sichere Hand und ein Gewehr mit Zielfernrohr und Schalldämpfer. Der Schütze konnte sich beim Zielen lange Zeit lassen und den Moment abwarten, da die Raserei ihren Höhepunkt erreichte: In der ersten Verwirrung konnte niemand feststellen, aus welcher Richtung der Schuß gekommen war, so daß der Attentäter eine Chance hätte zu entkommen.

Der Oberst wandte sich an das Foreign Office mit dem detaillierten Vorschlag, Adolf Hitler am 20. April 1939 zu erschießen. »In London hatte ich energisch auf die Ermordung Hitlers gedrängt«, stellt Mason-Macfarlane in seinem Londoner »Imperial War Museum« hinterlegten Nachlaß fest. »Meine Wohnung in Berlin lag kaum hundert Meter von der Tribüne für alle großen Führerparaden entfernt. Nötig waren nur ein guter Schütze und ein Schnellfeuergewehr mit Zielfernrohr und Schalldämpfer. Es hätte durch das offene Fenster meines Badezimmers abgefeuert werden können, von einer Stelle auf dem Treppenabsatz, die etwa neun Meter von dem Fenster entfernt war. Der Lärm der Militärkapellen und der Jubel der Menge hätten den Knall übertönt. Der ganze Plan war detailliert ausgearbeitet, aber verständlicherweise nicht zu Papier gebracht worden. Hitlers Tod hätte in diesem Augenblick zum Sturz des Nationalsozialismus führen können. Millionen Menschenleben hätten gerettet werden können. Hitler hatte schon mehr als genug auf sich geladen, um den Tod zu verdienen. In demokratischen Staaten besteht jedoch grundsätzlich ein begreiflicher, wenn auch unpraktischer Widerwille gegen Morde.«

Mason-Macfarlane war ein unbequemer, doch korrekter Offizier: Er hielt den Dienstweg ein, und das ermöglichte dem Diktator das Überleben. Die Antwort, die Londons Auswärtiges Amt dem Obersten auf seine Forderung erteilte, wurde erst 17 Jahre später – nach Mason-Macfarlanes Tod – bekannt: Ein Anschlag dieser Art war in Whitehall mit der klassischen Begründung »unsportsmanlike«, also »unsportlich«, abgelehnt worden.

Die letzte Chance, den Zweiten Weltkrieg – vielleicht – zu verhindern, war vertan.

Dreizehn Minuten spielen Weltgeschichte

Der Mann war klein und schmächtig. Er wirkte unauffällig und gab sich unaufdringlich. Trotz seiner hohen Stirn hatte er ein Dutzendgesicht, wie man ihm häufig auf der Straße begegnet und es deshalb vielleicht gleich wieder vergißt. Die Kellnerinnen des »Bürgerbräukellers« in München-Haidhausen betrachteten ihn längst als Stammgast, doch sie wußten nicht, wie er hieß. Er trug meistens einen grauen oder blauen Anzug mit ausgebeulten Hosen; die Knickerbockers, die er manchmal anhatte, stellten wohl seine Sonntagskleidung dar.

Er kam immer allein, meistens ziemlich spät am Abend, er aß ein billiges Gericht, trank dazu ein Glas Bier, niemals mehr, und verschwand dann immer so unbeachtet, wie er gekommen war. Wenn eine Zeitung herumlag, las er sie; nie brachte er eine mit. Wenn sich in diesen letzten, gequälten Friedenstagen des Hochsommers 1939 Menschen begegneten, sprachen sie kaum über etwas anderes als über den drohenden Krieg, vor allem im Bierkeller – aber der Einzelgänger nahm niemals an einem politischen Gespräch teil, auch nicht an einem späten Augusttag, an dem die Wellen hochschlugen, weil der Reichsrundfunk soeben verkündet hatte, daß in Großdeutschland die Lebensmittelrationierung eingeführt werde – ein sicheres Vorzeichen des unmittelbar bevorstehenden militärischen Konflikts.

Ein paarmal sah man den Unbekannten mit dem blassen Gesicht und den hellen Augen im Gespräch mit dem Hausburschen. Als er hörte, daß der Junge demnächst zum Militärdienst eingezogen werden sollte, wollte er seinen Posten übernehmen, er bot für die Vermittlung 50 Mark Belohnung. Das Geschäft kam nicht zustande, der Hausbursche war bald nicht mehr zu sehen, und am 1. September, vormittags 10 Uhr, verkündete Adolf Hitler im deutschen Reichstag: »Seit 5 Uhr 45 wird jetzt zurückgeschossen. Von jetzt ab wird Bombe mit Bombe vergolten . . . Ich will jetzt nichts anderes sein als der erste Soldat des Deutschen Reiches! Ich habe damit wieder jenen Rock angezogen, der mir selbst der heiligste und teuerste war. Ich werde ihn nur ausziehen nach dem Sieg, oder – ich werde dieses Ende nicht überleben!«

Zu dieser Zeit schuftete der Mann im »Bürgerbräukeller«, den jeder vom Personal kannte und über den keiner etwas wußte, wie besessen daran, daß der »Erzfeind des Deutschen Reiches« (Ewald von Kleist-Schmenzin vor dem Volksgerichtshof in Berlin) den 70. Tag nach der Kriegserklärung, den 8. November, nicht überlebe, zerfetzt von einer Höllenmaschine, inmitten seiner Alten Kämpfer.

Seit einem Jahr hatte Johann Georg Elser, 36, unverheiratet, Schreiner und Uhrmacher aus Königsbronn bei Heidenheim in Württemberg, jede Stunde Zeit und jede Mark Geld für dieses Ziel aufgewendet, ein einfacher Mann, ungebildet und eigentlich unpolitisch, getrieben von einer beispiellosen Kraft und Energie. Selbst das NS-Parteiorgan »Völkischer Beobachter« sollte ihm später bescheinigen: »Dieser Mann dort hat keine auffällige Verbrecherphysiognomie, sondern intelligente Augen, leise, vorsichtig abwägende Ausdrücke, die Vernehmungen dehnen sich endlos, jedes Wort überlegt er lange und genau, bis er Antwort gibt, und wenn man ihn dabei beobachten kann, vergißt man einen Augenblick, vor welchem satanischen Untier man steht.«

Bei den Novemberveranstaltungen des Vorjahres, zur gleichen Zeit, da der unglückliche Maurice Bavaud Hitler vergeblich mit der Pistole in der Tasche verfolgt hatte, war Elser nach München gekommen, um zu erkunden, ob und wie er den Diktator durch ein Attentat töten könne. Er hatte alle Schauplätze der braunen Schaustellung besichtigt und war zu dem Ergebnis gekommen, daß sich der Saal des »Bürgerbräukellers« am besten für sein Vorhaben eigne. Vor 19 Jahren, als er das erste Mal in München gewesen war, war er nach einem ausgedehnten Oktoberfestbummel mit einem Kater nach Hause gefahren, dieses Mal mit dem zwingenden Vorsatz, den Diktator und Verderber Deutschlands zu beseitigen.

Georg Elser war ein schlichter Mann. Er stammte aus einer einfachen Familie, hatte drei Schwestern und einen Bruder. Sein Vater trank zu viel und verprügelte dann gelegentlich die Mutter an der der Heranwachsende besonders hing. Er durchlief die Schule ohne Schwierigkeiten und legte später die beste Gesellenprüfung seines Jahrgangs ab. Seine Eltern betrieben ein schlecht und recht gehendes Holzgeschäft. In den ersten Jahren seiner Lehre – zunächst als Eisendreher, dann als Tischler – erhielt der Erstgeborene im Hause Elser keinerlei Taschengeld.

Dann ging er nach Konstanz. Kommunistische Arbeitskollegen beeinflußten ihn. Eine Zeitlang hatte er sich dem »Roten Frontkämpferbund« angeschlossen, einem militanten, kommunistischen Verband, aber er konnte sich nicht richtig anpassen und blieb auch hier ein Einzelgänger, der weniger von roten Dogmen beherrscht wurde als von der Überzeugung, daß Hitler Krieg bedeute und ganz Deutschland in den Untergang führen werde. Zu dieser grundsätzlichen Meinung kam hinzu, daß er seit dem nationalsozialistischen Machtantritt noch weniger verdiente als zuvor.

Nach der Rückkehr in seine Heimat meldete sich Elser freiwillig zur Knochenarbeit in einem Steinbruch, als Hilfsarbeiter für einen Stundenlohn von 70 Pfennig. Seine 14 Arbeitskollegen wunderten sich, daß er als Facharbeiter gegen kümmerliches Entgelt schwere Steine auf einen Rollwagen lud. Sie wußten nicht, daß ihr neuer Kollege im Steinbruch schuftete, weil er sich das Dynamit für seine Höllenmaschine beschaffen mußte. Es kam öfter vor, daß für die Sprengungen mehr Sprengmaterial angefordert worden war, als man tatsächlich benötigte. Nicht selten lagen dann nicht verwendete Sprengpatronen herum. Der neue Hilfsarbeiter nahm sie unauffällig an sich und schleppte sie im Rucksack nach Hause. Später ging er, um Zeit zu sparen und die Entdeckungsgefahr zu verringern, dazu über, mit einem Nachschlüssel aus einem Betonhäuschen Donarit und Gelatine zu entwenden, in kleinen, unauffälligen Mengen. Er verpackte das brisante Diebesgut in Papiersäckchen und versteckte es in seinem Kleiderschrank zwischen der Wäsche.

Ostern 1939 fuhr Elser wieder nach München, um seinen selbstgewählten Tatort genauer zu inspizieren. Direkt neben der Rednertribüne war die Decke durch einen holzgetäfelten Stahlbetonpfeiler abgestützt; er nahm Maß, fotografierte ihn, machte als Gedächtnisstütze weitere Aufnahmen von Vorder- und Hintergrund. Insgesamt hielt er sich an die fünf Minuten in dem leeren Saal auf. Elser blieb unentdeckt, seine Kamera aber nicht ungesehen: Auf Wunsch einer Kellnerin mußte er sich zu einem Gruppenbild mit Damen stellen; die Schnappschüsse vernichtete er später.

Er fuhr wieder nach Königsbronn zurück, entwarf seine Höllenmaschine, bastelte sie zusammen. Es war eine einfache, doch todsichere Konstruktion: Der Attentäter montierte auf einem Brett zwei Holzklötzchen, durchbohrte sie und brachte in den Öffnungen einen zylindrischen Holzstab mit einer aufgeschobenen Spiralfeder an. »Diese Spiralfeder schlägt auf einer Seite an einem festen Holzklötzchen an«, heißt es in der polizeilichen Schilderung der Höllenmaschine.

»Auf der anderen Seite liegt sie an einem dritten Holzklötzchen, das in einer Bohrung lose über den Holzstab geschoben ist und zwischen den beiden festen Holzklötzchen bewegt werden kann. Mit diesem dritten Holzklötzchen, das auf einer Seite mit einem Nagel versehen ist, kann die Feder gespannt werden. Gegenüber von diesem Nagel befindet sich an einem der festen Klötzchen eine weitere kleinere Bohrung, in die die Patronenhülse der Gewehrmunition und in dieselbe hineinragend eine Sprengkapsel geschoben werden kann. Das Brett wurde in dem Garten an einem Holzblock fest montiert, das bewegliche Klötzchen mit einer Schnur von Elser aus größerer Entfernung zurückgezogen und damit die Feder gespannt. Beim Loslassen der Schnur schnellte das auf dem Holzstab bleibende Klötzchen vor. Der an ihm befestigte Nagel schlug in der Art eines Gewehrschlagbolzens auf den Patronenboden und brachte Zündhütchen und Blattpulverladung der Patrone zur Entzündung und entzündete gleichzeitig die Sprengkapsel. Die Bleikugel aus der Patrone hatte E. vorher entfernt, die weiße in Blattform gepreßte Pulverladung aber darin gelassen.«

Im elterlichen Obstgarten ging Elser daran, erste Experimente mit der Höllenmaschine anzustellen, wenn er sich allein wähnte; er zündete sein Modell viermal. Der Explosionsknall blieb nicht ungehört, aber Fragen wimmelte der Bombenleger mit ausweichenden Antworten ab.

Auch Johann Georg Elser war ein Autodidakt des Tötens, aber entgegen seinem Novembervorgänger Maurice Bavaud auch ein genialer Bastler und Tüftler. Er berechnete ohne fremde Anleitung die benötigte Donarit-Menge: An die 10 Kilogramm Säulenfüllung genügten, die Rednertribüne nebst näherer Umgebung in die Luft zu jagen und dabei alle in der Nähe Stehenden zu zerschmettern. Der »Arbeiter aus Passion und Prinzip, einer der Stillen im Lande, denen der Krieg nicht paßte« (Heinz Höhne) ging nun daran, eine ebenso einfache wie zuverlässige Zündung mit Hilfe zweier sich selbst kontrollierender Uhrwerke zu konstruieren.

Elser kannte sich damit aus. Er hatte früher in einem Armaturenwerk gearbeitet und in den Jahren der Wirtschaftsdepression gelegentlich als Arbeitslohn selbstgefertigte Produkte annehmen müssen; er baute um diese Uhrwerke Gehäuse und verschenkte oder verkaufte seine Bastelarbeiten.

Als er mit seinen ersten Versuchen zufrieden war, fertigte er noch einen Holzkoffer mit doppeltem Boden an, verkaufte seine bescheidene Habe – darunter ein Fahrrad und eine Baßgeige –, um Betriebskapital für den Tyrannenmord zu haben. Mit 350 bis 400 Mark kam er wieder in die bayerische Hauptstadt, um in heimlicher, anstrengender, sich über Monate hinziehender Kleinarbeit für den Diktator den vorzeitigen Tod zu installieren, unter Zeitdruck, stets von Entdeckung bedroht.

Am 5. August war er in München eingetroffen. Zuvor hatte Elser in einer Tageszeitung ein Inserat aufgegeben: »Herr sucht möbliertes Zimmer.« Eine ursprüngliche Vereinbarung war von den Vermietern rückgängig gemacht worden, aber er kam bei einem Beamtenehepaar in der Blumenstraße 19/II unter. Ein Dienstmann fuhr mit dem Wagen seinen Holzkoffer mit einer 24,5 Zentimeter hohen Acht-Zentimeter-Granathülse, mit 250 Preßblättchen Schwarzpulver, 150 Sprengpatronen, 122 Sprengkapseln und den fünf bis sechs Uhrwerken, von denen drei vollständig gebrauchsfähig waren und die anderen beiden notfalls als Ersatz dienen sollten, vom Bahnhof in das Quartier.

Der neue Mieter behauptete, in München an einem Polierkurs teilzunehmen; aber der biedere Beamte, der ihn aufgenommen hatte, wunderte sich, daß sein schwäbischer Gast kaum eine Nacht zu Hause war. Dafür gab Elser die seltsame Erklärung ab, in den Nachtstunden an einer Erfindung zu arbeiten, und zwar auf einer Anlagebank im Park.

Nicht wegen des Mißtrauens seiner Quartiergeber, sondern weil er eine billigere Unterkunft fand, zog Elser am 1. September in die Türkenstraße 94/III um. Die Adresse hatte er in einem Inserat der »Münchener Neuesten Nachrichten« gefunden, und gegen Bezahlung von 17,50 Mark wurde er mit dem Vermieter, einem Tapezierer, handelseinig. Er stellte seinen brisanten Koffer unter das Bett, auf dem er tagsüber meistens schlief. Nach Eintritt der Dunkelheit machte er sich auf den Weg Zum »Bürgerbräukeller«, stets zu Fuß.

»Als ich meine Kleider in Ordnung gebracht, meine Werkzeuge, soweit ich sie als für den ersten Gebrauch notwendig schon mitgenommen hatte, zurechtgelegt hatte, bin ich vielleicht in der dritten oder vierten Nacht nach meiner Ankunft in München zum ersten Male im Saal an die Arbeit gegangen«, schilderte Elser der Polizei die Attentatsvorbereitungen. »An den Tagen, an denen ich nachts im ›Bürgerbräukeller‹ gearbeitet habe, begab ich mich jedesmal gegen 20 bis 22 Uhr in den Wirtschaftsraum des ›Bürgerbräukellers‹, um dort mein

Abendbrot einzunehmen. Ich nahm dort regelmäßig an dem mittleren Tisch des Wirtschaftsraumes Platz . . . Gegen 22 Uhr habe ich dort durchwegs bezahlt. Ich verließ anschließend den Wirtschaftsraum, begab mich von da aus durch den Garderoberaum in den nicht verschlossenen Saal, begab mich dort über den hinteren Treppenaufgang auf die Galerie, ging diese bis zur rückwärtigen Front entlang und versteckte mich dort in einem Abstellraum, der sich neben dem rückwärtigen Zugang zur Galerie befindet und der lediglich durch eine spanische Wand verdeckt war . . . Ob das Betreten des Saales irgendwann einmal beobachtet wurde, kann ich nicht angeben. Im Saal brannte anfangs die Notbeleuchtung, später, das heißt nach Kriegsbeginn, war dort keine Beleuchtung mehr eingeschaltet. Um diese Zeit fiel dorthin lediglich der Lichtschein, der aus der Küche und aus dem Garderobenraum kam. In dem erwähnten Versteck hielt ich mich so lange auf, bis der Saal abgesperrt worden war . . .«

Umgeben von leeren Kartons stand er in der Rumpelkammer und wartete, bis die Kellnerinnen die letzten Gäste hinauskomplimentiert hatten. Allmählich wurde es unten ruhig; dann schlurfte die Zigarrenfrau in den Saal, fütterte ein paar Katzen, die schon auf sie warteten, und verschloß dann die Türe – der Vorgang wiederholte sich von nun an jeden Abend.

Der ungebetene Gast schälte sich aus den Kartons, horchte noch einmal, streifte sich eine blaue Arbeitshose über, wartete sicherheitshalber noch eine kleine Weile und huschte dann, fast im Dunkel, an seinen Arbeitsplatz an der Säule. Die Taschenlampe, die er mit sich führte, hatte er, um den Schein zu dämpfen, mit einem blauen Taschentuch umwickelt.

Der Attentäter hatte eine höchst mühselige Arbeit vor sich; sie hatte nur einen Sinn, wenn sie nicht vorzeitig entdeckt wurde. Das zwang Elser dazu, alle Spuren seiner nächtlichen Tätigkeit zu beseitigen.

Zuerst mußte er die Holzverkleidung über dem Mauerwerk abnehmen und sie mit einer leicht zu öffnenden Tür versehen, die durch eine Holzleiste getarnt wurde. Als nächstes mußte er einen Hohlraum bohren. Je größer und tiefer er war, desto wirksamer würde seine Höllenmaschine sein; ihre Form und Sprengkraft konnte er erst festlegen, wenn er wußte, wieweit er mit dem Aushöhlen der Säule kam.

»Zur Anfertigung der Türe brauchte ich ungefähr drei Nächte«, berichtete Elser der Polizei. »So konnte ich aber immer sofort mit meiner Arbeit beginnen, wenn ich nur die Türe geöffnet hatte, und brauchte nach Schluß einer Nachtarbeit nur die Türe zu verschließen, um meine Tätigkeit im Innern der Säule vollständig zu verbergen. Selbst wenn jemand die Säule tagsüber ganz genau betrachtet hätte, würde er an ihr keinerlei Veränderung bemerkt haben ... Die weitere Arbeit an der mit Backsteinen aufgestellten Säule habe ich mit Meißel, Bohrwinde und Meißelbohrer ausgeführt ... Zuerst hatte ich den Verputz, der auf dem Backstein lag, zu entfernen. Das ging ziemlich leicht. Damit war ich in einer Nacht fertig. Die Backsteine konnte ich nur dadurch entfernen, daß ich in die mit hartem Mörtel ausgefüllten Backsteinfugen mittels Bohrwinde und Meißelbohrer nahe beieinander liegende Löcher bohrte, den stehengebliebenen Mörtel mit dem Meißel ausbrach und dann die Backsteine mittels längerem Meißel (Hebelarm) stückweise herausbrach. Da in dem Mörtel ziemlich grobe Steine enthalten waren, die jedesmal, wenn auf sie der Bohrer traf, richtig krachten, habe ich, um den Schall etwas abzudämpfen, ein Stück Tuch um den hinteren Teil des Bohrers gewickelt und bei der Arbeit fest gegen den Stein gedrückt. Ich wollte so den Schall etwas abhalten, da der kleinste Laut in dem leeren Saal bei Nacht ziemlich stark widerhallte. Ich mußte überhaupt sehr vorsichtig zu Werke gehen, und deshalb hat die Arbeit auch so lange gedauert. Ich mußte bei jedem Brechen und bei jeder Drehung des Bohrers aufpassen, möglichst kein Geräusch zu verursachen. Wenn ich zum Beispiel einen Stein auszubrechen hatte, was immer das größte Geräusch verursachte, habe ich immer gewartet, bis die absolute Ruhe von irgendeinem äußeren Geräusch unterbrochen wurde. Daher kam mir sehr zustatten, daß ungefähr alle zehn Minuten in den Abortanlage des Bürgerbräukellers die automatische Spülung einsetzte. Dieses wenige Sekunden anhaltende Geräusch mußte ich abwarten, zur Arbeit ausnützen, um dann wiederum bis zu weiteren Tätigkeit zu warten, bis der Spülapparat das nächste Mal die Stille unterbrach ... Je tiefer ich in die Säule eindrang, desto langsamer ging es natürlich. Ich mußte mit verlängertem Meißel und zum Schuttausräumen mit einem selbstgefertigten Kratzer arbeiten ... Den beim Ausbrechen entstandenen Schutt, das Bohrmehl und die Steine habe ich in einem aus eigenem Handtuch selbst gefertigten Sack, in dessen Öffnung ich einen steifen Draht eingezogen habe, aufgefangen. Durch den Drahtring konnte ich den Sack in die Öffnung einklemmen, wo er dann während der Arbeit immer offen stand und der Schutt aufgefangen werden konnte. Wenn der Sack voll war, er war verhältnismäßig klein, habe ich den Inhalt in einen Pappkarton, der mit einem Pappdeckel zu verschließen war, geleert. Diesen Karton ließ ich immer in meinem Versteck auf der Galerie bei den dort stehenden anderen Schachteln stehen. Immer erst wenn er voll war, bin ich um die Mittagszeit mit einem Handkoffer von der Kellerstraße aus durch den rückwärtigen Eingang in den Saal gegangen, begab mich in mein Versteck und schüttete den Inhalt des Kartons in den Koffer. Dann verließ ich mit dem Koffer den Saal auf dem gleichen Weg, begab mich damit zu Fuß in die Anlagen hinter dem ›Volksbad‹, wo ich im Hochwasserbett der Isar bei einem dort befindlichen Schutthaufen den Koffer entleerte . . .«

Es war eine Sisyphusarbeit, aber der »kleine Schorsch« (späterer Spitzname im KZ Sachsenhausen) kam allmählich voran, obwohl mit der Zeit immer größere Schwierigkeiten auftraten. In der Zeit vom 5. August bis zum 6. November 1939 verbrachte der Handwerker des Todes 30 bis 35 Nächte im Saal des »Bürgerbräukellers«, den die tierliebende Zigarrenfrau in der Regel zwischen 22.30 Uhr und 23.30 Uhr verschloß. Manchmal war er bereits versperrt, wenn Elser sich anschleichen wollte; dann ging er sofort wieder nach Hause. Selbst noch kurz vor dem 8. November fanden hier Tanzveranstaltungen statt. Der Mann mit dem welligen, ungescheitelt nach hinten gekämmten Haar löste dann eine Eintrittskarte und verfolgte von der Galerie aus als Zuschauer die Wechselschritte der Lebenslust. Wenn die Musiker ihre Noten einpackten – manchmal erst um 1 Uhr –, schlich er sich in die Abstellkammer, wartete, sah auf die Uhr, überlegte immer wieder, ob er den ihm selbst vorgeschriebenen Termin schaffen würde. Wenn er sich hervorwagen konnte, werkelte er drei bis vier Stunden, gebeugt und meistens auf den Knien. Zwischendurch richtete er sich immer wieder auf und horchte – und so konnte er gerade noch in Deckung gehen, wenn ein Nachtwächter mit einer Taschenlampe ziemlich oberflächlich kontrollierte, ob im Saal alles in Ordnung sei.

Wenn es wieder still war, setzte Elser seine Arbeit fort. Meistens brach er sie erst um 3 Uhr morgens erschöpft ab. Dann versteckte er sein Werkzeug – am Anfang in der Abstellkammer, später im Hohlraum der Säule –, brachte die Holzverkleidung wieder an, kontrollierte, daß man die ausgesägte Türe nicht sehen konnte, ging in sein Versteck und kauerte, mehr dösend als schlafend, auf einem Stuhl, um die Zeit bis zur morgendlichen Öffnung des Saales zu überdauern. Wenn endlich aufgesperrt war, zwischen 7 und 8 Uhr, schlich er sich aus dem Saal und versuchte unbemerkt das Gebäude zu verlassen, entweder durch den Hauptausgang zur Rosenheimer Straße oder durch einen Notausgang über die Brauereianlagen in Richtung Kellerstraße.

Es war fast unvermeidlich, daß der kleine Schreiner und Handlanger der Weltgeschichte trotz angespannter Aufmerksamkeit bemerkt wurde. Einmal lief er beim morgendlichen Rückzug einem alten Mann in den Weg, der gerade den Garten des »Bürgerbräukellers« richtete. Noch peinlicher war ein nächtlicher Besuch, den ihm zwei Hunde abstatteten; die Tiere, die im Haus gehalten wurden, witterten einen Fremden; sie drangen vom Obergeschoß her in den Saal des »Bürgerbräukellers« ein und verbellten den nächtlichen Eindringling. Es gelang Elser, sie halbwegs zu beruhigen; nach einer Weile trotteten sie wieder zurück. Da sich der gefährliche Hundealarm wiederholte, verschloß der Attentäter die Türe, durch die sie kamen, mit einem Stuhl.

Dann, noch im Anfangsstadium, drohte seine Schwerarbeit gänzlich aufzufliegen: Elser war auf seinem Stuhl im Abstellraum eingedöst und erschrocken hochgefahren, als am Morgen unvermittelt ein Bediensteter die Türe öffnete und ihm wortlos gegenübertrat. Der Mann rannte davon, um seinen Chef zu holen. Der unbefugte Gast zog sich an einen Tisch im östlichen Teil der Galerie zurück, holte Papier und Bleistift aus der Tasche, begann einen Brief zu schreiben. Es sah aus, als wäre er in diese Beschäftigung vertieft, als sich ihm der Mann, der ihn aufgestöbert hatte, von der einen Seite und der Geschäftsführer des »Bürgerbräukellers«, bei dem er sich vor Monaten vergeblich um den Posten des Hausburschen beworben hatte, von der anderen näherten.

»Was haben Sie im Abstellraum zu suchen?« fuhr er Elser an. Er war aufgebracht, ließ aber nicht erkennen, ob er sich an den Dauerzaungast erinnerte.

»Entschuldigung«, schwäbelte Elser, »ich habe einen Furunkel am Oberschenkel und wollte ihn in der Kammer ausdrücken.«

»Da könnte jeder daherkommen«, schimpfte der Geschäftsführer. »Wie kommen Sie überhaupt in den Saal?«

»Ich wollte ungestört einen Brief schreiben«, behauptete der Attentäter kleinlaut.

»Das machen Sie gefälligst im Garten«, stauchte ihn der amtierende Hausherr zusammen. Noch immer zornig verfolgte er, wie der Eindringling den Rückzug antrat – ungehindert.

Er kam wieder. Fast jede Nacht. Seit dem Kriegsausbruch hatte

Elser noch gegen eine weitere Schwierigkeit anzukämpfen: In den »Bürgerbräukeller« zog eine Luftschutzwache ein, alte Männer und junge Burschen, die bei einem Luftangriff als Helfer der ersten Minute eingesetzt werden sollten. Immer um die Zeit, da der erschöpfte Schwarzarbeiter am Morgen den Tatort zu verlassen pflegte, machten sie sich in der hinteren Küche des Bürgerbräus ihren Kaffee. Elser wurde im September ein paarmal von ihnen gesehen, aber nicht weiter beachtet.

Ende Oktober, eine gute Woche vor dem Stichtag, an dem der Rundfunksprecher mit gehobener Stimme sagen würde: »Angeschlossen alle deutschen Sender – es spricht der Führer«, war der geniale Handwerker mit dem Aushöhlen der Säule fertig geworden und konnte mit dem Einbau der Höllenmaschine beginnen. Schon beim ersten Versuch stellte er fest, daß das Gehäuse um die beiden Uhrwerke zu groß geraten war. Er mußte es verkleinern und auch andere technische Änderungen seiner Konstruktion vornehmen.

Dazu benötigte er eine Werkstatt. Er hatte sich vorsorglich mit einem Schreinermeister in der Türkenstraße bekanntgemacht, ihm beim Auf- und Abladen sowie bei kleineren Tischlerarbeiten geholfen. Als Gegenleistung erhielt er die Erlaubnis, in den Betriebsräumen der Schreinerei an seiner angeblichen Erfindung zu basteln. Erst jetzt erhielt seine Todesmaschine ihre endgültige Form.

Immer wieder mußte er Bestandteile – meist Pfennigartikel – in Münchener Geschäften erwerben. Elser war ein Pedant, er begnügte sich niemals mit halben Lösungen; er arbeitete immer mit Doppelsicherung. Er war erst zufrieden, wenn jede Fehlerquelle ausgeschaltet war. Er verbesserte seine Höllenmaschine immer wieder, ein Perfektionist des Anschlags.

Trotzdem hatte er mit seinem Gewissen größere Schwierigkeiten als mit seiner Handarbeit: Er wollte Hitler und seine nächsten Paladine töten, aber es war zu erwarten, daß die Explosion auch Menschen zerfetzen würde, gegen die der »kleine Schorsch« nichts hatte.

»Elser war alles andere als ein gewissenloser Mensch: Mehrmals während der Vorbereitung des Attentats ging er allein in diese oder jene Kirche und suchte im Gebet Stärkung für sein Vorhaben, das er immer mehr als seine ureigenste, unverzichtbare Aufgabe empfand«, stellt Lothar Gruchmann fest, der Elsers Aussagen als »Autobiografie eines Attentäters« herausgegeben hat. »Er rang sich schließlich zu der Auffassung durch, daß die geplante Tat keine Sünde im Sinne seiner protestantischen Religion darstelle, da er durch sie größeres Blutvergießen verhindern wollte. Daß Hitlers Leben geopfert werden müsse – eine Erkenntnis, zu der sich die meisten Führer des deutschen Widerstands erst 1943 durchrangen –, beherrschte seine Vorstellung von Anfang an: Der Tod Hitlers war das unmittelbare Ziel seines Unternehmens. Aber wie die Offiziere des 20. Juli mußte er dabei in Kauf nehmen, daß bei dem Sprengstoffanschlag auch Menschen getötet wurden, denen das Attentat nicht galt. Elser hat unter dieser Belastung seines Gewissens durchaus gelitten.«

Er stand es durch. Er beseitigte die letzten technischen Mängel, und er schüttelte seine Skrupel ab, »selbst einem Uhrwerk vergleichbar, das unwiderruflich in Gang gesetzt war und unaufhaltsam der Selbstzerstörung entgegeneilte« (Lothar Gruchmann). Elser kleidete den Innenraum der Säule mit Eisenblech aus, damit es beim Abklopfen nicht hohl klinge, er preßte nach dem Probeeinbau der beiden Uhrwerke das Ohr gegen die Säule und stellte fest, daß man ihr Ticken hören konnte. In einer Münchener Tageszeitung fand er die Werbeanzeige einer Firma für »Schalldichtung, Wärme- und Kältetechnik«; er fuhr in ihr Verkaufsbüro an der Wendel-Dietrich-Straße und erkundigte sich nach Möglichkeiten der Schalldämpfung, da ihn seine laute Standuhr nachts um den Schlaf bringe. Er erwarb Isoliermaterial aus Teer, Karton und Kork, reicherte es noch mit Sperrholz an und war nun sicher, daß die Höllenmaschine weitgehend unhörbar geworden war.

»Als ich alles zusammengebaut und die Einzelteile einschließlich der Uhren auf ihre Wirksamkeit und ihr Funktionieren mehrmals ausgeprobt hatte«, berichtete Georg Elser nicht ohne Stolz der Polizei, »ohne natürlich Zündhütchen und Sprengkapseln oder gar Sprengstoff einzusetzen, habe ich am Abend des 1. oder 2. November (dies weiß ich nicht mehr genau) die Sprengstoffbehälter (Granathülse und ausgebohrte Uhrengewichte) zu Hause mit dem Sprengstoff, das heißt, nur mit dem Schwarzpulver, gefüllt, die Deckel zugeschraubt, in die Bohrungen die Sprengkapseln eingesetzt und diese Sprengstoffbehälter sowie den Zündapparat (im Gehäuse) in meinen Handkoffer gepackt und so in den ›Bürgerbräusaal‹ verbracht ... Es war dies gegen 22 oder 23 Uhr. Lichter haben seinerzeit im Saal nicht gebrannt. Personen waren dort nicht anwesend.«

Elser schlich sich in die Rumpelkammer, wo er in diesen Tagen eine böse Überraschung erlebt hatte: Die leeren Pappkartons waren verschwunden, seine blaue Arbeitshose lag sorgfältig zusammengefaltet auf einem Stuhl. Er wähnte sich entdeckt, aber nichts geschah, keiner lauerte ihm auf. Er wartete, bis die Zigarrenfrau wieder die Katzen lockte und danach die Saaltüre versperrte. Dreimal, seine Nerven zählten mit. Im Zitterstrahl seiner verdunkelten Taschenlampe ging er daran, die Todesfalle für Hitler endgültig scharf zu machen. Ein Mann, der seit Monaten Nacht für Nacht sein Leben riskiert hatte, wiederholt im Haus aufgefallen war, dessen absonderliche Handwerkerwünsche inzwischen einem halben Dutzend Münchener Geschäftsleuten bekannt waren, der seinen Quartiergebern als vermeintlicher Nichtstuer und nächtlicher Streuner erscheinen mußte, ein ortsfremder Auswärtiger, als solcher sofort im Straßenbild erkennbar, und einer noch dazu, der sich weigerte, die Fahne vorbeimarschierender NS-Kolonnen durch Handaufheben zu grüßen – all das hatte weder die Polizei noch die zum Schutz Hitlers eingesetzten Sicherungskräfte vor der Explosion ein einziges Mal veranlaßt, sich um den unscheinbaren Unbekannten zu kümmern.

»In die hinterste Ecke des Hohlraums legte ich zuerst die Granathülse, um die ich bereits zu Hause den Bandeisenrahmen gezogen hatte«, schilderte Elser die Nächte, in denen er letzte Hand an sein Werk legte. »Auf der Granathülse hatte ich zu Hause schon mit einem Blechstreifen eines der gefüllten Uhrengewichte befestigt, so daß dieser zweite Sprengstoffbehälter auf der Granathülse lag ... Die Arbeiten an diesem Abend nahmen ungefähr zwei Stunden in Anspruch. Die weitere Nacht verbrachte ich im Bürgerbräusaal in meinem alten Versteck. Den Saal habe ich am nächsten Tag gegen 6.30 Uhr durch den rückwärtigen Ausgang der Kellerstraße zu wieder verlassen ... Den Koffer trug ich wieder bei mir . . .«

Der Attentäter füllte den Sprengstoff ein: »Ich schob zuerst einige Päckchen der Schwarzpulvertabletten in einen Hohlraum unter dem Zündapparat, dann legte ich die Sprengkapseln in den Zwischenraum der Granathülse und der Wand, und zum Schluß füllte ich den ganzen übrigen hinteren Raum der Höhle mit den Sprengpatronen samt der restlichen Gewehrmunition aus. Da ich von vornherein wußte, daß es mir nicht gelingen würde, diesen hinteren Hohlraum mit der Hand zu füllen, hatte ich schon vorher aus Holz eine ungefähr fünfzig Zentimeter lange löffelartige Zange selbst gefertigt . . . Inzwischen hatte ich bereits am Abend des 2. November (es dürfte vielleicht um 20 Uhr gewesen sein) die beiden Uhren auf genaue Uhrzeit gebracht und in Gang gesetzt.«

Als Elser wiederkam, um die Zündung einzubauen, fand er den Saal versperrt vor. Er mußte in einem Schuppen zwischen Bierfässern übernachten. Auch am nächsten Abend – es war ein Samstag – kam er zunächst nicht an die Säule heran. Im Saal fand ein Ball statt, und übermütige Paare tanzten um die explosive Säule wie die biblischen Frevler ums Goldene Kalb.

Um Mitternacht verstummte die Musik, eine halbe Stunde später etablierte Georg Elser endgültig den Tod als blinden Passagier im Bürgerbräusaal. Eine halbe Stunde vor der Öffnung, um 6 Uhr morgens, war er damit fertig geworden. Am 6. November, ungefähr 42 Stunden vor dem unaufschiebbaren Termin, war die Todesmaschine betriebsfertig und einsatzbereit: Direktübertragung der Weltgeschichte, »live« für mindestens 50 Millionen Zuhörer allein in Deutschland.

Hitlers Gedenkrede auf der Traditionsfeier hatte bisher immer über eineinhalb Stunden gedauert, bis etwa 22 Uhr. Diesmal aber würde die Bombe das Schlußwort übernehmen. Der Tod der »Unperson« (Nikolaus von Halem) war, von der Technik her gesehen, garantiert pannenfrei auf 21.20 Uhr programmiert.

Der Vollstrecker fuhr in seine Heimat zurück, um nach seiner Post und nach seinen Angehörigen zu sehen. Er war entschlossen, das deutsche Reichsgebiet schon vor der Explosion zu verlassen, und zwar via Konstanz in Richtung Schweiz. Da er früher in der Bodenseestadt gelebt hatte, kannte er die Grenzübergänge in die neutrale Alpenrepublik. Elser setzte darauf, daß ihn die Eidgenossen nicht zurückschicken würden.

Von Königsbronn aus reiste er nach Stuttgart, um eine seiner Schwestern zu besuchen; er war jetzt schon auf halbem Weg in die Schweiz, aber eine schon manische und fanatische Gründlichkeit trieb ihn am Vorabend des Attentats wieder nach München zurück: Er wollte sich ein letztes Mal in den Bürgerbräusaal einschleichen, um zu kontrollieren, ob die beiden Uhrwerke einwandfrei arbeiteten.

»Ich fuhr am 7. 11. 1939 gegen 16 Uhr mit dem Schnellzug von Stuttgart nach München«, gestand er der Polizei, »wo ich gegen 21 Uhr oder 21.30 Uhr am Hauptbahnhof ankam. Ich trug auch die gleiche Kleidung wie auf der Fahrt nach Stuttgart. Ich war allein und habe keinerlei Reisebekanntschaften gemacht ... Vom Hauptbahnhof München aus begab ich mich direkt zum ›Bürgerbräukeller‹. Ich bin dorthin mit der Straßenbahn gefahren. Es war ungefähr 22 Uhr, als ich dort eingetroffen bin. Durch den Haupteingang in der Rosenheimer Straße ging ich durch den Garderobenraum in den Saal, der leer und nicht beleuchtet war. Ich bemerkte nicht, daß ich dabei von irgend jemandem beobachtet worden wäre. Ich habe niemanden gesehen. Die Saaltüre war nicht versperrt. Im Saal begab ich mich sofort auf die Galerie und horchte an der Tür der Säule, ob die Uhrwerke sich noch in Gang befinden. Das Ticken der Uhren konnte ich dadurch, daß ich mein Ohr an die Tür gepreßt hatte, ganz leise hören. Darauf öffnete ich mit dem Kippmesser die Tür, öffnete die Tür zu dem Uhrengehäuse und vergewisserte mich mit meiner Taschenuhr, ob die Uhrwerke nicht vor- oder nachgingen. Die Uhr ging richtig.«

Als Elser am nächsten Tag gegen 6.30 Uhr durch den Notausgang bei der Küche den Schauplatz des Anschlags endgültig verließ, ungesehen die Kellerstraße erreichte und zum Isartorplatz weiterschlenderte, wo er sich zwei Tassen Kaffee genehmigte, waren die Gärtnereiarbeiter, die Blumen für den Saalschmuck abluden, bereits im Anmarsch.

Bald herrschte reges Treiben: Riesige Spruchbänder wurden aufgehängt, die Wände mit Hakenkreuzfahnen drapiert, die Rednertribüne geschmückt. Unter den Arbeitern standen Neugierige. Bis gegen Mittag konnte sich hier jeder Unbefugte mehr oder weniger ungestört aufhalten. Es galt Hitlers persönliche Anordnung: »Bei der Traditionsfeier schützen mich meine Alten Kämpfer.«

Eifersüchtig nahmen sie es wörtlich. Der Schutz sah entsprechend aus: Die Sicherungsmaßnahmen leitete ein gewisser Josef Gerum, der zur »Gestapoleitstelle München« gehörte. Er begnügte sich damit, den Saal abzugehen und die Zaungäste auch aus den Nachbarräumen zu vertreiben. Stunden vor der Veranstaltung fanden nur noch »Blutordensträger« mit vorgewiesener Einladung Einlaß. Sie wurden streng kontrolliert, obwohl man sich noch sehr gut aus der Zeit kannte, in der der NSDAP-Anführer auf den Plakaten als der »Parteikamerad Adolf Hitler« angekündigt worden war. Selbst Kriminalbeamte im Dienst wurden abgewiesen, sofern sie nicht zum alten Teilnehmerkreis gehörten; sie durften allenfalls die Straßen bei Hitlers Anfahrt von Bogenhausen nach Haidhausen sichern.

Inzwischen hatte Georg Elser längst am Münchener Hauptbahnhof eine Fahrkarte für die Strecke München – Ulm – Friedrichshafen – Konstanz gelöst. Die erste Etappe brachte er, um Geld zu sparen, im Personenzug hinter sich. In Ulm stieg er in den Schnellzug um. Es gab keine Verspätung an diesem Tag; die Züge verkehrten fahrplanmäßig, und so mußte er gegen 18 Uhr am Bahnhof in Friedrichshafen eintreffen. Der einsame Schreiner sprach mit keinem Menschen im Zug. Er las keine Zeitung; und so blieb ihm die ungeheure Enttäuschung erspart: Es hatte sich in der Öffentlichkeit herumgesprochen, daß Hitler wegen dringender Regierungsgeschäfte in Berlin festgehalten sei und deshalb in diesem Jahr seinen Stellvertreter Rudolf Heß beauftragt habe, die Gedächtnisrede im »Bürgerbräukeller« zu halten.

Tatsächlich gab es für den Diktator zwingende Gründe, in diesen Tagen in der Reichshauptstadt zu bleiben. Zwischen ihm und dem Generalstab des Heeres war es zu einer ernsten Vertrauenskrise gekommen. Am Tag der Kapitulation Warschaus, am 27. September 1939, an dem der Blitzkrieg in Polen praktisch endete, obwohl einzelne Kämpfe noch bis zum 6. Oktober aufflammten, hatte Hitler in der Reichskanzlei kategorisch verkündet, daß er den Sitzkrieg im Westen beenden und die Offensive gegen Frankreich starten wolle. Dieser strategisch und meteorologisch unmögliche Befehl des dilettierenden Ex-Gefreiten stieß erstmals auf den Widerstand aller Generale, der knieweichen wie der regimefreundlichen und der oppositionellen ohnedies.

Das Hauptquartier in Zossen bei Berlin war, wie Harold C. Deutsch berichtet, »von einer noch nie dagewesenen nervlichen und seelischen Unruhe erfaßt«. Drei Tage vor dem blutigen Mittwoch im »Bürgerbräukeller« hatten die Militärs den wachsweichen Heeresoberbefehlshaber von Brauchitsch soweit, daß er bei Hitler durch ein Memorandum offen gegen die am 12. November befohlene Westoffensive intervenierte.

Das Gespräch fand im großen Kongreßsaal der neuen Reichskanzlei statt. Der Generalfeldmarschall begründete seine Bedenken zunächst mit dem regnerischen Herbstwetter, aber Hitler unterbrach ihn mit der Bemerkung: »Auf den Feind regnet es auch.« Der hohe Militär wollte sich eine so unfachlich-primitive Pauschalbemerkung nicht gefallen lassen und kam darauf zu sprechen, daß Hitler während des Polenfeldzugs wiederholt in operative Entscheidungen der Wehrmachtsführung eingegriffen habe. Brauchitschs »Vorschlag, der Führer möge bei jedem zukünftigen Feldzug die Grenzen seiner eigenen Position wahren«, so berichtet Harold C. Deutsch, »stieß auf ein Unheil verkündendes Schweigen«.

Der Oberbefehlshaber ging weiter: Er sei bei seiner soeben absolvierten Besichtigungsreise im Westen auf mangelnde Kampfbereitschaft der Truppe gestoßen, auch die Kommandeure hätten sich gegen eine Offensive ausgesprochen. Der Diktator, unmittelbar vor einem seiner berüchtigten Wutausbrüche, quittierte die Einwände mit der Frage, warum er nicht die Kommandeure und Defätisten habe erschießen lassen.

»Über den entsetzten, entgeisterten Brauchitsch goß Hitler nun die Flut seines Grimms gegen das Heer aus«, schreibt Harold C. Deutsch. »Es sei nie loyal gewesen, habe noch nie das richtige Vertrauen zu seinem Genius besessen. Wieder und wieder habe es das Tempo der Aufrüstung gebremst. Es sei zu feige zum Kämpfen.«

Letzteres zumindest war nicht richtig. Wie ein im Frühjahr 1997 gefundener, einfacher Leitz-Ordner belegt, hatte bereits 1925 »General Hans von Seeckt, der Chef der Heeresleitung und Schöpfer der legendären 100 000-Mann-Berufsarmee, dem Truppenamt – unter diesem Tarnnamen lebte der von den Siegermächten verbotene Große Generalstab weiter – die Planungsaufgabe gestellt, ein Kriegsheer von 102 Divisionen, davon 39 Grenzschutzverbände und 63 Felddivisionen, mit 2,8 bis 3 Millionen Mann aufzustellen. Dieses Droh- und Bluffinstrument sollte den Deutschen dazu verhelfen, die ›Schmach‹ des ›Versailler Diktats‹ friedlich oder gewaltsam auszulöschen, die verlorenen Provinzen in Ost, Nord und West zu ›befreien‹ und die Großmachtstellung von 1914 wiedereinzunehmen.

Das Verblüffende an dieser Geheimstudie: Am 1. September 1939, als der Zweite Weltkrieg beginnt, steht das deutsche Heer tatsächlich mit 102 Divisionen bereit! Es sind, wie 1925 geplant, 2,8 Millionen Mann. Die Reichswehr hatte 42 Generale; für das Große Heer waren 252 vorgesehen – genauso viele Etatstellen für Generale wies auch das Feldheer 1939 auf. Acht Armeen hatte man 1925 projektiert (so viel wie 1914 zu Kaisers Zeiten), und 1939 sind die Deutschen stolz auf ihre acht vollwertigen Armeen!«

Karl-Heinz Janßen schreibt weiter: »Während jenes einzigartige Planwerk, die Grundlage aller weiteren Rüstungsprogramme bis zum Jahre 1936, gedruckt wurde, saß der Weltkriegsgefreite Adolf Hitler wegen Hochverrats auf der bayerischen Festung Landsberg und diktierte sein Buch ›Mein Kampf‹, noch ahnungslos, daß er dereinst der Durch-Führer dessen sein würde, was sich die monarchistisch-konservativen Generale ausgedacht hatten. Ohne die minuziöse Vorarbeit der Abteilungen des geheimen Generalstabs und anderer Heeresämter hätte das ›Dritte Reich‹ niemals binnen sechs Jahren die stärkste und modernste Land- und Luftmacht des Kontinents auf die Beine stellen können, die dann fast ganz Europa von Dünkirchen bis Stalingrad und von Narvik bis Kreta im Sturm überrannte.«

Doch zurück zum Konflikt Hitler – Wehrmacht. Nach Hitlers Schimpfkanonade von 20 Minuten verließ der verstörte Brauchitsch die Reichskanzlei; der Angriffsbefehl war nicht zurückgenommen worden. Hitler, noch immer wütend, diktierte seiner Sekretärin einen Brief, in dem er den Oberbefehlshaber ab sofort all seiner Ämter entsetzte; das Schreiben blieb in der Schublade und wurde später zerrissen.

Im Laufe des Nachmittags traf in Zossen Hitlers schriftlicher Angriffsbefehl ein. Die Nervosität steigerte sich zur Panik. Die Offiziere rechneten damit, daß Hitler, seine Drohung wahrmachend, die Gestapo entsenden werde. Sie vernichteten vorsorglich belastende Briefe und Dokumente – mitten in der Vorbereitung eines Attentats, das vom harten Kern der Verschwörer am ersten Tag der Westoffensive gegen Hitler unternommen werden sollte. (Siehe das folgende Kapitel »Dynamik ohne Dynamit«.)

Der Diktator versuchte inzwischen zu erfahren, welche Kommandeure sich seinen Eroberungsplänen in den Weg gestellt hätten. Er kündigte eine sofortige Besichtigungsreise an. Sie wäre für die militärischen Verschwörer eine Lösung ihrer Probleme gewesen, denn sie hatten ihre Falle bereits aufgestellt.

Der alte Generaloberst von Hammerstein war reaktiviert worden und hatte ein Armeeoberkommando im Westen erhalten. Er war von Offizieren und Soldaten umgeben, auf die er sich auch im Falle eines Konfliktes mit Hitler verlassen konnte, und entschlossen, den Verhaßten in sein Hauptquartier zu locken und gefangenzusetzen. Seit Kriegsbeginn hatte er ihn immer dringlicher zu einer Besichtigung seiner Truppen eingeladen, hatte halbe Zusagen und dann immer wieder Absagen aus Termingründen erhalten. Vielleicht mißtraute Hitler diesem grimmigen Generalobersten bereits; jedenfalls mochte er ihn nicht und wartete nur darauf, ihm bei nächster Gelegenheit den Laufpaß zu geben.

Zossen wurde so wenig besetzt, wie Hitlers Reise an die Westfront stattfand. Am 7. November trat ein Ereignis ein, das Hitler mehr als unlieb war: In einer Gemeinschaftsaktion boten sich die holländische Königin Wilhelmina und der belgische König Leopold als Friedensvermittler an, ausgerechnet die Souveräne der beiden neutralen Staaten, die Hitler bei seiner Offensive völkerrechtswidrig überrennen wollte, um einem angeblichen Einmarsch Frankreichs zuvorzukommen. Die fadenscheinige Begründung war noch haltloser geworden, und die Offerte wurde Hitler lästig. Da vor der deutschen Öffentlichkeit die Rolle des Friedensfreundes mit der Mär eines ihm »aufgezwungenen Krieges« spielte, mußte er auf die Propaganda mehr Rücksicht nehmen als auf das Völkerrecht.

Holland lag aber auch noch in anderer Hinsicht in Hitlers Visier: Agenten des SD war es gelungen, in das niederländische Netz des englischen Geheimdienstes einzudringen. Heydrichs junger Mann, der SS-Führer Walter Schellenberg, ein verkrachter Jurastudent, der es nach der Ausschaltung der militärischen Abwehr später zum Chef der gesamten deutschen Auslandsspionage bringen sollte, hatte sich für einen Vertreter des deutschen Widerstands ausgegeben und war an die Secret-Service-Offiziere Major R. H. Stevens und Captain S. Payne Best herangekommen. Als angeblicher Hauptmann Schemmel vom Oberkommando der Wehrmacht (OKW) – den es tatsächlich gab und den man vorsorglich auf eine lange Dienstreise geschickt hatte –, war der »akademisch gebildete, intellektuelle Gangster« (William L. Shirer) dabei, die beiden Untergrundoffiziere, die von Holland aus ihre V-Männer in Deutschland steuerten, in einen Hinterhalt zu locken.

Es war ein tragischer Treppenwitz, daß die britischen Geheimdienstexperten, die so vielen echten und berufenen Vertretern des deutschen Widerstands mißtraut, sie für Wichtigtuer gehalten oder als Utopisten vor den Kopf gestoßen hatten, dabei waren, auf einen pseudo-oppositionellen »agent provocateur« hereinzufallen, der so durchsichtig war wie das Fensterglasmonokel, das er trug, um möglichst »echt« zu wirken.

Während Hitler, ständig über alle Einzelheiten dieser Untergrundoperation unterrichtet, zu entscheiden hatte, wieweit sie vorangetrieben werden sollte, ließen sich bei ihm die Botschafter Belgiens und der Niederlande melden; sie wollten ihm die Friedensinitiative ihrer Monarchen erläutern. Sie kamen ungelegen; der Regierungschef ließ sich verleugnen. Jetzt erst, am Vorabend des 8. November, »eines der Fixpunkte im Nazikalender« (Alan Bullock), entschloß sich Hitler, entgegen seiner ursprünglichen Absicht, nach München zu fliegen und seine umstrittene Westoffensive vier Tage später zu starten – es war die erste von 14 Verschiebungen.

Er traf am nächsten Morgen in der bayerischer Hauptstadt ein, fuhr in seine Privatwohnung am Prinzregentenplatz und begann an seiner Rede zu arbeiten, die er am Abend halten wollte, fuhr aber dann zu der Architektin Gerdy Troost, der Witwe des Mannes, der den Baustil des Dritten Reiches konzipiert hatte. »Sie fragte«, so berichtet John Toland, »warum er so wenig auf seine persönliche Sicherheit bedacht sei, denn er kam, einzig von zwei Leibwächtern begleitet, zu ihr ins Atelier. Er antwortete, man müsse in die Vorsehung Vertrauen haben, und deutete auf seine Hosentasche. ›Schauen Sie‹, sagte er zu ihr, ›da trage ich nur meine Pistole bei mir, aber das nützt gar nichts; wenn mein Ende bestimmt sein soll, dann schützt nur dieses‹, und er deutete dabei auf die Stelle seines Herzens, ›eben, daß man seiner inneren Stimme folgt und daß man an sein Schicksal glaubt. Und ich glaube zutiefst daran, daß mich das Schicksal für das deutsche Volk bestimmt hat. Und solange ich für dieses Volk notwendig bin und solange ich meine Aufgabe für das Leben meiner Nation trage, so lange werde ich leben.‹ Er sah sich offenbar als eine Art Christus: ›Und wenn ich nicht mehr notwendig bin und wenn meine Aufgabe erfüllt ist, dann wird man mich abberufen.‹«

Später fuhr der Diktator ins Krankenhaus an der Nußbaumstraße, um Unity Midford, die Schwägerin des britischen Faschistenführers Mosley, eine seiner glühendsten Verehrerinnen, zu besuchen; sie hatte sich aus Kummer darüber, daß England und Deutschland im Krieg miteinander lagen, in Münchens Englischem Garten eine Kugel in den Kopf geschossen, die die Ärzte zunächst nicht zu entfernen wagten. Hitler versprach der Schwerverletzten, sie ihrem Wunsch entsprechend in die Schweiz ausreisen zu lassen, sowie ihr Gesundheitszustand es ermögliche.

Wenige Stunden vor der Explosion im »Bürgerbräukeller« fuhr der Mann, dem sie galt, wieder in seine Wohnung zurück und arbeitete an seiner Rede weiter. Das Wetter verschlechterte sich, er mußte aber am nächsten Tag wieder in Berlin sein, und so fragte er seinen Piloten Hans Baur, ob er ihm am nächsten Morgen den Rückflug in die Reichshauptstadt garantieren könne. Der Flugkapitän verneinte wegen des Herbstnebels; der Diktator entschloß sich, für seine Rückreise den Sonderzug zu benützen, der ständig für ihn reserviert war.

Da es mehrerer Stunden Arbeit bedurfte, einen außerfahrplanmäßigen Zug in den üblichen Bahnverkehr einzuschieben, waren vor allem auf der häufig benutzten Strecke Berlin – München Abfahrtszeiten bereits in Leerfahrpläne eingearbeitet worden. Die Beamten der Bahnpolizei mußten zweimal in der Woche zu wechselnden Zeiten, einmal bei Tag und einmal während der Nacht die Streckensicherung proben. Keiner von ihnen wußte, ob Hitler in dem vorbeijagenden Zug tatsächlich saß oder ob wieder nur Wache für seine Sicherheit geschoben werden mußte. Nur wenn die in die Leerfahrpläne einprogrammierten Abfahrtszeiten eingehalten wurden, war die reibungslose Durchfahrt garantiert. Das bedeutete, daß der Diktator um 21.31 Uhr in München abfahren mußte, wenn er am nächsten Tag um 10.20 Uhr pünktlich auf Berlins Anhalter Bahnhof eintreffen wollte.

Schon zwei Stunden vor Beginn der Veranstaltung drängten die Alten Kämpfer in den »Bürgerbräukeller«, 3000 Uniformierte auf Tuchfühlung eingepfercht. Unter den »Blutordensträgern« gab es beträchtliche Klassenunterschiede: Reichsminister, Reichsleiter, Gauleiter, Kreisleiter, Männer mit hohen Rängen und dicken Gehältern neben den Ladenhütern der Bewegung, den Relikten einer Zeit, in der die »Münchener Neuesten Nachrichten«, der »Bayerische Kurier« und die »Münchener Post« den Anführer der Braunhemden einen »rechtsbolschewistischen Hetzer« genannt hatten.

Nicht wenige der entwurzelten Kleinbürger, die damals zu der Hitler-Partei gestoßen waren und jetzt nur das Privileg genossen, an diesem Abend im »Bürgerbräukeller«-Saal zu sein und danach mit dem Reichskanzler ein Glas Bier zu trinken, waren bei der Verteilung der Beute leer ausgegangen und darüber so verbittert, daß nach der Explosion Himmler zunächst unter ihnen den Bombenleger vermuten sollte.

20.02 Uhr. Das stürmische »Sieg Heil«-Geschrei der Straße kündigte, den Saal erreichend, Hitlers Eintreffen an. Die alten Gefolgsleute sprangen auf Stühle und Tische. Unter dem rasenden Jubel drohte der Bierkeller zu bersten. Entfesselte Ovationen rissen die Schulter-an-Schulter-Deckung der Leibgardisten auseinander wie Granateinschläge. Dann setzte das NS-Ritual ein: Unter den Klängen des »Badenweiler Marsches« wurde die Blutfahne hereingetragen. Der Redner des Abends begrüßte per Handschlag einige Privilegierte, unter ihnen Himmler, Goebbels und Streicher; sie saßen in unmittelbarer Umgebung der Säule, in der fast unhörbar die Zeitbombe tickte.

Hitler wollte gleich an das Rednerpult treten, aber der frenetische Applaus hielt ihn noch ein paar Minuten auf. Umbrandet von Heilgeschrei und Hysterie, erheblich früher als sonst am Abend des 8.

November, begann der Demagoge mit seiner Rede. Er attackierte Großbritannien, aber er lief heute nicht ganz zu seiner exaltierten Diktion auf; er wirkte gehetzt, kürzte sogar die sonst sorgfältig eingeplanten Pausen für die ekstatischen Entladungen seiner Zuhörer. Es war, als liefe er unbewußt mit einer Zündschnur um die Wette, die exakt und unaufhaltsam der Explosion entgegenglomm, pünktlich und tödlich. Später sollte Hitler zu seinem Leibfotografen Hoffmann bemerken: »Ich hatte so ein eigenartiges Gefühl. Ich wußte selbst nicht, warum es mich so wegtrieb aus dem ›Bürgerbräukeller‹.«

20.45 Uhr. Stürmischer Applaus unterbrach wieder einmal Hitlers Rede. Die Alten Kämpfer tobten, unter ihnen, ganz vorne, der Gewerbeoberlehrer Fritz Braun aus Simbach am Inn, der Vater von Hitlers Konkubine, einer »hübschen, dümmlichen Blondine mit einem runden Gesicht und blauen Augen« (Alan Bullock). Aus Hunderttausenden von Lautsprechern, aus Millionen von Radios dröhnte die Rede: Gemeinschaftsempfang bei Parteigliederungen, Jugendorganisationen, Sportvereinen, in Gaststätten, in fast allen Dienststellen des Reiches.

Auch beim Zoll in Konstanz folgten zwei Beamte der Rede. Sie standen dabei am Fenster und beobachteten ihren Grenzabschnitt. Sie sahen einen kleinen Mann, der sich im Garten des Wessenbergschen Erziehungsheims der schweizerischen Grenze näherte. Sie verfolgten und stellten ihn, als er über den Zaun klettern wollte. Der Angerufene hob erschrocken die Hände und unterließ jeden Fluchtversuch. Er wies eine verfallene Karte für den kleinen Grenzverkehr vor und behauptete, in der Schweiz einen Bekannten besuchen zu wollen.

Die Beamten nahmen den Festgenommenen mit zum Zollamt am Kreuzlinger Tor. Dort durchsuchten sie seine Taschen, fanden etwas Bargeld, eine Hartwurst, eine Beißzange, Spiralfedern, Bolzen und Schrauben, ein Abzeichen des »Roten Frontkämpferbundes« und eine Ansichtskarte des Münchener »Bürgerbräukellers«, mit der sie zunächst nichts anzufangen wußten. Sie stellten fest, daß der illegale Grenzgänger Georg Elser hieß, vermutlich ein Mann, der sich vom Militärdienst drücken wollte, ein kleiner Fisch. Die beiden Beamten fertigten ein Vernehmungsprotokoll an und übergaben den Arrestierten der Grenzpolizei.

21.07 Uhr. Die Führerrede war zu Ende, um mehr als eine halbe Stunde verkürzt. Hitler ließ minutenlangen Beifall über sich ergehen, aber noch während die Nationalhymne gespielt wurde, kämpfte seine

Bewacherkamarilla ihm den Weg zum Ausgang frei, wo seine Wagenkolonne stand. Sonst hatte sich Hitler immer noch die Zeit zu einem geselligen Zusammensein mit den Veteranen der Saalschlachten genommen, aber heute war er in Eile, ging an ihnen vorbei, als kenne er sie nicht; sie konnten kein persönliches Wort an ihn richten und hatten keine Gelegenheit, ihre längst lästigen Bitten vorzubringen.

Sie spülten ihre Enttäuschung mit Bier hinunter. Die Silhouetten ihrer Gesichter verschwammen im Dunstkreis, in dem die braune Bewegung einst entstanden war. Auch die Führungsmannschaft hatte den Saal mit Hitler verlassen. Viele der Zurückgebliebenen fühlten sich zurückgesetzt, da man sie nur noch an den Gedenktagen aus der Reichsrequisitenkammer holte und kurz zur Schau stellte; ihr Ärger wurde laut.

Die Führerkolonne hatte den Marienplatz erreicht, passierte das Rathaus und rollte weiter durch die Kaufingerstraße. Alle Verkehrsampeln standen auf Grün. Die Begleitfahrzeuge setzten sich an die Spitze, um die Menschenmauer am Stachus zurückzudrängen. Um Verzögerungen auszuschließen, machte das Führerbegleitkommando den Vorplatz am Hauptbahnhof frei.

21.20 Uhr. Ein greller Blitz im »Bürgerbräukeller«. Ein gewaltiger Donnerschlag. Der Pfeiler war geborsten. Die hinunterstürzende Galerie begrub die unter ihr sitzenden Ehrengäste. Die Höllenmaschine war auf die Sekunde genau explodiert – doch 13 Minuten zu spät, um den Lauf der Weltgeschichte von Grund auf zu verändern. Die Detonation verwandelte die Gefolgsleute des Führers in eine kopflose Horde, die über Verwundete und Sterbende hinwegtrampelte. Einer auf Kosten des anderen, boxend, rudernd, stoßend, um nach draußen zu entkommen.

Im demolierten Saal stand, einer undurchsichtigen Wand gleich, eine langsam rollende fahle Wolke aus Staub und Rauch. Aus dem Dunkel kamen gräßliche Schreie. Einer der Verwundeten, deren Zahl noch nicht übersehen werden konnte, war der Gewerbeoberlehrer Braun, dessen Tochter gerade in diesem Moment, begleitet von einer Freundin, zum Hauptbahnhof kam, unmittelbar bevor der Zug Hitlers abfuhr. »An Bord herrschte heitere Stimmung«, schildert John Toland die Situation. »Niemand wußte von der Explosion, und fast alle tranken Alkohol. Hitler, der einzige Abstinenzler, war sehr angeregt, doch war es Goebbels, der die Gesellschaft mit seinem beißenden Witz unterhielt.«

Die ersten Rettungstrupps aus dem Krankenhaus rechts der Isar wurden, zur Unglücksstelle vordringend, von der Panik der Flüchtenden aufgehalten. Die Kommandos der Besonnenen im Saal waren von den gräßlichen Schreien der Verwundeten und Sterbenden überlagert. Niemand wußte in diesem Moment, ob und wie viele Hoheitsträger unter den Trümmern lagen. Keiner fragte sich auch in den ersten Minuten nach dem Attentat, wem der Anschlag gegolten hatte und wie er möglich gewesen war.

Endlich illuminierte ein Notlicht Szenen des Horrors. In der Wanne mit dem Tropfenbier schwamm eine abgerissene Hand. Eine Kellnerin lag bäuchlings am Boden. Tot. Die Braunhemden der ersten Helfer färbten sich rot. Die Toten wurden geborgen und nebeneinandergelegt. Auf ihren Gesichtern hatte sich die letzte Begeisterung ausgeblendet.

23.54 Uhr. Der Sonderzug des Führers hatte Nürnberg erreicht. Der Polizeipräsident der »Stadt der Reichsparteitage« ließ ihn aufhalten. Er jagte am Bahnsteig entlang, betrat den Salonwagen, stieß auf den wegen der Fahrtunterbrechung unwilligen Hitler. »Mein Führer«, meldete PG Martin stotternd, »mein Führer, ich melde Ihnen: Höllenmaschine im ›Bürgerbräukeller‹. Explosion unmittelbar nach Ihrem Weggang. Mindestens zehn bis fünfzehn Parteigenossen in der Nähe der Rednertribüne getötet. Möglicherweise an die hundert und noch weitere schwer verletzt.«

Nach dem ersten Erschrecken sagte der Diktator mit heiserer Stimme: »Jetzt bin ich völlig ruhig! Daß ich den ›Bürgerbräukeller‹ früher als sonst verlassen habe, ist eine Bestätigung, daß die Vorsehung mich mein Ziel erreichen lassen will.«

Dieser ersten »Eingebung« folgte sofort die zweite: Er kannte bereits die Täter, stellte fest, daß der Anschlag auf das Konto des britischen Geheimdienstes komme, und gab Himmler den Befehl, die angeblich Schuldigen, Major Stevens und Captain Best, aus Holland zu entführen.

Der Reichsführer-SS stürzte ans Telefon, ließ sich mit der Gestapoleitstelle in Düsseldorf verbinden. Das Gespräch riß den falschen Hauptmann Schemmel aus dem ersten Schlaf. »Schellenberg«, schrie Himmler seinen SS-Oberführer an, »wissen Sie überhaupt, was geschehen ist? Attentat auf den Führer. Er befiehlt, daß unverzüglich die Holland-Operation anläuft!«

Der falsche Mann des Widerstands, der vorgegeben hatte, im Auftrag eines deutschen Generals zu handeln, der Hitler vernichten wollte, rief noch in der Nacht über den Sender ON 4 Holland und bestellte in einem verschlüsselten Funkspruch die beiden Secret-Service-Offiziere für den Mittag des 9. November um 14 Uhr zum entscheidenden Treffen in das Grenzcafé nach Venlo.

Während der Funker in Amsterdam bestätigte, die Meldung richtig empfangen zu haben, stellte in Berlin Arthur Nebe, der Chef des Reichskriminalpolizeiamts, bereits eine Sonderkommission »Attentat Bürgerbräukeller« zusammen und flog mit ihr – trotz des schlechten Wetters – noch in der Nacht nach München.

Hier waren inzwischen auf Befehl Himmlers der Pächter, der Geschäftsführer und sämtliche Angestellte des »Bürgerbräukellers« festgenommen worden. Für Hinweise auf die Täter wurde eine Belohnung von 600000 Reichsmark ausgesetzt, für Angaben, die bei einer deutschen Botschaft oder einem Konsulat im Ausland gemacht würden, zusätzlich 300000 Mark in Devisen.

Als kurz vor Mitternacht die Grenz- und Polizeidienststellen über den mißglückten Anschlag von München verständigt wurden, erinnerten sich die beiden Zollbeamten, die Elser eine halbe Stunde vor der Detonation festgenommen hatten, der »Bürgerbräukeller«-Ansichtskarte und reichten über das Grenzkommissariat Konstanz an die Gestapoleitsteile in Karlsruhe den Hinweis weiter, der Verdächtige könne mit dem Attentat zu tun haben. Die Meldung stellte keine besondere Sensation dar, da der kleine Schreiner nur einer von 120 Verdächtigen war, die in dieser Nacht aufgegriffen worden waren. Es erging der Befehl, den Verhafteten unverzüglich nach München zu überstellen, wo sich im Wittelsbacher Palais an der Brienner Straße, dem Sitz der örtlichen Gestapo, die Sonderkommission etabliert hatte.

Nebes Experten wußten nunmehr, daß bei dem durch grenzenlose Nachlässigkeit der Sicherheitskräfte verschuldeten Attentat sechs Alte Kämpfer und eine Kellnerin getötet worden waren; ein weiterer sollte ein paar Tage später im Krankenhaus sterben. 63 Versammlungsteilnehmer waren verletzt worden, 16 vor ihnen schwer. Die Rednertribüne lag unter Kubikmetern von Schutt. Hätte Hitler so lange gesprochen wie sonst – eineinhalb Stunden statt 57 Minuten –, wäre er mit Sicherheit von der Höllenmaschine zerfetzt worden, zusammen mit seinen wichtigsten Vasallen.

Am Morgen des 9. November jagte die Blitzmeldung um den Erdball: »Attentat auf Adolf Hitler.« Die Welt hatte ihr Thema.

London fragte in Paris an, Paris in London zurück. Fehlanzeige: In München waren diesmal keine Alliierten beteiligt.

Die deutsche Öffentlichkeit zeigte sich empört, bestürzt und verwirrt. Auch die oppositionellen Wehrmachtskreise, die ihren eigenen Anschlag auf Hitler vorbereitet hatten, waren ratlos. Hatte einer der Ihren auf eigene Faust vorzeitig gehandelt?

Erstmals kam das Gerücht auf und verbreitete sich mit Windgeschwindigkeit, Hitler und Himmler hätten den »Bürgerbräu«-Anschlag inszeniert, um den Haß auf England zu schüren und dadurch die mangelnde Kriegsbereitschaft der deutschen Bevölkerung anzuheizen; vieles sprach dafür.

Die Sonderkommission, zur Hälfte Kriminalbeamte, zur anderen Gestapoleute, arbeitete in zwei Gruppen: Eine untersuchte systematisch und zentimeterweise den demolierten Saal, die andere begann, die 120 Verdächtigen durch die Mangel zu drehen, um die tatsächlichen Täter aus dem Überangebot zu destillieren. Elser kam nach den ersten Vernehmungen nicht in die engere Wahl. Man hielt ihn allenfalls für einen Agenten, nicht für einen Attentäter.

Während er in München im Kreuzverhör stand, hatte in Düsseldorf Schellenberg seinen Kidnapperhaufen bereits zusammengestellt: zwölf Mann, rauhe, rabiate Burschen, der gleiche Trupp, der, den Überfall auf den Sender Gleiwitz und andere feindliche Übergriffe vortäuschend, den Zweiten Weltkrieg gezündet und dabei die Schauplätze, um realistischer zu wirken, mit »Konserven« – toten KZ-Häftlingen in polnischen Uniformen – drapiert hatte.

Auch die Vertreter der Firma »N. V. Handelsdienst voor het Continent« im Nieuve Uitleg 15 in Amsterdam beteiligten sich an dem weltweiten Rätselspiel um die Hintergründe der Zeitbombe von München. War sie bereits das Werk des Generals ohne Namen, von dem Hauptmann Schemmel gesprochen hatte? Die Offiziere mußten sich in dieser Geheimbesprechung entscheiden, ob sie nach Venlo fahren oder den gefährlichen Treffpunkt ablehnen sollten. Einige Secret-Service-Leute mißtrauten ihrem deutschen Kontaktmann noch immer: Wieso konnte er so oft die Grenze passieren, wo die Deutschen die Ausreise noch strenger kontrollierten als die Einreise? Warum konnte der deutsche Verschwörergeneral nicht selbst bis Amsterdam fahren und mußte von Secret-Service-Offizieren in Venlo persönlich in Empfang genommen werden? Solche Fragen ließ normalerweise kein Geheimdienst ungelöst durchgehen, aber Stevens und Best waren so vernarrt in ihre Idee, das Monster aus Braunau mit Hilfe der Deutschen zur Strecke zu bringen, daß sie ihrem Gegenspieler vertrauten.

Wenn die Holländer bei einer von den Engländern veranlaßten Filzung ein bißchen schneller reagiert hätten, wäre ihnen das Röllchen Aspirintabletten mit der Aufschrift »SS-Sanitätshauptamt« aufgefallen, das Dr. Schemmel im letzten Moment aufriß und schluckte und dann den ganzen Tag über Beschwerden klagte, die sich, hinterher, als einzige Wahrheit seiner Aussage herausstellen würden. Mitunter sank die Venlo-Affäre auf das Niveau einer Klamotte ab: SS-Oberführer Schellenberg und Captain Best waren einander in einem Waschraum begegnet, wo der Deutsche sein Monokel polierte.

»Tragen Sie schon lange ein Einglas?« wandte sich der Engländer belustigt an seinen Gegenspieler.

»Sehen Sie«, erwiderte der angebliche Dr. Schemmel, »das wollte ich gerade Sie fragen.«

Das Duell im Untergrund glich einer Schlacht mit verkehrten Fronten: Die britischen Experten benahmen sich wie Anfänger und ihre Gegenspieler, die SS-Dilettanten, wie Zauberlehrlinge des Secret Service. Während die deutsche Propaganda bereits mit voller Wucht einsetzte und behauptete, die Mörder von München säßen in London, blieb die Fahrt nach Venlo noch immer offen. Die Falle war bereits aufgestellt: Zwischen 13 und 14 Uhr überschritt Schellenberg mit einem Begleiter die holländische Grenze.

»Draußen auf den Straßen herrschte an jenem Tag starker Verkehr, darunter auffallend viele Zivilisten, von Polizeihunden begleitet«, schildert er in seinen Memoiren seinen eigenen Gangsterfilm. »Ich war ein wenig nervös und bestellte in dem Venloer Café einen Aperitif. Würden Best und Stevens kommen? Sie ließen ziemlich lange auf sich warten – die Uhr zeigte bereits 15.00, und noch immer war nichts von ihnen zu sehen. Plötzlich zuckte ich zusammen – blitzschnell brauste ein grauer Wagen in voller Fahrt heran. Ich war schon aufgesprungen, da packte mich mein Begleiter am Arm: ›Irrtum, es ist ein anderer.‹ Ich blickte bedenklich zum deutschen Zollhaus hinüber – würde sich das dort versteckte SS-Kommando nicht auch täuschen? Aber es blieb alles ruhig. Schließlich bestellte ich mir einen starken Kaffee, und gerade hatte ich den ersten Schluck genommen, da stieß mich mein Begleiter an: ›Jetzt kommen sie!‹ Wir schlenderten bewußt gemächlich nach draußen. Die Mäntel ließen wir hängen . . .

Der Buick schwenkte stark bremsend von der Landstraße ab, dem

Parkplatz hinter dem Café zu. Ich war noch etwa zehn Schritte von dem Wagen entfernt, als ich das Auspuffgeknatter unseres Kommandoautos hörte. Und schon fielen Schüsse. Dann laute, brüllende Stimmen, offensichtlich von der konsterniert hin und her hastenden holländischen Grenzpolizei. Im gleichen Moment sprang Leutnant Copper aus dem Buick, zog einen schweren Dienstcolt aus der Tasche und legte auf mich an. Ich war unbewaffnet und sprang zur Seite. Im gleichen Augenblick raste der Kommandowagen um die Hausecke. Copper kehrte sich dem gefährlicheren Ziel zu und schoß hintereinander einige Male in die Windschutzscheibe. In einem Bruchteil von Sekunden sah ich das Aufsplittern der Scheibe und glaubte schon, daß einer der Schüsse den Fahrer oder den neben ihm sitzenden Kommandoführer getroffen habe. Doch schon sprang der Kommandoführer mit einem Riesensatz aus dem Auto, und nun begann ein regelrechtes Pistolenduell zwischen ihm und Copper. Plötzlich ließ Leutnant Copper die Pistole sinken und stützte seinen Körper auf die Knie. Ich stand noch immer in seiner Nähe. Da fuhr mich die rauhe Stimme des Kommandoführers an: ›Nun hauen Sie doch endlich ab!‹ Ich sauste um die Hausecke in Richtung meines Wagens und sah noch im letzten Augenblick, daß Best und Stevens wie ein Bündel Heu aus ihrem Wagen gehoben wurden . . .

Das Überraschungsmanöver war ohne nennenswerte Gegenaktion der holländischen Polizei gelungen. Es war verabredet, daß sich alle Beteiligten nach Erledigung des Auftrags so schnell wie möglich wieder in Düsseldorf einfinden sollten. Eine halbe Stunde nach mir traf das Sonderkommando mit den Gefangenen ein. Bei Leutnant Copper handelte es sich, wie sich nunmehr ergab, in Wirklichkeit um den holländischen Generalstabsoffizier Klop. Der Verwundete wurde sofort in ein Düsseldorfer Hospital eingeliefert, erlag jedoch später seinen Verletzungen . . .«

Während die Entführer mit ihren Opfern nach Berlin weiterfuhren, war in München Georg Elser nun doch unter schweren Tatverdacht geraten: Kellnerinnen hatten von einem kleinen Mann gesprochen, der schwäbelte. Geschäftsleute, bei denen er sich das Material zu seiner Bombe besorgt hatte, hatten ihn bei Gegenüberstellungen wiedererkannt. Da der Täter an der Säule lange Zeit kniend gearbeitet hatte, mußte der Verdächtige die Hosen ausziehen; die aufgescheuerten wunden und entzündeten Hautstellen waren unübersehbar. Der »kleine Mann des Widerstands« (der Historiker Anton Hoch) war dem

Kreuzverhör nicht lange gewachsen. Aber bereits bevor er gestand, waren Nebe und seine Experten davon überzeugt, daß es sich bei Elser um einen technisch hochbegabten Einzeltäter handelte.

Während sich diese Erkenntnis mehr und mehr durchsetzte, wurden Best und Stevens im KZ Sachsenhausen bei Berlin – nach einem Selbstmordversuch – vorübergehend an Eisenringe gefesselt und die Menschenräuber von Hitler in der Reichskanzlei empfangen; er überreichte Schellenberg für Kidnapping das EK I, den Orden, ohne den er selbst nie gesehen wurde und der ihm im Ersten Weltkrieg auf Vorschlag des jüdischen Regimentsadjutanten Hugo Gutmann verliehen worden war.

»Hitlers Gesicht war an jenem Abend unnatürlich rot und geschwollen«, berichtet Walter Schellenberg. »Er schien erkältet zu sein. Zu Heß hinübergebeugt klagte er über den tiefen Luftdruck und fragte nach dem Barometerstand in Berlin ... Er aß schnell und hastig und ohne besondere Eleganz. An diesem Abend bestand seine Mahlzeit aus gekochten Maiskolben, die er fest in beide Hände nahm und abnagte. Als zweiter Gang wurde ihm ein gehäufter Teller Kaiserschmarrn gereicht.«

»An der Abendtafel bereitete der vorlaute Benjamin der SS-Führung dem Hausherrn eine arge Enttäuschung«, schreibt Heinz Höhne, »er meinte, das Attentat auf den Führer sei niemals ein Werk des britischen Geheimdienstes gewesen, sicher nicht der beiden Gefangenen Stevens und Best ...«

Himmler widersprach und bezeichnete diese Feststellung als Schellenbergs persönliche Auffassung, aber der SS-Oberführer hatte nur ausgesprochen, was die meisten dachten: die einfache Wahrheit – »doch der Führer des Großdeutschen Reiches wünschte keine einfache Wahrheit«, stellt Heinz Höhne weiter fest. »Für ihr war alles eine riesige Verschwörung des britischen Geheimdienstes, ein weitverzweigtes Intrigennetz, an dem alle mitgewirkt hatten, denen er Todfeindschaft geschworen hatte: die Juden, die Briten, die Freimaurer und nicht zuletzt Otto Strasser. Heinrich Himmler geriet ins Schwitzen. Wo waren die Hintermänner? Als Arthur Nebe keine finden konnte, wurde er abgelöst und nach Berlin zurückgerufen. Himmler flehte fast weinerlich: ›Schellenberg, wir müssen die Hintermänner finden. Hitler glaubt einfach nicht daran, daß Elser das Attentat allein verübt hat.‹ Und auf das Protokoll der ersten Elser-Vernehmung mit der Alleintäterversion schrieb der empörte Reichsführer: ›Welcher

Idiot hat diese Vernehmung geführt?‹ Mit der verzweifelten Wut des panikgetriebenen Untergebenen fuhr Himmler zu dem Häftling Elser und stürzte sich auf den Attentäter, kaum noch seiner Sinne mächtig. Der Oberregierungsrat Dr. Böhme, Leiter der Kripoleitstelle München, beobachtete die Szene im Wittelsbacher Palais. ›Unter wüsten Beschimpfungen trat Himmler den gefesselten Elser schwer mit den Stiefeln in den Leib‹, berichtet Böhme, ›dann ließ er ihn von einem mir unbekannten Gestapobeamten in den angrenzenden Waschraum des Zimmers des Leiters der Gestapoleitstelle München zerren, wo er von diesem mit einer Peitsche oder ähnlichem Instrument traktiert wurde, so daß er vor Schmerzen aufbrüllte, dann wurde er wieder im Geschwindschritt vor Himmler gebracht, der ihn abermals trat und beschimpfte.‹ Georg Elser blieb bei seiner Geschichte. Himmler befahl einen neuen Oberfahnder nach München, den Wiener Gestapochef und Kriminalrat Franz Josef Huber. Der fand auch keine Hintermänner . . . Einer nach dem anderen erkannte, daß Elser ein Alleintäter war, selbst Heydrich beugte sich der Wahrheit. Nur Himmler jagte weiterhin nach den nebulösen Hintermännern . . .«

Der Bluthund des Dritten Reiches, der kein Blut sehen konnte, ließ Elser mit Pervitin vollpumpen, um einen künstlichen Redefluß zu schaffen. Der Berauschte schwäbelte darauf los, erzählte den Vernehmern, was sie hören wollten, doch kein Wort über eine Zusammenarbeit mit dem britischen Geheimdienst. Als sich Gestapochef Heinrich Müller die Fingerknöchel an dem geständigen Attentäter wundgeschlagen hatte, wurde Elser einem Hypnotiseur übergeben. Schließlich zog Himmler noch einen Hellseher hinzu. Und als auch das nichts fruchtete, ließ er den Geschundenen seiner Mutter gegenüberstellen. Elser brach weinend zusammen – aber er blieb bei seiner Darstellung.

Hitler mußte den groben Schauprozeß, den er gegen die britischen Offiziere Best und Stevens als Hauptangeklagte, Georg Elser als Handlanger und den in Abwesenheit zu verurteilenden Otto Strasser als Anstifter führen wollte, auf Eis legen. Der Attentäter kam ebenfalls in das KZ Sachsenhausen, später nach Dachau in eine Art Vorzugshaft. Der »kleine Schorsch« durfte Billard spielen und mit einer Zither musizieren. Er erhielt eine Werkstatt, in der er die gewünschten Holzarbeiten für seine Bewacher anfertigte. Im Auftrag des Reichssicherheitshauptamts baute er ein Modell seiner Höllenmaschine nach, bis ins kleinste Detail. Gelegentlich hat Elser, vielleicht um von den Wachtposten besser behandelt zu werden, das Märchen erzählt, er habe die Bombe im Auftrag der SS gelegt – eine Legende, die sich auch nach dem Krieg noch hartnäckig hielt und selbst von namhaften Historikern zunächst übernommen wurde, obwohl inzwischen zahlreiche, parteipolitisch neutrale Polizeibeamte über jede Einzelheit der Ermittlung freie und exakte Aussagen hatten machen können.

»Hätten Himmler und die SS den für ein ›bestelltes Attentat‹ gedungenen Elser der Gefahr vorzeitiger Entdeckung durch Nichteingeweihte ausgesetzt«, fragt Lothar Gruchmann, »indem sie ihn Zünder und Sprengstoff in verschiedenen Betrieben zusammenstehlen ließen, ihn die Höllenmaschine selbst konstruieren, unter Inanspruchnahme beliebiger fremder Handwerker anfertigen und in monatelanger Arbeit in den Bürgerbräukeller einbauen ließen? Glaubt man im Ernst, daß sich Himmler der Gefahr ausgesetzt hätte, eine Stunde lang neben einer tickenden Höllenmaschine zu stehen, die von einem wenn auch technisch begabten Laien zusammengebastelt war, von dem niemand wissen konnte, ob auf ihn und seinen Zeitzünder Verlaß war? Wäre zur Aufklärung des Attentats und für die Suche nach ›Hintermännern‹ ein Heer von nichteingeweihten Polizeibeamten herangezogen worden, wodurch sich die Wahrscheinlichkeit vergrößerte, daß gerade jene Zusammenhänge zutage gefördert wurden, die unentdeckt bleiben sollten? Wären dann von höchster Stelle ›verschärfte Vernehmungen‹ angeordnet worden, bei denen womöglich Elser seinen Peinigern gegenüber – die ja nun die Untergebenen seiner ›Auftraggeber‹ gewesen wären – sein hartnäckiges Schweigen gebrochen hätte? Hätte man Elser schließlich zunächst ohne weiteres laufen lassen und seine Verhaftung an der Grenze mehr oder weniger dem Zufall und den Organen des Zollgrenzschutzes überlassen – dem damals die Bewachung der ›grünen Grenze‹ anvertraut war und der zu dieser Zeit noch dem Reichsfinanzministerium und nicht dem Reichssicherheitshauptamt unterstand – und wäre damit das Risiko eingegangen, daß Elser tatsächlich ins Ausland gelangte und durch Verbreitung des wahren Sachverhalts seine Auftraggeber kompromittierte? Fragen über Fragen, die angesichts der im Protokoll festgehaltenen Tatsachen ein ›bestelltes Attentat‹ absurd erscheinen lassen. Vor allem aber hätte man in diesem Fall jenen Elser, der schließlich einen Mordversuch am Staatsoberhaupt des Deutschen Reiches gestanden hatte und der Tötung von acht Menschen überführt war, als Mitwisser schnellstens liquidiert.«

Kurz vor dem Einmarsch der Amerikaner, am 5. April 1945, übersandte das Reichssicherheitshauptamt dem Kommandanten von Dachau die Weisung, den Häftling Elser bei einem der nächsten Luftangriffe unauffällig zu liquidieren und als tödlich verletzt zu melden. Zwanzig Tage vor der Befreiung durch die US-Truppen ist der kleine, tapfere Mann so einsam gestorben, wie er gelebt hat.

Dynamik ohne Dynamit

Die Explosion von München hatte die durch Hitlers Drohungen ohnedies beunruhigten Generale in größte Verwirrung gestürzt. Während sie darauf warteten, daß er ihnen ein Gestaposonderkommando ins Hauptquartier schicke, um den »Geist von Zossen« auszurotten, war ein Ereignis eingetreten, das ihre Sorgen, Nöte und Hoffnungen fast mit einem Schlag beendet hätte.

Sie wußten nicht, wer hinter dem Attentat stand, und waren auf abenteuerliche Vermutungen angewiesen. Die Hoffnung – oder auch Befürchtung –, einer von ihnen habe – ohne Wissen der anderen – auf eigene Faust gehandelt, zerschlug sich rasch wieder. Schließlich setzte sich auch bei den oppositionellen Militärs die irrige Meinung durch, das Attentat im »Bürgerbräukeller« sei von Himmler im Auftrag Hitlers inszeniert worden.

Die Generale hatten den Ausbruch des Krieges nicht verhindern können und waren ohnedies an seinem Vorabend durch den deutsch-sowjetischen Nichtangriffspakt genauso paralysiert worden wie ein Jahr zuvor durch das Münchener Abkommen: Hitler und Stalin als Bundesgenossen, zumindest aber als Komplizen beim Überfall auf Polen, bewies ihnen schlagend, wieviel Zeit durch Unschlüssigkeit wie unglückliche Umstände bereits verloren war.

Der Kriegsausbruch hatte die Position der Frondeure erheblich verschlechtert, denn alles, was sie jetzt gegen die braune Diktatur unternahmen, kam zwangsläufig dem Feind zugute, und dafür hatten viele sonst durchaus ansprechbare Offiziere, ungewohnt, über den Stahlhelmhorizont hinauszudenken, kein Verständnis mehr. Andererseits brachten die Verbrechen der den regulären Truppen in Polen folgenden Einsatzkommandos des Reichssicherheitshauptamtes aufrechte Militärs dazu, darüber nachzudenken, ob sie sich, auf soldatischer Tradition und religiöser Überzeugung beharrend, nicht zu Erfüllungsgehilfen staatlich organisierten Völkermords machten.

In Polen mußten auch Generale, die sich etwas darauf zugute taten, unpolitisch zu sein, das echte Gesicht des Regimes erkennen, dem sie dienten. Selbst wenn sie sich blind stellten, schrillten ihnen noch die

Schreie der Massakrierten in den Ohren. »Die blühendste Phantasie einer Greuelpropaganda ist arm gegen die Dinge, die eine organisierte Mörder-, Räuber- und Plündererbande unter angeblich höchster Duldung verbricht«, schrieb zum Beispiel der spätere Generalmajor Helmuth Stieff an seine Frau. »Ich schäme mich, ein Deutscher zu sein. Diese Minderheit, die durch Morden, Plündern und Sengen den deutschen Namen besudelt, wird das Unglück des ganzen deutschen Volkes werden, wenn wir ihr nicht bald das Handwerk legen.«

»Auf Schritt und Tritt ist die Reaktion gegen Hitlers verbrecherische Maßnahmen in Polen mit der Geschichte der Opposition im Herbst und Winter 1939/40 verwoben«, urteilt Harold C. Deutsch. »Die Verbrechen schufen eine Basis, auf der man unter den gleich Empfindenden Einigkeit herstellen und neue Anhänger gewinnen konnte. Die Tätigkeit des Geheimdienstes konzentrierte sich auf die Ausschreitungen in Polen: Dohnányis Verbrecherkartothek schwoll an, und die massenhaft ungehäuften Einzelheiten lieferten Groscurth pausenlos Material, aus dem er ›Paradebeispiele‹ für die Besuche zusammenstellte, die Canaris und er an der Westfront abstatteten. In einer Anzahl von Fällen schlossen sich der Opposition spontan neue Mitglieder an, die durch ihre Erlebnisse in Polen zu Gegnern des Regimes geworden waren.«

Mancher, der bisher die Andeutungen der Frondeure verächtlich übergangen hatte, brachte erstmals Verständnis für sie auf, auch wenn zwischen Denken und Handeln noch eine gewaltige Distanz klaffte. Die Verstärkung, die die Rebellen wider Hitler erhielten, war in gewisser Hinsicht auch eine Schwächung: Je mehr sich der Kreis vergrößerte, desto gefährlicher wurde es für ihn. Noch immer ging hinter verschlossenen Türen die Diskussion über die Beseitigung Hitlers weiter, stets mehr auf moralischer und religiöser Ebene als auf pragmatischer. Selbst ein Zauderer wie Generalstabschef Halder wurde allmählich der ewigen Nachtgespräche müde und forderte – gereizt und bei Vertrauten: »Bringt doch endlich den Hund um!«

Während der Oktober-Krise 1939 steckte er, wenn er zu Hitler ging, eine geladene Pistole in die Tasche und ärgerte sich von Besuch zu Besuch, daß er wiederum unfähig gewesen war, von der Waffe Gebrauch zu machen. Immerhin spielte der Generalstabschef mit dem Gedanken an ein Attentat, den andere Verschwörer noch immer ablehnten, unter nicht immer nur vorgeschobener Berufung auf den Soldateneid, mitunter aber auch auf religiöse Überzeugung.

Zu den Oppositionellen waren inzwischen auch problematische Persönlichkeiten gestoßen, wie Hjalmar Schacht, der abgehalfterte Reichswirtschaftsminister, der Hitlers Rüstung durch Finanzierungstricks ermöglicht hatte, oder Arthur Nebe, der Chef der Kriminalpolizei und dadurch Amtschef im Reichssicherheitshauptamt, ein Fachbeamter, der längst bereute, zu den »Alten Kämpfern« der Partei zu gehören.

Er ging fast täglich mit Heydrich und Gestapo-Müller zu Tisch, wo die Aktivitäten der Prinz-Albrecht-Straße zwanglos durchgesprochen wurden. Alles, was Nebe hier über die geheimen Ränke der SS-Machtzentrale erfuhr, gab er unverzüglich an Gisevius weiter, von dem sie noch am gleichen Tag Oster übernahm, der laut Fabian von Schlabrendorff der »Geschäftsführer der Opposition« war. »Im Dienstzimmer von Hans Oster hing hinter seinem Rücken ein Spruch. Dieser lautete: ›Ein Adler fängt keine Fliegen‹, und so war es auch. Für Unwichtigkeiten hatte Oster keinen Sinn. Für wichtige Dinge hatte er immer Zeit. Es gab keine Kühnheit, die er im Kampf gegen die Nazis nicht aufgebracht hätte. Er ging bis zur Verwegenheit.«

Der Oberst und spätere Generalmajor, ein Pfarrerssohn aus Sachsen, leicht aufbrausend und anscheinend immer auf der Jagd nach attraktiven Frauen und neuen Pferden« (Heinz Höhne), Berater, Einpeitscher und Intimus des Abwehrchefs Canaris, war ein bunter Fleck im »Fuchsbau« und doch auch seine graue Eminenz. Die Rükkendeckung des Admirals, seine Verachtung Hitlers und seine Stellung als Leiter der Zentralabteilung der militärischen Abwehr und als Stabschef waren für Oster glänzende Voraussetzungen, als Drahtzieher der Subversion aufzutreten. Der »helle Sachse« – so wurde er hausintern genannt – brachte nahezu alle Voraussetzungen für sein gefährliches Management mit, doch fehlten ihm – gleich seinem zivilen Pendant Goerdeler – Zurückhaltung und Verschwiegenheit, ein gefährliches Manko in diesem heißen Metier. Seine Freunde und Mittäter – auch unter den Verschwörern war der Federführer des Widerstands nicht unumstritten – ermahnten ihn häufig, leiser und diskreter aufzutreten. Der mittelgroße, elegante Mann, Bonvivant und Bombenleger, versprach es von Mal zu Mal und ging dann mit dem unverschlüsselten, minutiös ausgearbeiteten Plan eines Staatsstreichs mit allen militärischen Einzelheiten unbesorgt und ungesichert zu Generaloberst Beck.

Der im Ersten Weltkrieg wegen Tapferkeit vor dem Feind hoch

dekorierte Offizier, 1932 wegen einer Affäre zum Abschied aus der Reichswehr gezwungen und später durch die Hintertür wieder aktiviert, war unter den Militärs Hitlers gefährlichster und gefährdetster Gegner, scharfsinniger als alle anderen, doch auch leichtfertiger. Der erste, der klar und hart ausgesprochen hatte, daß nur die Tötung Hitlers die Initialzündung eines Staatsstreichs sein könne. Seine Erkenntnis war sicher richtig, aber er gab sie nur zu oft, zu laut, am falschen Ort und dem unrechten Gesprächspartner gegenüber von sich.

Von dieser Schwäche abgesehen, war er für seine politischen Freunde von Unersetzlichem Wert. Er knüpfte die Fäden, er sammelte die Nachrichten, arrangierte Versetzungen und Kommandierungen, brachte Gleichgesinnte zusammen, schob »Fremdkörper« auf andere Kommandos ab, baute zivile Verschwörer in den Militärapparat ein und maskierte geheime Treffen der Opposition als dringende Dienstreisen.

Als Abwehroberleutnant zur Wehrmacht eingezogen, fuhr der Münchener Rechtsanwalt Dr. Josef Müller nach Rom und knüpfte über den Vatikan Geheimbesprechungen mit den Engländern an. Zwar hatte nach dem Bürgerbräukeller-Attentat Kardinal Faulhaber Hitler noch ein Glückwunschtelegramm geschickt und angeordnet, daß aus Anlaß seiner Rettung in der Münchener Frauenkirche ein feierliches Tedeum zelebriert werde, aber der Heilige Stuhl hatte inzwischen längst erkannt, was die Religionsgemeinschaften in Deutschland vom Dritten Reich zu erwarten hatten.

Osters Kurier – unter Freunden »Ochsensepp« genannt – hinterbrachte dem Papst auch die auf der Ordensburg Sonthofen vor SS-Junkern ausgestoßene Drohung, er, Hitler, werde die katholische Kirche »wie eine Kröte unter seinem Stiefelabsatz zerquetschen«. Falls Pius XII. Illusionen über Hitler gehabt hatte, ließ er sie fallen und entsprach der Bitte der deutschen Verschwörer, über den Vatikan eine Verbindung mit englischen Beauftragten herzustellen. Da die Autorität des Papstes hinter dieser nicht ungefährlichen Lösung eines ehrlichen Maklers stand, brauchten die Briten nicht zu befürchten, wie in Holland einem »agent provocateur« aufzusitzen.

Selbstverständlich hatten sie das größte Interesse an der Beseitigung Hitlers, aber die römischen Geheimbesprechungen konnten erst nach der Vollstreckung des angekündigten Attentats in ein konkretes Stadium treten. Die deutsche Opposition hatte eine Vorleistung zu erbringen – den Tod Hitlers.

Der November 1939 bot sich als ein letzter günstiger Termin an. Des Diktators unsinnige winterliche Offensivpläne hatten Widerspruch auch bei den NS-hörigen Generalen, zum Beispiel Reichenau, provoziert. Die fruchtlosen Diskussionen über den Fahneneid hatten dem »hellen Sachsen« und seinen engsten Freunden beigebracht, daß er Zögernde vor vollendete Tatsachen stellen müsse. Erst der Tod Hitlers würde die problematischen Mitverschwörer von ihren Ausflüchten entbinden.

Im Gegensatz zu Goerdeler, der im Ableben Hitlers eine Stichflamme sah, die das ganze braune System versengen würde, wußte der Organisator Oster, daß der Staatsstreich generalstabsmäßig geplant werden müsse, wenn die » Initialzündung« nicht verpuffen sollte. Schon während der Sudeten-Krise, als sich der Stoßtrupp gegen die Reichskanzlei unter dem Kommando von Hauptmann Heinz bereitgestellt hatte, war der Oberst mit einem sorgfältig erstellten Putschplan zur Stelle gewesen. Er brauchte ihn jetzt – ein Jahr später – nur zu ergänzen, auf den neuesten Stand zu bringen und den Möglichkeiten – inzwischen waren mehrere oppositionelle Truppenführer aus der Reichshauptstadt und ihrer Umgebung abgezogen und die SS-Verbände erheblich verstärkt worden – anzupassen.

Oster hatte sie, wie Harold C. Deutsch feststellt, längst dazu gebracht, »in den Dingen wie dem Begriff des Verrats traditionelle Grenzen zu ignorieren ... Bei der Leitung der ›Exekutive‹ der Opposition ging Oster so weit wie kaum einer seiner Weggenossen. Er vertrat seine mutige Überzeugung mit einer Intensität, die abstoßen wie anziehen konnte. Er wußte, daß der Weg, den er ging, durch Gefahren führte, die sogar noch über das Risiko des eigenen Todes hinausreichten . . .«

Der Antreiber des Umsturzes betrachtete den Hochverrat nicht nur als sein Recht, sondern auch als seine Pflicht und den Tyrannenmord als unverzichtbare Voraussetzung des Gelingens. Während die Männer um den Generalstabschef Halder ein »verdecktes« Attentat inszenieren wollten, einen englischen Luftangriff oder eine Zugentgleisung vortäuschend, während Dohnányi und seine Freunden – ehrenwert, doch unrealistisch – noch immer darauf bestanden, den Diktator abzusetzen und vor ein ordentliches Gericht zu stellen, wurde in Osters Planung, handschriftlich festgelegt, in der Liste der an die Wand zu stellenden Nationalsozialisten auch »Hi. Gö. Ribb. Him.

Hey. Die.« – in Klartext wohl: Hitler, Göring, Ribbentrop, Himmler, Heydrich, Dietrich – gefordert.

Nach der Oster-Studie sollten die Frondeure vor Tagesanbruch, noch im Schutz der Dunkelheit, losschlagen und das Regierungsviertel im Herzen Berlins systematisch abriegeln: Die Ministerien, die Zentralbehörden des Reiches, die Post- und Telegrafenämter, Rundfunkstationen, Verkehrsknotenpunkte, Flugplätze, Polizeidienststellen und Parteibüros mußten schlagartig besetzt und die Funktionäre der Partei bis hinab zum Kreisleiter verhaftet und unverzüglich zu bildenden Sondergerichten zugeführt werden. Um die Verwirrung der ersten Stunden – die über den Erfolg des Putsches entscheiden würden – zu steigern, wollte Oster einen Bluff inszenieren und den Aufmarsch der Rebellen mit einem Komplott Görings und Himmlers gegen Hitler erklären, der im Interesse des Reiches niedergeschlagen würde. Durch diese Finte könnten selbst Hitler-Anhänger dazu gebracht werden, ahnungslos gegen ihren Führer zu marschieren. Nach der kritischen Phase hätten die Aufrührer die Situation im Griff und bräuchten die Düpierten nicht mehr zu fürchten.

Hitlers für die Winteroffensive im Westen zunächst angesetzter Termin, der 12. November, brachte Oster in Zugzwang; er zog die Notbremse und warnte einen vertrauten Bekannten, den niederländischen Militärattaché Major Gijsbertus Jacobus Sas, vor einem unmittelbar bevorstehenden Überfall auf Holland. Der Major gab die alarmierende Meldung sofort an seine Regierung weiter, aber Den Haag reagierte ungläubig und schien damit auch recht zu behalten, denn an dem kurzfristig verschobenen Stichtag blieben die deutschen Wehrmachtsverbände in ihren Bereitstellungsräumen.

Oster nutzte den Aufschub, um das Attentat auf Hitler notfalls im Alleingang durchzuziehen. Einige Verschwörer – übrigens mehr Zivilisten als Militärs – hatten sich bereit erklärt, auch unter Selbstaufopferung das Problem Hitler unwiderruflich zu lösen. Einer von ihnen war Werner Haag, ein junger Diplomat des Auswärtigen Amts, in dem sich noch immer die Widerstandsgruppe um den Staatssekretär Weizsäcker gehalten hatte. Der Freiwillige schien als Junggeselle besonders für diesen Opfergang geeignet. Er brachte auch schon eine verwegene Idee mit: Einer der häufig zelebrierten Hitler-Riten war die wirksam fotografierte Heldenehrung. Der Diktator stand dann zum Beispiel ergriffen vor den Ehrentempeln der Bewegung oder am Grabmal des Unbekannten Soldaten. Der riesige Kranz, den er bei dieser Gelegenheit niederlegen ließ, wurde jeweils von zwei Soldaten getragen, und in die Uniform des einen der beiden wollte Haag schlüpfen, um in unmittelbarer Nähe Hitlers ein Blumengebinde niederzulegen, in das eine Höllenmaschine eingebaut war.

Der Plan war interessant, wurde durchdiskutiert und in Angriff genommen. Dabei stellten sich enorme Schwierigkeiten heraus: Die Kranzträger waren fast immer junge Soldaten der SS-Leibstandarte, und hier hatte Oster, die Seele des Widerstands, keinen Einfluß. Zudem bot der Vorschlag eines anderen Beamten im Auswärtigen Amt eine größere Erfolgschance, zumal ihr Initiator sich freiwillig erboten hatte, den Opfergang anzutreten.

Der Rheinländer Erich Kordt war überzeugter Katholik und, gleich seinem Bruder, ein Widerstandskämpfer der ersten Stunde. Innerhalb der Oppositionszelle im Auswärtigen Amt hatte er die Führung an sich gerissen, bei einer konspirativen Besprechung mit Weizsäcker Hitlers gewaltsamen Tod fordernd.

»Haben Sie denn einen Mann mit einer Pistole?« fragte der Staatssekretär. »Ich bedauere es, es hat in meiner Erziehung nicht gelegen, einen Menschen zu töten.«

Es hatte auch nicht in der Erziehung Erich Kordts gelegen. Aber der Diplomat suchte im »Fuchsbau« Oster auf, um ihn über Aktivitäten der Wilhelmstraße zu informieren.

»Wir haben niemanden, der die Bombe wirft, um unsere Generale von ihren Skrupeln zu befreien«, konstatierte der Abwehroberst im Laufe des Gesprächs verbittert.

»Doch«, erwiderte Erich Kordt. »Ich bin gekommen, Sie darum zu bitten.«

Es klang phantastisch, aber es war realistisch. Der Vortragende Legationsrat hatte als Angehöriger von Ribbentrops Reichsaußenministerium – und als erster Mitarbeiter des Staatssekretärs Weizsäcker – jederzeit Zutritt zur Reichskanzlei. Er war der einzige unter den Frondeuren, der sich – ohne gerufen oder angemeldet zu sein – in die Nähe Hitlers drängen konnte. Er wollte sich in dem großen Vorraum der neuen Reichskanzlei aufhalten, wo der Diktator, wenn er in Berlin weilte, täglich von seinen Tischgästen erwartet wurde. Kordt beabsichtigte, sich mit einer Frage oder einer Meldung an ihn heranzudrängen und dann während des Gesprächs die Bombe zu zünden, die sie beide und womöglich auch noch weitere Umstehende zerreißen würde.

»Gut«, erwiderte Oster, »Sie werden Ihren Sprengstoff erhalten.«

Die Frondeure verabredeten den 11. November als den Zeitpunkt des Attentats. Der todesmutige Zivilist wollte die fertige Höllenmaschine in Osters Privatwohnung übernehmen, sie in die Reichskanzlei einschmuggeln, auf der Toilette scharf machen und dann die Selbstaufopferung hinter sich bringen.

Er verließ nach dem Gespräch mit Oster das Tirpitzufer mit der Gewißheit, daß sein Leben nur noch wenige Tage währen würde, und vertraute den Attentatsplan seinen nächsten Freunden an, die ihm schweren Herzens zustimmten. Hasso von Etzdorf wollte ihn auf seinem letzten Gang bis vor die Reichskanzlei begleiten, um es ihm leichter zu machen, und seine Base Susanne Simonis, die zum konspirativen Kreis gehörte, stellte fest: »Wer jetzt handelt, handelt richtig.«

Der Kandidat der Vollstreckung ging nunmehr – wie schon im Herbst 1938 – täglich in die Reichskanzlei, damit sich Wachposten und Hofschranzen an seine Gegenwart gewöhnten. Er stellte befriedigt fest, daß er nicht durchsucht und von Hitlers Leibwächtern jetzt schon von weitem gegrüßt wurde.

Warum er zu dem verzweifelten Mittel griff, um die politischen Verhältnisse in Deutschland zu ändern, begründete Kordt in einem Brief an seinen Bruder Theodor, den vormaligen Geschäftsträger der deutschen Botschaft in London, der jetzt nach Bern versetzt war und erst auf einen Wink Weizsäckers nach Deutschland zurückkommen sollte. Kopien dieses Briefes sollten der amerikanische Geschäftsträger in Berlin, Alexander C. Kirk, und der Schweizer Legationsrat Franz Kappeler erhalten.

Im konspirativen Kreis der Abwehr liefen die Attentatsvorbereitungen sofort an. Die Männer, auf die sich Oster verlassen konnte, wurden verständigt. Die Majore Groscurth und Heinz besorgten Baupläne der neuen Reichskanzlei, und den Leiter der Abteilung II, Sabotage, Erwin Lahousen, bat Oster ohne Umstände, Sprengstoff und Zündmittel für einen Anschlag auf Hitler zu beschaffen.

Der Major war dazu bereit und sah auch eine Möglichkeit, bei der Gruppe T (Technik) der Abteilung II in die brisante Kiste zu greifen. In der Hexenküche der abwehreigenen Sondereinheit »Brandenburg«, dem Quenzgut, wurde laufend mit neuen Sprengmitteln für Tarneinsätze experimentiert, und die Feuerwerker galten nicht als Beckmesser, zumindest nicht gegenüber ihren Vorgesetzten aus Berlin. Lange Erklärungen waren nicht üblich, zumal in der praktischen

Tätigkeit der Geheimdienste die Rechte ohnedies nicht wissen soll, was die Linke tut.

Während sich Lahousen vorsichtig der gefährlichsten Abteilung der Canaris-Haustruppe näherte, war das Ereignis eingetreten, das die Situation von Grund auf änderte: der Anschlag im Münchener »Bürgerbräukeller«. Als erste Maßnahme ordnete die Fahndungskommission die verschärfte Überprüfung und Überwachung aller zivilen Firmen und militärischen Dienststellen an, die mit Dynamit zu tun hatten. Genau in dem Moment, in dem im Auftrag Osters die nötige Sprengstoffmenge auf die Seite gebracht werden sollte, wurden die explosiven Geschäftsbücher des Quenzguts besonders streng kontrolliert. Unter diesen Umständen war es Lahousen unmöglich, unbemerkt oder auch nur unauffällig an das Material heranzukommen, aus dem Kordts Bombe gefertigt werden sollte.

»Zwar besprachen sich Kordt und Oster am 10. November noch einmal und hielten die Verabredung für den 11. aufrecht, doch die ohnehin bedeutenden Schwierigkeiten der Sprengstoffbeschaffung waren durch die verschärfte Wachsamkeit, die dem Elser-Attentat folgte, so gewaltig gewachsen, daß Oster resignieren mußte«, stellt Peter Hoffmann fest. »Lahousen war nicht in der Lage, aus dem Labor der Abwehrabteilung II den erforderlichen Sprengstoff zu entnehmen, ohne daß dies angesichts der scharfen Überwachung sofort der Gestapo bekannt geworden wäre. Dadurch wären nicht allein Lahousen und der Empfänger des Sprengstoffs, Oster, außerordentlich gefährdet gewesen, weil sich beim besten Willen kein wichtiger Grund für das Hantieren mit dem Material finden ließ, sondern das ganze Vorhaben wäre wegen der übergroßen Gefahr vorzeitiger Entdeckung aussichtslos gewesen. Der Leiter der Abteilung II des Amtes Ausland-Abwehr sah sich veranlaßt, am 10. November 1939 dem Leiter des Laboratoriums, Major Marguerre, ›nochmals strenge Weisung‹ zu geben, ›mit der Ausgabe von Zündern und Sprengmaterial sehr vorsichtig zu verfahren‹.«

Dieser erklärte darauf, im Labor werde genau Buch geführt, wenn aber Gegenstände einmal ausgegeben seien, könne er für ihren Verbleib keine Garantien mehr übernehmen. Das war Zukunftsmusik, die nichts daran änderte, daß man in der Gegenwart Kordt nicht bedienen konnte. Enttäuscht erfuhr er bei seinem Eintreffen in Osters Wohnung an der Bayerischen Straße in Berlin-Wilmersdorf, daß er keine Bombe erhalten würde.

»Dann muß ich es mit einer Pistole versuchen. Der Angriff im Westen darf nicht stattfinden«, erwiderte Kordt. Nach den Aufzeichnungen in seinem Buch »Nicht aus den Akten« entgegnete Oberst Oster wörtlich:

»Kordt, begehen Sie keine Wahnsinnstat. Sie haben nicht ein Prozent Chance. Sie können Hitler nicht allein sehen. Im Vorzimmer, aber in Anwesenheit der Adjutanten, Ordonnanzen und Besucher werden Sie kaum zu Schuß kommen. Wir haben auch noch Zeit. Der Angriffstermin ist verschoben. Angeblich ist es das Wetter ... Neuer Termin erst in vierzehn Tagen.«

So überlebte Hitler auch den 11. November 1939. Sein Verfolger wurde noch ein paarmal bei der Abwehr vorstellig, aber sie konnte ihm die Bombe nicht verschaffen. Noch nicht. Nach dem Krieg machte sich Kordt heftige Vorwürfe, das Pistolenattentat trotz schierer Unmöglichkeit nicht wenigstens versucht zu haben. Er war später vom Auswärtigen Amt nach China versetzt worden, was ihm das Leben rettete, da seine Rolle im November 1939 nachträglich aufgedeckt wurde. Zu diesem Zeitpunkt aber lag er nicht mehr im Zugriff seiner Häscher.

Auftragstäter auf der Lauer

Der Schlendrian von München, der nach dem Elser-Attentat überdeutlich geworden war, hatte Folgen: Das Amt IV – hinter dieser harmlosen Bezeichnung versteckte sich die Gestapozentrale im Reichssicherheitshauptamt – erließ vier Monate nach dem Anschlag verschärfte Sicherheitsbestimmungen und mischte sich massiv in die von RSD-Chef Rattenhuber bislang eifersüchtig gewahrte Selbständigkeit bei der Bewachung Hitlers ein. Die neuen Richtlinien sahen vor, daß die Führungsspitze der Geheimen Staatspolizei künftig die Schutzmaßnahmen koordinieren und Attentatswarnungen von sich aus bearbeiten sollte.

»Im Zuge der Umorganisation des Reichssicherheitshauptamtes, unter Berücksichtigung der letzten Erfahrungen, hat sich auch eine Neugestaltung des Schutz- und Sicherungsdienstes als notwendig erwiesen«, schrieb SS-Obergruppenführer Heydrich in einem persönlichen Begleitbrief. »Aus dem Gesamtaufgabengebiet des Reichssicherheitshauptamtes, nämlich der Bekämpfung und Unschädlichmachung aller Staatsfeinde, ragt als die wichtigste Aufgabe hervor, alle Maßnahmen zur Verhütung von Attentaten auf führende Persönlichkeiten des Reiches und solche anderer Staaten, die sich im Reich aufhalten, zu treffen. Hier geht der Schutz des Führers aber auch jeder Aufgabe vor.«

Die Abschirmung müsse bis ins kleinste so organisiert sein, befahl der »junge, böse Todesgott« (Jacob Burckhardt, schweizerischer Historiker), »daß jeder noch so gut geplante Attentatsversuch an den Sicherheitsmaßnahmen scheitern müsse«.

Die hermetische Abriegelung des Diktators bei Massenveranstaltungen war auch in Zukunft leichter zu befehlen als zu befolgen. Als der Hauptschuldige für die Lücken im Sicherheitsbereich erwies sich Hitler weiterhin selbst; er brach immer wieder aus Heydrichs Sicherheitsgürtel aus, und der somnambule Glaube an seine Bestimmung, seine unstete Lebensart, seine Selbstdarstellung als Demagoge mußten Anschläge provozieren. Wiewohl er öffentlich bekundet hatte, daß er jederzeit »von einem Verbrecher, von einem Idioten beseitigt werden könne«, zeigte er sich, wie Peter Hoffmann, gestützt auf gründliche Untersuchungen, feststellt, »noch in den ersten drei Kriegsjahren aufrecht im offenen Wagen stehend der Menge und machte Frontbesuche mit mäßigem Begleitschutz«.

Da er immer die gleichen Menschen um sich haben wollte, kam es höchst selten zu Personalveränderungen in seiner Umgebung. Einerseits mußten sich die Leibwächter mehr mit der Langeweile herumschlagen als mit gefährlichen Eindringlingen; wurden sie aber tatsächlich benötigt, hatten sie oft tagelang ohne Ablösung ihren Dienst zu verrichten, und die Erschöpfung schärfte nicht gerade ihre Wachsamkeit. Ordonnanzoffiziere, die sich der Monotonie der braunen Hofhaltung, »einer Mischung von Kloster und KZ« (Galazzo Graf Ciano, italienischer Außenminister), durch Versetzung an die Front entziehen wollten, warteten lange oder überhaupt vergeblich auf ihre Marschpapiere. Selbst für die unteren Chargen des Persönlichen Dienstes war es eine Dauerstellung bis zum Zusammenbruch, falls sie nicht zuvor in Ungnade gefallen waren, was mitunter banale Anlässe haben konnte.

Der Leibdiener Karl Krause zum Beispiel hatte bei einer Frontbesichtigung in Polen vergessen, Hitlers bevorzugtes Mineralwasser »Staatlich Fachingen« einzupacken; er versuchte es zu vertuschen und servierte dem Diktator ein ähnliches Getränk. Hitler, seines schwachen Magens wegen fast hypochondrisch auf »Fachinger« festgelegt, wurde stutzig und ließ der Sache nachgehen: Krause wurde überführt und gefeuert.

Ein anderer Leibdiener, Otto Maier, mußte aus dem Persönlichen Dienst entlassen werden, weil er Verwandte in die Führerloge des Theaters eingeschmuggelt hatte, und Wilhelm Schneider, sein Nachfolger, erhielt den Marschbefehl an die Front, weil er in den Nachtstunden zu wenig geschlafen und zu viel und zu hoch gepokert hatte. Für die anderen Hofschranzen galt, was Hitler zu Sepp Dietrich, dem Chef der Leibstandarte, sagte: »Solange ich lebe, werde ich keinen dieser Männer hergeben.«

Letztlich war Heydrichs verschärfter Sicherheitsschutz für die Umgebung des Diktators kaum mehr als eine lästige Pflichtübung; auch die Steuerzentrale an der Prinz-Albrecht-Straße hatte noch keine wirksame Attentatsabwehr geschaffen Zwar mißtraute sie den Wehrmachtsgeneralen aus Rivalitäts- und Minderwertigkeitskomplexen grundsätzlich und ohnedies, aber von einer seit Kriegsbeginn ständig wachsenden Verschwörung hoher und höchster Wehrmachtsoffiziere wußte sie noch immer nichts. Der letzte Volksgenosse im hintersten Winkel wurde überwacht, aber noch immer hatten es die Schergen des Systems versäumt, einen Spitzel in Zossen einzuschleusen, wo die Rebellion zum Greifen in der Luft lag.

Die Gegenspieler der Verschwörung waren in ihrer Mehrzahl stramm nationalsozialistische, hausgemachte Dilettanten, verstärkt von einigen tatsächlichen Fachleuten, früheren Polizeibeamten. Erfolge, die sie gelegentlich vorweisen konnten, verdankten sie meistens nicht der systematischen Aushorchung ihrer Gegner, sondern Zufällen und Denunziationen. In der Stammtischlegende wird der braune Ordnungsstaat heute noch überschätzt. Trotz aller Zentralisierung und Verschärfung, trotz Sicherheitsverwahrung und drakonischer Strafen für Bagatelldelikte unterliefen den Sicherheitskräften selbst bei der Bekämpfung der gewöhnlichen Kriminalität außergewöhnliche Fehler: Der schwachsinnige Bruno Lüdke aus Köpenick zum Beispiel – durchaus nicht der einzige Serientäter während des Dritten Reiches, der ungehindert als Massenmörder auftrat – hat kreuz und quer in Deutschland in primitivster Weise mindestens 49 Männer und Frauen umgebracht und stand in dem dringenden Verdacht, weitere 31 Bluttaten in den Ostgebieten begangen zu haben, deren restlose Aufklärung das Reichssicherheitshauptamt seinerzeit unterbunden hat; er war mehrmals aufgefallen, einige Male festgenommen und wieder auf freien Fuß gesetzt worden. Bruno Lüdke wurde später nicht durch systematische Fahndung, sondern durch einen Zufall gefaßt. Sein Fall war so hanebüchen, daß es Hitlers Justiz nicht wagte, den Trottel von Köpenick, der bis kurz vor Kriegsende die Mär vom braunen Ordnungsstaat ad absurdum geführt hatte, vor Gericht zu stellen, sondern ihn heimlich beseitigen und seinen Fall zur »Geheimen Reichssache« erklären ließ.

»Obwohl SD und Gestapo in der Bekämpfung sogenannter politischer Delikte ihre Hauptaufgabe sahen, unterliefen ihnen auch hier absurde Fehler«, die, wie Harold C. Deutsch urteilt, auf »einen erstaunlichen Mangel an konkreten Informationen schließen lassen. Sicher war Himmlers Leuten bekannt, daß es defätistische Einstellungen gab, wie sie ja sogar Hitler gegenüber geäußert wurden. Zweifellos waren sie auch im Bilde über die allgemein oppositionelle Haltung von Männern wie Beck, Goerdeler, Hammerstein und Hassel, wußten, daß Schacht, Weizsäcker, Kordt und viele andere in Heer, Verwaltung und

Wirtschaft bestimmte Maßnahmen des Regimes ablehnten. Canaris wurde, obwohl er sich hütete, in der falschen Umgebung kritische Äußerungen fallen zu lassen, noch immer von Heydrich mit Argwohn beobachtet. Der SD-Chef nannte ihn vor Vertrauten einen ›alten Fuchs‹, vor dem man sich in acht nehmen müsse. Trotzdem herrschte eine fast unglaubliche Unkenntnis darüber, wie tief das weitverzweigte Netz der Opposition und ihre Tätigkeit reichten. Beck, von dem sogar Hitler selbst gesagt hatte, er sei der einzige General, der etwas unternehmen könne, wurde anscheinend nicht regelmäßig überwacht, und die Besuche, die Oster ihm beinahe täglich abstattete, fielen, wie es scheint, nicht auf. Das zeigt wieder einmal, daß Himmlers und Heydrichs Leute zwar oft einfallsreiche Methoden anwandten, aber genau wie ihre Chefs vielfach Amateure in ihrem brutalen Gewerbe waren.«

Nur so war es zu erklären, daß Oster noch immer beinahe öffentlich seine Attentatsvorbereitungen treffen konnte. Er reiste mit Aufrufen Becks, die nach der Tötung Hitlers im Reichsrundfunk verlesen werden sollten, in der Tasche. Als er Aufenthalt in Frankfurt nehmen mußte, gab er so heftige Ausbrüche gegen das NS-Regime von sich, daß ihn einige Gleichgesinnte ziemlich robust in das Nebenzimmer befördern mußten. Der Oberst im Generalstab hatte an diesem Abend nicht nur die Freiheitsproklamationen des Generalobersten Beck bei sich, sondern auch eine komplette Ministerliste der Rebellenregierung.

Ein noch bezeichnenderes Schlaglicht auf die Oberflächlichkeit der Sicherheitsmaßnahmen wirft der Fall eines Mannes, der im September 1939, nach fünfeinhalb Jahren aus dem KZ Dachau entlassen, mit dem beinahe zwanghaften Wahn nach Berlin kam, zu vollenden, was er bereits in der ersten Zeit des braunen Machtantritts versucht hatte: ein Attentat auf Hitler.

Nach vielen vergeblichen Versuchen war es Hintermännern, die ein Interesse daran hatten, den alten Haudegen Beppo Römer zu reaktivieren, gelungen, ihn aus der »Schutzhaft« zu befreien. Der erste Chef des später in der NSDAP aufgegangenen »Freikorps Oberland« und spätere Renegat hatte aus dem Ersten Weltkrieg und aus Reichswehrzeiten auch nach seiner Konvertierung zum Kommunismus noch immer einflußreiche Freunde in Spitzenstellungen des braunen Systems. Vermutlich gelang es General Robert Ritter von Greim, einem früheren Regimentskameraden des heimatlosen Landsknechts, bei Himmler seine Entlassung aus Dachau durchzusetzen.

Für Lagerhäftlinge bedeutete die Freilassung normalerweise nicht einmal die halbe Freiheit; sie wurden weiterhin überwacht und hatten strenge Auflagen zu erfüllen. Es drohte ihnen jederzeit und ohne Grund die neuerliche Festnahme: Ein harmloses Biertischgespräch über ihre KZ-Erlebnisse brachte sie ihnen mit Sicherheit. Frühere KZ-Häftlinge wurden am Arbeitsplatz streng beobachtet. Sie durften ohne Genehmigung ihren Wohnort nicht verlassen, und sie hatten sich zu festgesetzten Zeiten auf ihrem zuständigen Polizeirevier zu melden.

So erklärt es sich auch, daß die Greueltaten der Konzentrationslager erst nach dem Krieg der Öffentlichkeit richtig bekannt wurden, obwohl vor allem für die Rüstung benötigte Spezialisten nicht selten schon vor dem Zusammenbruch eine problematische Rückkehr aus den Todeslagern erlebt hatten.

Beppo Römer verlor keine Zeit. Er ging nach Berlin und meldete sich sofort bei dem Industriellen und Großkaufmann Nikolaus von Halem, einem blonden, blauäugigen Siegfried, der aussah wie der Modetyp des Systems, das er ingrimmig haßte. Wer ihn und seine Freunde kannte, wußte um diese Gegnerschaft. Dieser Kreis war der erste, der ein Attentat auf Hitler gefordert und nach einem Desperado, der es erledigen konnte, schon bald nach dem Machtantritt Hitlers Ausschau gehalten hatte.

Nun war der Mann, der es hinter sich bringen wollte, wieder da. Die Jahre in Dachau hatten seinen Haß geschärft. Man brauchte ihn nicht erst zur Tat zu überreden, wenn man ihm Zeit, Geld und Helfer gab. Der Berufsrevoluzzer von rechts und von links – sicher die schillerndste Figur unter den Widerstandskämpfern gegen Hitler – erhielt eine Scheinanstellung bei der Berliner Vertretung des oberschlesischen Ballestrem-Bergwerkkonzerns, deren Chef der Nazigegner Halem war. Als solcher von seinen Verfolgern längst erkannt, aber doch offensichtlich nur nachlässig überwacht, setzte er den hemmungslosen Haudegen instand, mit seiner blutigen Arbeit da fortzufahren, wo er bei seiner Verhaftung nach dem Röhm-Putsch aufgehört hatte.

Der entlassene KZ-Häftling konnte eine geregelte, noch dazu kriegswichtige Arbeit vorweisen, und er hatte genügend Mittel für seinen Lebensunterhalt. Tagsüber zeigte er sich nicht übertrieben häufig seinen neuen Kollegen in dem Bürogebäude am Pariser Platz; nachts stahl er sich auf der Suche nach alten Kampfgefährten vorsichtig durch rauchige Arbeiterkneipen. Römer hatte es schwer: Eine voreilige Frage, ein Wort an den Unrechten, und er war erledigt, zumal seine alten Genossen zu den Braunen übergelaufen, emigriert, verhaftet, ermordet oder zur Wehrmacht eingezogen waren und nunmehr, statt gegen Hitler, für ihn zu kämpfen hatten.

Der Mann, der zeitlebens hinter Kasernenmauern, hinter Stacheldraht oder konspirativ gelebt hatte, ein Verschwörer von der Pike auf, kam voran, freilich weit langsamer, als es sein ungeduldiger Auftraggeber wünschte.

Er stieß auf den Arbeiter Robert Uhrig, der in den Osram-Werken eine Widerstandszelle gebildet hatte, die »Robby-Gruppe«, stöberte auch den Widerstandskreis des Maschinenschlossers Walter Budeus auf, brachte ihn mit den Uhrig-Leuten zusammen und rekrutierte aus beiden Kreisen entschlossene Helfer für seine Stunde X. Sie besorgten Waffen und weitere Männer, die bereit waren mitzumachen.

Römers Vorbereitungen spielten sich teils im Proletariermilieu, teils in den eleganten Berliner Salons ab. Er hatte die Männer gefunden, mit denen er sich an Hitler heranmachen konnte; nun benötigte er noch Lotsen, die ihn zu ihm führen sollten. Er fand sie in dem Kreis, der sich um die Witwe des verstorbenen deutschen Botschafters in Tokio, Wilhelm Solf, gebildet hatte. Gertrud von Heimerdinger hatte eine Querverbindung zur Berliner Stadtkommandantur. Sie brachte den unerschrockenen Landsknecht mit dem Oberstleutnant Holm Erttel zusammen, dem Adjutanten des Generalleutnants Ernst Seifert, der über alle Reisen des Diktators informiert war. Hitler konnte ab jetzt Berlin nicht verlassen oder dorthin zurückkehren, ohne daß es Römer und seine kommunistischen Freunde erfuhren.

So wie der auch vom eigenen Vorsatz getriebene Auftragstäter schon einmal in der Reichskanzlei tagtäglich Hitlers Lebensgewohnheiten ausbaldowert hatte, machte er sich jetzt mit seinen Reisen und Reisemitteln und der Streckensicherung bekannt. Er wußte, welche Autos der Diktator bevorzugte, wie sie gepanzert und mit wie vielen Begleitpersonen sie besetzt waren. Er kannte die Reiserouten seines Sonderzugs, die Flugzeuge, die ihm zur Verfügung standen, und die Flughäfen, von denen aus sie starten oder auf denen sie landen würden.

Römer trug Steinchen für Steinchen zusammen, stets in Deckung und doch alles riskierend, in einer Zeit, die gegen ihn und sein Vorhaben lief: Der Sitzkrieg im Westen hatte sich im Mai 1940 in einen siegreichen Blitzkrieg verwandelt. Der Jubel machte Gegner zu Mitläufern und einen offenen Aufruhr unmöglich. Keitel bezeichnete den ehemaligen Gefreiten Hitler als den »größten Feldherrn aller Zeiten«, und der spätere Großadmiral Dönitz sagte, er »komme sich wie ein

Würstchen vor«, wenn er dem Führer gegenüberstehe. Es war die Zeit, in der der Widerstandskämpfer Fabian von Schlabrendorff feststellte, »daß der Mensch mit der Sonne geht. Die Anhängerschaft Hitlers vergrößerte sich ins Unermeßliche; er hatte eben das Glück auf seiner Seite . . . Wer sich durch die Anfangserfolge nicht blenden ließ, der wußte auf einmal, was es heißt, ganz einsam zu sein.«

Es war symptomatisch, daß Generaloberst von Witzleben, der den Diktator töten wollte und bereits darüber nachdachte, wie er ihn nach Paris locken und dort erledigen könne, beim Triumphauftritt in der Berliner Kroll-Oper den diamantenbesetzten Marschallstab aus Hitlers Hand entgegennahm – knapp vier Jahre, bevor er auf seinen Befehl am Fleischerhaken enden sollte.

Der Freikorpshauptmann Römer stemmte sich gegen die Erkenntnis, daß sein Vorhaben aussichtslos sei. Er und seine Mitverschwörer machten weiter. Er knüpfte Fäden zur Opposition im Auswärtigen Amt, verstärkte seinen Kreis, stets im Visier der Gestapo und doch über zwei Jahre lang unerkannt im Untergrund.

Aber Heydrichs Männer hatten dazugelernt. Es gab genügend Denunzianten, die sich an der Heimatfront bewähren wollten: Einer spielte den roten Widerstandskämpfer, kam an Römer heran, horchte ihn aus, während fast gleichzeitig ein anderer, der Schweizer Arzt Dr. Reckzeh – vorübergehend an der Charité beschäftigt –, auf einer Teegesellschaft des Solf-Kreises systemfeindliche Äußerungen provozierte; er hinterbrachte sie der Prinz-Albrecht-Straße, die in einer Verhaftungsaktion wahllos Proletarier und Adelige einsammelte.

Unter Folterung preßten sie aus Römer Geständnisse heraus. Über 150 Männer wurden verhaftet, unter ihnen auch sein Auftraggeber. Einige konnten sich herauswinden, die meisten kamen unter das Fallbeil.

»Liebe Mutter!« kritzelte Nikolaus vom Halem ein paar Minuten vor seiner Hinrichtung mit gefesselten Händen auf einen Zettel. »Jetzt habe ich auch die letzte kleine Unruhe überwunden, die den Baumwipfel faßt, ehe er stürzt! Und damit habe ich das Ziel der Menschheit erreicht. Denn wir können und sollen wissend dulden, was der Pflanze unwissentlich widerfährt. Adieu! Ich werde geholt. Tausend Küsse. Dein Sohn.«

Ziemlich genau zu der Zeit, da Halem mit exemplarischer Würde und Tapferkeit seinen trostlosen letzten Gang antrat, sagte Oberst Henning von Tresckow, Erster Generalstabsoffizier der Heeresgruppe

Mitte in Rußland, zu seinem Ic: »Fragen Sie mich bitte jetzt nichts, Gersdorff, aber ich brauche einmal einen besonders wirksamen Sprengstoff, der wenig Raum beansprucht, und zum anderen einen absolut zuverlässigen Zeitzünder, der keinerlei Geräusch verursacht. Können Sie mir beides besorgen?«

Der spätere Generalmajor Rudolph Christoph Freiherr von Gersdorff wußte, daß er das Rohmaterial für eine Bombe gegen Hitler liefern sollte; er war bereit dazu und in der Lage, es zu tun.

Planung im Westen, Versuche im Osten

Die Aufrufe der Rebellen an das deutsche Volk zur Beseitigung Hitlers vermoderten in der Schreibtischschublade, die optimistischen Reden der Wortführer des Widerstands wurden leiser, ohne zu verstummen, die in Schlüsselpositionen gehievten konspirativen Kommandeure, deren Truppen in der Stunde X gegen die Anhänger Hitlers marschieren sollten, an die Front versetzt, pensioniert oder auf unwichtige Positionen abgedrängt.

Zwar träumte im Westen der Generalfeldmarschall Erwin von Witzleben weiterhin von der Tötung Hitlers bei einem Frontbesuch, zu dem er ihn laufend einlud, aber als der Diktator – nach vielen Absagen – überraschend in Saarbrücken erschien, waren die Attentatsvorbereitungen noch nicht weit genug gediehen. Der Generalfeldmarschall und seine Helfer entschlossen sich, den »tobsüchtigen Dschingis-Khan« (Goerdeler) bei der Siegesparade in Paris zu erschießen. Drei Offiziere aus dem Stab des Oberbefehlshabers, der Rittmeister Graf von Waldersee sowie die Majore Alexander von Voß und Hauptmann Graf Schwerin von Schwanenfeld, erklärten sich bereit, ein Pistolenattentat auf der Tribüne in der Nähe der Place de la Concorde zu inszenieren. Sollten die Offiziere nicht durch die Abschirmung kommen, wollte Graf Schwerin auf Hitlers Hotelflur einen Handgranatenanschlag riskieren.

Die Verschwörer hatten ihren Umsturzversuch mit ihren Freunden beim Ersatzheer in Berlin abgesprochen. Sowie die Nachricht aus Paris einginge, wollten diese in der Reichshauptstadt nach Osters Besetzungsplan losschlagen.

Und wieder entging Hitler der Falle.

Am 28. Juni 1940 um 5 Uhr morgens landete er – erst im letzten Moment angemeldet – auf dem Flughafen Le Bourget, stieg sofort in seinen gepanzerten Mercedes-Wagen und fegte mit seiner Kolonne durch das noch schlafende Paris. Er fuhr durch den Arc de Triomphe die Champs Elysées hinunter, besichtigte kurz die Oper, den Louvre und den Eiffelturm, ließ sich dann zum Invalidendom bringen, wo er am Grab Napoleons für die Kamera posierte. Drei Stunden später war er schon wieder in Le Bourget und flog in sein Hauptquartier »Tannenburg« bei Freudenstadt zurück. Viel schlimmer war, daß er sich während seines Blitzbesuchs entschlossen hatte, die Siegesparade in Paris ausfallen zu lassen.

1941 sollte sie nachgeholt werden. Wieder stellten sich die verschwörerischen Offiziere bereit, aber der Balkanfeldzug verhinderte »Emils« – so lautete Hitlers Tarnname bei den Frondeuren – Paris-Besuch. Kurze Zeit später erkrankte Witzleben und mußte sich einer Operation unterziehen. Hitler nutzte die Gelegenheit, seinen unbequemen und undurchschaubaren Oberbefehlshaber im Westen loszuwerden: Im März 1942 wurde er entlassen.

Nach dem Scheitern der Pariser Pläne trat bei den Anschlägen auf Hitler die längste Pause ein, die es bisher seit seinem Machtantritt gegeben hatte. Die Blitzsiege in Holland, Belgien, Luxemburg, Frankreich, Dänemark, Norwegen und auf dem Balkan hatten auch die Opposition überrollt. Zwar waren Unermüdliche, wie zum Beispiel Oster, Beck, Dohnányi, Gisevius und Groscurth weiterhin in Sachen Umsturz unterwegs, aber im tobenden Menschenmeer der Heilschreier verloren sie sich als Quantité négligeable.

Aus der Optik der Führerschutzeinheiten schien der NS-Slogan »Ein Volk, ein Reich, ein Führer« verwirklicht. Der aufwendige Apparat für die Sicherheit des Diktators rotierte in der Zeit der schnellen Kriege im Leerlauf. Gelegentlich kamen Warnungen aus dem Ausland über geplante Attentate auf Hitler oder seine Trabanten, aber es waren Windeier, die vielleicht nur die Wachsamkeit des SD-Auslandsdienstes beweisen sollten.

Rattenhubers RSD-Leute und die Soldaten des Führerbegleitkommandos mußten in dieser Zeit mehr vor dem Reichsführer-SS auf der Hut sein, der sie ständig auf die Probe stellte, als vor tatsächlichen Attentätern. Sie schlugen sich mit Blindübungen und Phantomwarnungen herum oder wurden im theoretischen Unterricht auf die inzwischen auf 60 Schreibmaschinenseiten angewachsenen verschärften Richtlinien des SS-Obergruppenführers Heydrich vergattert.

Aber die Ruhe war trügerisch. Bei den Frondeuren wankte in dieser Zeit nicht der Vorsatz, den Tyrannen zu morden, sondern der Optimismus, daß es gelingen könne. Wenn das Ziel erreicht werden sollte, mußte sich nach einem gelungenen Attentat das bessere Deutschland auf die Seite der Verschwörer stellen. Männer, die sich dazu bekennen würden, gab es sicher auch unter der braunen Zwangsherrschaft, aber in der Zeit der Blitzsiege waren sie noch schwerer auszumachen als zuvor.

Es schien, als würden die deutschen Truppen in einem einzigen Anlauf gleich bis Moskau durchstoßen. Siegestaumel wie in Polen, wie in Frankreich – und doch veränderte sich die innere Situation der Wehrmacht gründlich: Offizierskameraden, die von den Frondeuren für Männer des Widerstands gehalten worden waren, weil sie im Casino über Hitler gewitzelt hatten, über seine fehlende Bildung, über seine miserablen Tischsitten, über seinen militärischen Rang als Gefreiter oder über seine kleinbürgerliche Hekunft, waren reihenweise zu ihm übergelaufen, weil sie keine andere Zukunft sahen, nicht hinter die Fassade des Systems blickten oder Karriere, Ränge und Orden höher einschätzten als Tradition und Ehre. Früher konnte man sich in Offizierskreisen auch einem Anhänger Hitlers gegenüber offen äußern, ohne eine Denunziation befürchten zu müssen. Nunmehr mußte man selbst unter sich im Casino darauf achten, wer am Nebentisch saß. Seitdem fanatische Reserveoffiziere und vom System dressierte HJ-Führer ihren Einzug gehalten hatten, waren die Casinowitze weitgehend von Glaubensbekenntnissen abgelöst worden.

Das »Unternehmen Barbarossa«, der Überfall auf die Sowjetunion, bedeutete zunächst für die meisten Militärs noch schnellere Siege, noch höhere Ränge, Major schon unter 24 und zum EK I vielleicht auch noch das Ritterkreuz. Die ersten Monate schienen dieser Rechnung ohne den Tod – und ohne Moral – recht zu geben.

Aber es hatte sich noch etwas verändert: Im Hinterland des eroberten Gebietes veranstalteten Einsatzgruppen der SS, mitunter und zunehmend verstärkt von regulären Soldaten der Wehrmacht, die dazu rekrutiert oder auch nur animiert wurden, unter dem Vorwand der Partisanenbekämpfung Massaker an der russischen Zivilbevölkerung. Was die meisten Offiziere zunächst für gelegentliche Ausschreitungen hielten, war schon vor dem Angriff geplante und erbarmungslos organisierte Ausrottungspolitik, die in den Führungsetagen der Wehrmacht, allerdings nur in der obersten, bekannt sein mußte.

»Die Aufgaben waren ja vor dem Barbarossa-Unternehmen sorgfältig aufgeteilt«, schreibt Rudolf Augstein in einer »Spiegel«-Titelgeschichte, »und zwar in einem Abkommen, das der SS-Gruppenführer Heydrich mit dem Generalquartiermeister des Heeres, Generalmajor Eduard Wagner, im März 1941 ausgehandelt hatte, auf der Wehrmachtsseite unter Billigung von Brauchitsch und Halder. Die Heeresspitze billigte das Abkommen, nicht obwohl, sondern weil es verbrecherische Mordtaten zum Gegenstand hatte. Diese waren freilich nicht offen dargelegt, sondern wurden verklausuliert.«

Es gab Widerstand gegen die Massaker. Örtliche Kommandeure meldeten sie nach oben, forderten Gegenmaßnahmen. »Walther v. Brauchitsch«, stellt Augstein fest, »scheute die Auseinandersetzung mit Himmler. Er war ein schwacher, abhängiger Mann, der seine Ernennung nicht zuletzt der Tatsache verdankte, daß er von Hitler 80 000 Reichsmark für seine Scheidung in die Hand gedrückt bekam. Er kuschte vor Himmler, und Hitler selbst ließ mit sich über etwaige Greueltaten in Polen gar nicht erst reden. Für die Ausführung seiner Wünsche hatte der Führer den Polizisten Himmler . . .

Das Ostheer«, schreibt Augstein weiter, »war nicht ideologisch führertreu, es fürchtete ganz einfach die Rache der Roten Armee. So verloren die antijüdischen Hetztiraden der obersten Heeresleitung allmählich ihre Wirkung.

Viele Generale und spätere Feldmarschälle orientierten sich an dem Befehl, den der für die Nazis ergiebigste Wehrmachtssoldat, Generalfeldmarschall Walter von Reichenau, am 10. Oktober 1941 erließ. Danach sollte der Soldat auch ›Träger einer unterbittlichen völkischen Idee‹ sein: ›Deshalb muß der Soldat für die Notwendigkeit der harten, aber gerechten Sühne am jüdischen Unternehmertum volles Verständnis haben. Nur so werden wir unserer geschichtlichen Aufgabe gerecht, das deutsche Volk von der asiatisch-jüdischen Gefahr ein für alle Mal zu befreien.‹

Dieser Kriegsverbrecher starb 1942 in einem Flugzeug, das ihn in die Heimat zurückbringen sollte, an den Folgen eines Schlaganfalls. Reichenaus Gift hatte jedoch in der obersten Führung des Heeres seine Wirkung getan . . .«

Beim »Unternehmen Barbarossa« waren die deutschen Angreifer täglich bis zu 100 Kilometer vorangekommen und in Kesselschlachten Hunderttausende russische Soldaten in Gefangenschaft geraten. Die Panzer mit dem Balkenkreuz hatten Moskaus Peripherie erreicht und sollten in einem letzten, massierten Angriff die russische Hauptstadt nehmen.

Er fiel buchstäblich ins Wasser. Ungeheure Regengüsse verwandelten den Boden in Morast. Nach einem russischen Sprichwort ergibt im Herbst ein Löffel Wasser einen Eimer Schlamm. Die Panzerketten blieben darin stecken, die Flugzeuge konnten nicht mehr starten. Der Brei quoll den Soldaten in die Stiefelschächte, verschleimte ihre Gewehrläufe.

Am 168. Tag des Ostfeldzugs endete die Regenzeit. Über Nacht fiel das Thermometer unter 50 Grad minus. Die Angreifer trugen noch das leichte Drillichzeug, Neuankömmlinge aus Frankreich zogen mit der Tropenausrüstung des Afrikakorps in den Winterkrieg. Die Panzerketten mußten mit Spitzhacken freigelegt, die Motoren am offenen Feuer gewärmt werden. Nur jeder zweite Versorgungszug mit Nachschub kam noch durch, die anderen wurden im Hinterland von Partisanen in die Luft gejagt oder fielen aus, weil das durch den Frost plötzlich abgekühlte Wasser die Kessel der Dampfloks zerriß.

Bei über 40 Grad minus fror sogar das Benzin. Die Geschützverschlüsse ließen sich nicht mehr öffnen, die optischen Instrumente fielen aus. Automatische Waffen waren nicht mehr zu gebrauchen, weil das Fett hartgefroren war. Die Landser vermummten sich mit Wolldecken, Säcken und Lumpen. Ihre eiserne Ration portionierten sie mit dem Beil. Die Pferde fraßen das Stroh von den Dächern, die Infanteristen die Pferde von den Deichseln.

In einer überraschenden Offensive überrumpelte die Rote Armee die steckengebliebenen Angreifer. Aus Sibirien herangeschaffte Divisionen mit erstklassiger Winterausrüstung, neuen T 34-Panzern und munitioniert mit Haß, trieben, hervorragend geführt von Offizieren, die zum Teil noch von der alten Reichswehr in Deutschland ausgebildet worden waren, die Invasoren zurück. Weiße Landschaft, weiße Uniformen, weiße Panzer und Geschütze – weißer Tod.

Die Soldaten des Marschalls Schukow durchbrachen an vielen Stellen die deutsche Hauptkampflinie und erbeuteten im ersten Ansturm ihrer Gegenoffensive 286 Panzer, 305 Geschütze und zahlreiche Zugmaschinen.

Der Rückzug wurde chaotisch. Sieggewohnte Soldaten liefen in blinder Panik davon, hetzten 150 Kilometer bei 52 und mehr Grad minus zurück. Zerlumpte Kolonnen taumelten durch den Schneesturm, liefen um das nackte Leben. Wer nicht mehr mitkam, legte sich in den Schnee und wartete, bis er erfror, oder jagte sich, wenn er die Kraft noch dazu hatte, eine Kugel in den Kopf. Der Nimbus von der Unbesiegbarkeit der deutschen Wehrmacht war vor Moskau ebenso krepiert wie die Legende von Hitlers Feldherrngenie.

Während in den Wochenschauen der Kinos von PK-Männern (Soldaten der Propagandakompanie) in der Etappe gedrehte Aufnahmen gezeigt wurden, auf denen die verlorene Schlacht um Moskau wie eine winterliche Urlaubsidylle aussah, lagen in den Feldlazaretten 113 000 Verwundete mit schweren und schwersten Erfrierungen und mußten sich mit Amputationen und bleibenden Beschwerden abfinden. Sie erhielten dafür neben dem »Verwundeten-Abzeichen« die »Ostmedaille«, die sie verächtlich den »Gefrierfleisch-Orden« nannten.

Daß die Front nicht mit einem Schlag in ihrer ganzen Breite zusammengebrochen war, verdankte sie Kommandeuren, die Hitlers Befehl, »keinen Fußbreit Boden preiszugeben«, mißachteten und im rückwärtigen Gebiet eine Auffanglinie improvisierten. Der Diktator tobte. Er setzte den Oberbefehlshaber Walther von Brauchitsch kurz vor Weihnachten 1941 ab, verabschiedete ihn ohne Händedruck und ernannte sich selbst mit den Worten »das bißchen Operationsführung kann ich ja noch selbst machen« zum Oberbefehlshaber des Heeres. Mit seiner »Korporals-Strategie«, wie die Generäle spotteten, würde er bald die Wehrmacht nach Stalingrad hetzen und durch den Untergang der 6. Armee eine der größten Katastrophen der Militärgeschichte verschulden.

Die Wende, auf die die Verschwörer so lange gewartet hatten, war nunmehr da. Während des Vormarsches hatten sie es nicht geschafft, »führende Kommandeure für einen Aufstand zu gewinnen, solange deren Armeen einen Sieg nach dem anderen errangen und der Ruhm der deutschen Waffen und des Deutschen Reiches in Himmelshöhen stieg«, analysiert William L. Shirer. »Aber nunmehr wichen die stolzen und bisher unbesiegbaren Truppen in Schnee und eisiger Kälte vor einem Gegner zurück, der sich ihnen gewachsen gezeigt hatte. In sechs Monaten hatten die Verluste die Millionengrenze überschritten, und eine Reihe angesehensten Generale war von dem rücksichtslosen Diktator kurzerhand entlassen worden; einige wie Hoepner und Spondeck hatte er in aller Öffentlichkeit degradiert, die meisten gedemütigt und zu Sündenböcken gemacht ... Man hatte sich bemüht, einige wichtige Generale an der Ostfront zu bewegen, Hitler im Laufe des russischen Sommerfeldzugs zu verhaften. Und wenn dies auch ein vergebliches Bemühen bleiben mußte, da die hohen Militärs natürlich zu sehr von ihren verblüffenden Anfangserfolgen eingenommen waren, um überhaupt an die Beseitigung des Mannes zu denken, der ihnen die Gelegenheit zur Erringung dieser Siege gegeben hatte, so wurden damit doch einige Saatkörner gelegt, die schließlich aufgehen sollten.«

Aber nicht nur die persönlichen Demütigungen, die Frontkommandeuren widerfuhren, die das Schlimmste verhindert hatten, brachten nun die Militärs endlich zum Nachdenken, sondern auch die unvorstellbaren Untaten, die sich außerhalb ihrer direkten Befehlsgewalt, jedoch innerhalb ihres Befehlsbereichs abspielten. In Polen konnten sie es vielleicht noch als örtliche Übergriffe verwilderter SS-Einsatzkommandos abtun; was sich jedoch in Rußland zutrug, ließ keine Fehldeutung mehr zu.

Kriegsverbrechen gab es nicht erst seit dem Zweiten Weltkrieg, und Greueltaten Uniformierter waren keineswegs nur eine deutsche Spezialität; aber während man sie in anderen Ländern vielleicht widerwillig duldete, wurden sie von Hitlers Totenkopfverbänden im Staatsauftrag verübt. Hitlers schon vor dem Ostfeldzug erlassener Befehl, Kommissare sofort zu erschießen, erwies sich nur als der Vorläufer eines Massenmords kaum mehr zählbaren Ausmaßes. Als das neutrale Schweden als Schutzmacht der Sowjetunion dagegen protestierte, reagierte der Diktator lapidar: »Die Zeiten einer ritterlichen Kriegsführung sind vorbei.«

Rudolph Christoph Freiherr von Gersdorff, ein makelloser Offizier preußischer Tradition, beschreibt ausführlich, wie bei ihm und seinen Kameraden »die letzten Zweifel an der verbrecherischen Natur Hitlers« beiseite geräumt wurden:

»Der Stab der Heeresgruppe Mitte hatte sein Hauptquartier nach Krasny Bor, wenige Kilometer nördlich von Smolensk, vorverlegt. Dort betrat eines Tages ein guter schlesischer Bekannter, ›Männe‹ von Heydebrand, mein Dienstzimmer. Er war kalkweiß im Gesicht, so daß ich ihm in der Annahme, er sei flugkrank geworden, erst einmal einen Cognac anbot. Er erklärte jedoch mit flatternder Stimme, die Ju 52, mit der er aus der Heimat zur Front geflogen sei, habe in Borisow eine Zwischenlandung gemacht. Schon auf dem dortigen Flugplatz habe er anhaltendes Pistolen- und Maschinengewehrfeuer gehört. Beim Weiterfliegen habe er kurz nach dem Start aus geringer Höhe eine grauenhafte Hinrichtungsorgie beobachtet. SS-Leute hätten dort offenbar Tausende von Menschen bestialisch ermordet ...

Das Ganze hatte sich dann in der grauenvollsten Weise abgespielt. Die Juden mußten erst riesige tiefe Gruben ausheben. Dann wurden sie in Gruppen zu Hunderten nackt in sie hineingetrieben und von den lettischen SS-Leuten mit Maschinengewehren zusammengeschossen. Ohne daß festgestellt wurde, wer noch am Leben war, mußte die nächste Gruppe der Juden die Erschossenen niedertrampeln, um dann ebenfalls niedergeschossen zu werden. Ein SS-Mann war beobachtet worden, wie er Säuglinge an den Beinen hochhob, mit der Pistole in den Kopf schoß und dann in die Grube warf ... Am Rande der Todesgruben spielten sich erschütternde Szenen ab. Verzweifelte Fluchtversuche sowie das Sich-Anbieten junger Jüdinnen, die nur ihr Leben und das ihrer Kinder retten wollten, endeten gleichermaßen im Kugelhagel der SS . . .«

Bereits eine erste Überprüfung ergab, daß die Schilderung in allen Punkten zutraf. Auf Betreiben Gersdorffs und anderer Offiziere bei der Heeresgruppe Mitte, die sich zu einer Widerstandsgruppe zusammengefunden hatten, befahl der Oberbefehlshaber Fedor von Bock den Feldkommandanten von Borisow zum Rapport. Der Offizier, den die Opfer zuvor vergeblich um Hilfe angefleht hatten, erschoß sich auf dem Weg in das Hauptquartier.

Die Heeresgruppe gab die Meldung über das Massaker auf dem Dienstweg weiter. Als sie nach dem Krieg beim Prozeß gegen die Hauptkriegsverbrecher von Nürnberg vorgelegt wurde, erwies sich, daß der Eingang beim Oberkommando des Heeres durch Dienstsiegel bestätigt, jedoch nichts »veranlaßt« worden war.

Unter der Führung des damaligen Obersten und späteren Generalmajors Henning von Tresckow entschlossen sich die bestürzten Offiziere, künftig auf eigene Faust vorzugehen. Die Männer, die jetzt zur Anti-Hitler-Fronde stießen, brachten pragmatische Qualität mit. Sie waren, um es in der Sprache der Zeit zu formulieren, Frontschweine und keine Etappenhengste. Sie hatten den kürzeren Weg zur Waffe und den härteren Willen zur Tat.

Fast ausnahmslos entstammten die neuen Verschwörer Adelskreisen; zum größten Teil waren sie aus dem Infanterieregiment 9 hervorgegangen, das Spötter das »Infanterieregiment von Neun« nannten. Ihr Anführer Tresckow, ein glänzender Generalstabsoffizier, scharfsinnig und scharflippig, war seinen Gesinnungsfreunden gegenüber von lauterer Offenheit und doch mit der Fähigkeit ausgestattet, sich Feinden gegenüber überzeugend zu verstellen. Das war äußerst wichtig, denn der frühere Regimentskamerad General Rudolf Schmundt, ein glühender Nationalsozialist, war zum Persönlichen Adjutanten Hitlers aufgerückt, dabei aber für einen Vertrauten aus Reichswehrzeiten jederzeit ansprechbar geblieben.

Der Erste Generalstabsoffizier und heimliche Führer der Heeresgruppe Mitte ging Schmundt, sich für einen fanatischen Nazi ausgebend, laufend mit Bitten an: Es waren Personalwünsche. Und Tresckow mauerte seinen Vetter, den Oberbefehlshaber Fedor von Bock, mit Männern seiner Gesinnung förmlich zu, stellte ihm zwei überzeugte Widerstandskämpfer, die Grafen Hardenberg und Lehndorff, als Adjutanten an die Seite und holte sich selbst den Rechtsanwalt Fabian von Schlabrendorff als persönlichen Ordonnanzoffizier, der die Verbindung mit den Verschwörern von Berlin und anderen Orten des Ersatzheeres besorgte.

Tresckow stammte aus einer alten Offiziersfamilie. Innerhalb einer zum Dogma erhobenen Tradition war der hochgebildete Mann mit der schwächlichen körperlichen Konstitution bereits als junger Offizier ein Rebell gewesen. Sein erster Kommandeur hatte ihm einst vor versammelter Mannschaft vorhergesagt: »Sie, Tresckow, werden einmal Chef des Generalstabs werden oder als Revoluzzer auf dem Schafott enden.«

Nach dem Ersten Weltkrieg war Tresckows Laufbahn in der scheinbar vorgezeichneten Karriere verlaufen: Er nahm an Freikorpskämpfen teil, bis er die Uniform an den Nagel hängte und bei einem jüdischen Unternehmen in Potsdam eine Banklehre absolvierte. Man erkannte seine ungewöhnlichen Fähigkeiten und förderte ihn nach Kräften. Tresckow arbeitete erfolgreich als Börsenmakler in Berlin und verdiente dabei so viel, daß er anschließend ein Jahr lang auf Weltreise gehen konnte. Sein Horizont hatte sich beträchtlich erweitert, als er sich 1926 bei der Reichswehr reaktivieren ließ.

1933 stand er Hitler zunächst eher wohlwollend gegenüber; aber wie Schlabrendorff feststellt, wurde er »im Laufe der Zeit mehr und mehr zum Gegner des Nationalsozialismus und endete schließlich als sein unversöhnlicher Feind. Den letzten Ausschlag hierfür gab die Tatsache, daß Henning von Tresckow erkannte und wußte, Hitler will den Krieg, Hitler steuert den Weltkrieg an. Der Weltkrieg aber war der Tod Deutschlands.«

Auch dieser Militär mit der hohen Stirn, den kühlen Augen, dem geraden Mund und dem energischen Kinn quälte sich mit dem Fahneneid und dem Gesetz des Gehorsams herum, und trotzdem rang er sich zu der Erkenntnis durch: »Man darf die Waffen nicht selbst bestimmen. Sie werden durch den skrupellosen Gegner bestimmt. Wer den Tyrannen stürzen will, darf sich in der Wahl der Waffen keine Scheu auferlegen.«

Sein Einfluß war so dominierend, daß er es wagen konnte, vor den versammelten Offizieren der Heeresgruppe aus der Deckung zu gehen. Generalfeldmarschall von Bock hatte nach dramatischer Verschlechterung der Kampfsituation eine Lagebesprechung anberaumt. »Was schlägst du vor?« fragte er seinen Vetter, den Ersten Generalstabsoffizier.

»Es gibt nur einen Weg«, erwiderte Tresckow. »Wir müssen Hitler beseitigen.«

»Wie von der Tarantel gestochen, fuhr der Generalfeldmarschall hoch«, berichtet Schlabrendorff, »und schrie überlaut: ›So etwas lasse ich mir nicht sagen. Das höre ich mir unter keinen Umständen an.‹ Er verließ das Zimmer, ging durch das Vorzimmer und begab sich ins Freie.«

Der Zusammenstoß hatte keine Folgen. Bock wurde 1942 abgelöst und durch den zugänglicheren Günther von Kluge ersetzt, den die Offiziere sofort in ihre Pläne zu verstricken suchten. »Insgesamt war im Stab der Heeresgruppe Mitte«, so analysiert Peter Hoffmann, »die stärkste Oppositionsgruppe konzentriert, die je bestanden hat.«

Aber selbst der illusionslose und energische Ia schreckte zunächst noch vor der letzten Konsequenz zurück und versuchte Hitlers Ermordung durch seine Gefangennahme zwecks späterer Aburteilung zu umgehen. »Als Hitler am 4. August 1941 das Oberkommando der Heeresgruppe Mitte in Borisow besuchte«, so berichtet William L. Shirer, »beschlossen Tresckow und sein persönlicher Adjutant auf eigene Faust zu handeln: Sie wollten Hitler auf der Fahrt vom Flugplatz zum Quartier Bocks festnehmen. Aber die Verschwörer waren damals noch Dilettanten und hatten nicht mit Hitlers Sicherheitsvorkehrungen gerechnet. Umgeben von Leuten seiner SS-Leibstandarte, lehnte er es ab, die Wagen der Heeresgruppe zu benutzen – er hatte eine eigene Wagenkolonne vorausgeschickt –, und gab den beiden Offizieren keine Gelegenheit, sich ihm zu nähern. Aus diesem Fiasko – es hat deren offenbar mehrere gegeben – zogen die Verschwörer der Wehrmacht einige Lehren. Die erste war, daß es nicht einfach war, Hitler in die Hand zu bekommen; er war stets gut bewacht. Eine andere war, daß seine Festnahme oder Verhaftung das Problem kaum zu lösen vermochte, da die höchsten Generale entweder zu feige waren oder in einem zu verwirrenden Konflikt mit ihrem Treueid standen, um der Opposition dann weiterzuhelfen. Zu jener Zeit etwa, im Herbst 1941, gelangten einige der jungen Offiziere des Heeres, teils Reserveoffiziere wie Schlabrendorff, widerstrebend zu dem Schluß, die einfachste und vielleicht einzige Lösung bestehe darin, Hitler umzubringen. Dann würden wohl die zaghaften, von ihrem persönlichen Eid auf den Führer entbundenen Generale mit dem neuen Regime gehen und ihm die Unterstützung des Heeres gewähren.«

Diese Einsicht setzte sich als Lösung der Vernunft durch. Es war im Kreis um Tresckow nicht mehr die Frage, ob Hitler getötet werden sollte, sondern nur noch, wie es geschehen sollte. Unabhängig vom Tirpitzufer war die Gruppe um den Generalstabsoffizier zur gleichen Ansicht gekommen wie Oster und seine Freunde. Schlabrendorff wurde, die feldgraue Uniform als Tarnung nutzend, zum permanenten Kurier der Verschwörung zwischen Ostfront und Reichshauptstadt.

In Berlin war es inzwischen zu heftigen Querelen zwischen der militärischen Abwehr und dem Reichssicherheitshauptamt gekommen. Es war nur eine Frage der Zeit, bis sich SS-Obergruppenführer Heydrich die Canaris-Organisation ganz unterwerfen und dem Reichssicherheitshauptamt einverleiben würde.

Canaris witterte die Gefahr und stemmte sich dagegen. Heydrich war ihm gegenüber mißtrauisch, aber noch immer ahnungslos über das Doppelspiel, das Oster mit Duldung des »kleinen Levantiners« betrieb.

Der Chef des Reichssicherheitshauptamtes, längst auch Stellvertretender Reichsprotektor für Böhmen und Mähren, hatte zu Beginn des Mais 1942 zur Klärung schwebender Fragen eine Sicherheitskonferenz nach Prag einberufen. An der Festtafel im Hradschin stieß er mit Admiral Canaris auf die gemeinsame Arbeit an. Tatsächlich hatte er nach langen Kompetenzstreitigkeiten durchgesetzt, daß die Befugnisse der militärischen Abwehr eingeschränkt wurden. Der ausgetrickste Admiral verbarg seinen Groll, so gut es ging. Im scheinbar besten Einvernehmen verabschiedete er sich auf der Prager Burg von seinem Gegenspieler Heydrich; er wußte noch nicht, daß er ihn zum letzten Mal gesehen hatte.

Der 29. Mai 1942 war ein strahlender Frühlingstag. Wie gewöhnlich hatte sich Heydrich am späten Vormittag von seinem Privathaus in der Nähe Prags zur Fahrt auf seinen Dienstsitz im Hradschin abholen lassen. Die schwere gepanzerte Mercedes-Limousine chauffierte an diesem Tag nicht sein langjähriger Fahrer, sondern ein Ersatzmann; nach Erreichen der Stadtgrenze ging er mit dem Tempo auf 30 Kilometer herunter.

Die Straße machte eine scharfe Biegung. Der Chauffeur drosselte die Geschwindigkeit noch einmal, als ein Mann direkt auf den Wagen zulief. Im nächsten Moment schoß er wahllos um sich, und unmittelbar danach warf ein zweiter Attentäter ein Geschoß, das wie eine Kegelkugel aussah, in Richtung des Mercedes. Unter dem Wagen kam die Sprengladung zur Explosion. Das Gefährt wurde zertrümmert, der SS-Obergruppenführer schwer, sein Begleiter nur leicht verletzt.

»Mensch, gib doch Gas!« schrie Heydrich den Fahrer noch an, kämpfte sich aus dem Wrack und schoß hinter den auf Fahrrädern flüchtenden Tätern her, dann brach er zusammen.

Während Artur Nebe und Gestapo-Müller nach Prag flogen, rang Heydrich mit dem Tod. Die Agonie dauerte Tage. Nach dem Exitus wurde gegen Himmlers Leibarzt, unter dessen Leitung der Schwerverletzte versorgt worden war, der Vorwurf falscher Behandlung erhoben; andere Mediziner meinten, er hätte die zerfetzte Milz des Patienten ganz entfernen müssen.

Der gefürchtetste Mann Nazideutschlands, der Hausherr der Prinz-Albrecht-Straße, war einem Attentat zum Opfer gefallen, wie es sich der Hypochonder Hitler immer wieder ausgemalt hatte. Nach der ersten Blitzmeldung nahm Walter Schellenberg, Heydrichs Günstling, der sich zur Zeit in Holland aufhielt, an, daß der übermächtige Heydrich »der geheimen Feme des allerengsten Führerkreises (Hitler, Bormann, Himmler) zum Opfer gefallen sei«. Die Ermittlungen ergaben aber schon sehr bald, daß Exiltschechen mit dem Flugzeug in England gestartet und nächtens mit dem Fallschirm über ihrer Heimat abgesprungen waren und dann vorgeführt hatten, wie man einen Verhaßten am hellichten Tage auf offener Straße erledigt.

»In langwierigen Untersuchungen stellten Spezialisten des Kriminaltechnischen Instituts fest, daß es sich um eine bis dahin gänzlich unbekannte und völlig ungewöhnliche Konstruktion einer Kugelbombe handelte«, heißt es in den Schellenberg-Memoiren, »die Kugel selbst war eine amorphe, höchst explosive Sprengmasse mit einem Zünder, der ebenfalls eine völlige Neuheit darstellte. Der Mechanismus war auf eine Entfernung von sieben Metern eingestellt worden, und die Auslösung zeigte, daß die Konstruktion haargenau funktioniert hatte. Die Sprengstoffmasse selbst soll angeblich englischer Herkunft gewesen sein, was aber an sich nichts über die Drahtzieher dieses Attentats zu besagen braucht. Wir selbst benutzten im eigenen Dienst fast nur erbeuteten englischen Sprengstoff, da dieser knetbar war und auch eine größere Wirkung erzielte.«

Heydrichs Leichnam war im Vorhof des Hradschins aufgebahrt worden. Nach drei Tagen wurde der Katafalk feierlich nach Berlin übergeführt, wo sich Hitler in einem Staatsakt von dem »Mann mit dem eisernen Herzen« verabschiedete. Admiral Canaris vergoß während des Staatsbegräbnisses Tränen und klagte: »Er war doch ein großer Mann. Ich glaube, ich habe einen Freund in ihm verloren.« Ehrlicher war das brutale Requiem, das der Kommandeur der Leibstandarte Sepp Dietrich sprach: »Gott sei Dank ist die Sau verreckt.«

Im kleinen Kreis verurteilte Hitler beim Abendessen in der Wolfsschanze »heroische Gesten, wie im offenen ungepanzerten Wagen zu fahren oder in Prag ohne Sicherung zu Fuß durch die Straßen zu gehen, einen Blödsinn, der der Nation nichts nutzt. Wo es nicht unbedingt sein müsse, daß sich ein so unersetzbarer Mann wie Heydrich der Gefahr aussetzt, könne er das nur als Dummheit oder reinen Stumpfsinn verurteilen.«

Er hatte vergessen, daß er diese heroischen Gesten, durch die er groß geworden war, über alles schätzte und trotz aller Bedenken seiner Sicherungskräfte immer wieder in sie zurückfiel. Am 26. April 1941 war er zum Beispiel im offenen Wagen durch Marburg und Graz gefahren, »zum großen Gaudium der Menge«, wie Peter Hoffmann feststellt, »die lachend im strömenden Regen stand und von einer geringen und sehr gemischten Absperrtruppe in Schach gehalten wurde. Hitler nahm sogar einen Strauß Narzissen von uniformierten Mädchen entgegen, und viele Zuschauer befleißigten sich der verbotenen Privatfotografiererei. In Marburg drängte die Menge so sehr an die Autos heran, daß die Führerbegleitkommandoleute gezwungen waren, auszusteigen und nebenher zu laufen, um dem Wagen genügend Platz zur langsamen Durchfahrt zu schaffen. Einige Male gelang es auch hier Kindern und Frauen, dem Führer Blumen zu reichen . . .«

Nunmehr befahl er, woran er sich selber nur selten hielt: die strikte Befolgung der Sicherheitsbestimmungen. Nach dem Heydrich-Attentat zeigte er sich immer weniger in der Öffentlichkeit. Es war keine Frage der Vernunft, sondern eine Folge der militärischen Rückschläge, die sich immer deutlicher ankündigten. Der Diktator war jetzt weniger in der Massenversammlung anzutreffen als in seinem dreifach gesicherten Hauptquartier Wolfsschanze. Außenseiter wie Maurice Bavaud, Noel Mason-Macfarlane, Georg Elser oder der im September 1942 hingerichtete Beppo Römer hätten keine Chance mehr gehabt, zum Schuß zu kommen.

Ein Anschlag auf Hitler konnte nur noch aus seiner unmittelbaren Umgebung kommen oder mußte von den Waffenträgern der Nation, von Wehrmachtsoffizieren, unternommen werden. Bei der Heeresgruppe Mitte interessierte nach dem Attentat auf Heydrich vor allem der verwendete Sprengstoff; in dieser Zeit wurde Gersdorff beauftragt, ihn aus Beutebeständen zu besorgen.

Er wandte sich sofort an die Sabotageabteilung der militärischen Abwehr, um sich angeblich »auf dem Gebiet der Sprengstoffe zu informieren«. Der zuständige Oberstleutnant Wilhelm Hotzel war erfreut über das Interesse und führte seinen Gast bereitwillig ins Materiallager.

»Dort ließ er mir alle Arten von Sprengmunition, Zündern und anderen Geräten, die für den Einsatz von Sabotageagenten hinter der sowjetischen Front geeignet waren, vorführen«, berichtet der Verschwörer. »Das deutsche Material machte einen soliden, aber meist sehr aufwendigen Eindruck. Vor allem waren die deutschen Zünder mit einem tickenden Uhrwerk versehen. Dann wurde mir Material gezeigt, das die Briten zur Versorgung französischer und holländischer Widerstandskämpfer über den besetzten Gebieten abgeworfen hatten. Durch gefaßte und umgedrehte feindliche Funkagenten hatte die deutsche Abwehr unverfängliche Verbindungen mit den Absendestellen in Großbritannien herstellen können. In sogenannten Funkspielen wurde das Material angefordert. Es brauchte dann nur eingesammelt zu werden. Auch bei fehlgeschlagenen britischen Kommandounternehmen an der Kanalküste waren größere Mengen des britischen Materials erbeutet worden.

Der englische Sprengstoff bestand aus einer Plastikmasse, die sich in jede beliebige Form kneten ließ. Die dazugehörigen Zünder wirkten auf chemischem Weg und verursachten daher keinerlei Geräusch. Sie hatten die Form eines dicken Bleistiftes. Am oberen Ende befand sich unter der Metallhülse eine Säurekapsel über einem Draht, der eine Schraubenfeder zusammendrückte und unter Spannung hielt. Der Draht war von Baumwolle umgeben. Zerdrückte man die Säureampulle, so entwich die Säure in die Watte und zerfraß in einer bestimmten Zeit den Draht, der dann die Feder freigab, welche einen Bolzen auf die Zündkapsel schnellen ließ und so die Explosion auslöste. Je nach Stärke des Drahtes gab es Zünder mit einer Zünddauer von zehn, dreißig, sechzig und mehr Minuten. Die jeweilige Zünddauer war durch farbige Ringe auf den Zündern gekennzeichnet. So hatte zum Beispiel der Zehn-Minuten-Zünder einen schwarzen Ring.

Ich bat um eine Demonstrationsvorführung. Die Wirkung des Sprengstoffes war erstaunlich. Wenige Gramm zerfetzten Eisenbahnschienen. Dann ließ ich an einem russischen Beutepanzer eine Ladung von zirka 250 Gramm anbringen; die Panzerkuppel wurde abgesprengt und meterweit durch die Luft geschleudert. Dieses Material mußte Tresckows Wünsche in idealer Weise erfüllen. Ich bat Oberstleutnant Hotzel, mir ein Sortiment der verschiedenen Geräte zur Verfügung zu stellen, da ich dem Feldmarschall die neuartigen Sabotagemittel zeigen wolle. Hotzel ließ mir alle möglichen Geräte, darunter auch Proben der britischen Sprengmittel, einpacken. Korrekterweise verlangte der das Lager verwaltende Feldwebel, daß ich den Empfang des im einzelnen aufgeführten Materials in einem Quittungsbuch durch meine Unterschrift bescheinige. Beim Unterschreiben fragte ich mich, ob ich mein eigenes Todesurteil unterzeichne.«

Die Verschwörer hatten sich munitioniert. Hitler, der Mann, den sie töten wollten, brauchte nur noch in ihr Hauptquartier zu kommen, und Generalfeldmarschall von Kluge lud ihn immer dringender zu einem Besuch ein.

Die Bombe im Führerflugzeug

Hitler ließ sich mit seinem Frontbesuch Zeit, aber die Offiziere, die ihn in die Falle locken wollten, nutzten sie. Die dichten Wälder um Smolensk waren für Attentäter nicht weniger geeignet als für Partisanen. Hier veranstalteten Tresckow und seine Freunde laufend Experimente mit dem Sprengstoff, der Reinhard Heydrich zum Verhängnis geworden war. Der willige Ic Gersdorff mußte immer wieder bei Abwehr II vorsprechen und um Nachschub bitten, insgesamt besorgte er mehrere Kilo der brisanten Ware und unterschrieb mit der Quittung sein potentielles Todesurteil fünf- oder sechsmal.

Seit Tresckow die Planung der Tat leitete, gingen die Vorbereitungen mit ungewohnter Dynamik voran. Da der Generalstabschef der Heeresgruppe Mitte Pannen und Zufälle ausschalten wollte, arbeitete er Alternativpläne für den Anschlag auf den »Mann mit dem krausen, aber furchtbaren Gehirn« (William L. Shirer) aus, der seit dem ersten Winterfiasko in Rußland auch offiziell sein Oberster Befehlshaber war. Tresckow wollte sich nicht auf eine bestimmte Aktion festlegen, sondern sich auf mehrere Möglichkeiten einrichten. So fragte er bei einem Frontbesuch den Freiherrn Philipp von Boeselager – gleich seinem Bruder Georg ein hochdekorierter Offizier und dazu noch einer der bekanntesten Fünfkämpfer –, ob er sich zutraue, beim Anvisieren einer ihm bekannten Person ebenfalls eine sichere Zwölf zu schießen.

Der Kommandeur eines Reiterverbands, zu dem auch 450 Kosaken gehörten, die er gelegentlich auch hinter die feindlichen Linien führte, mußte seine Tollkühnheit nicht mehr beweisen. Er erfaßte, daß die Frage auf Hitler zielte, und zögerte keinen Moment, sich den Aufrührern anzuschließen, machte aber klar, daß es ein Unterschied sei, ob man auf eine Zielscheibe oder auf einen noch so gehaßten Menschen schieße. Er machte den Vorschlag, sich beim Führerbesuch mit seinen ihm blind ergebenen Schwadronen auf die Lauer zu legen und dann Hitler nebst Gefolge in einer klassischen Attacke einfach niederzureiten und dabei zu töten.

Es war ein brauchbarer Plan, solange der Diktator nicht durch eine hermetisch abgeriegelte, gepanzerte Kolonne geschützt war. Bei seinem ersten Besuch in Borisow war Hitler zwar mit dem Flugzeug gelandet, hatte aber zuvor für die nur vier Kilometer lange Fahrt vom Flugplatz in das Hauptquartier der Heeresgruppe Mitte sein Begleitkommando auf dem Landweg vorausgeschickt und sich inmitten einer waffenstarrenden, rollenden Kavalkade zum Stab der Heeresgruppe geleiten lassen.

Während Tresckow unter rücksichtsloser Ausnutzung seiner alten Reichswehrbeziehungen General Schmundt immer wieder beschwor, wie unerläßlich es sei, daß sich Hitler mit eigenen Augen ein Bild von der Frontlage mache, und der Persönliche Adjutant im Führerhauptquartier versicherte, alles zu unternehmen, um ihn so weit zu bringen, kam es zwischen dem I a und dem Generalfeldmarschall von Kluge zu einem verbissenen Duell. Es war nicht nur ein Rest Subalterndenken bei dem glänzenden Generalstabsoffizier, sondern auch Loyalität gegenüber seinem Oberbefehlshaber; außerdem wußte er, daß ein Staatsstreich gegen Hitler bei der Bevölkerung einen ganz anderen Rückhalt fände, wenn er von einem bekannten Heerführer wenigstens nominell angeführt würde. Bei dem Dienstrang »Generalfeldmarschall« dachten die meisten Deutschen ohnehin ein wenig an Hindenburg, und Hindenburg war für sie Tannenberg und nicht der verfallende Greis, der den »böhmischen Gefreiten« an die Macht gelassen hatte.

Günther von Kluge war viel zu intelligent, um den Wahnsinn des braunen Systems nicht zu erkennen, aber doch auch zu charakterschwach, um sich offen gegen ihn zu stellen, zumal Tresckow ihm – wie allen anderen – ausmalte, daß sie sich im Falle eines gescheiterten Putsches nicht nur um ihren Kopf bringen würden, sondern auch damit rechnen müßten, daß eine blindwütige Rachejustiz auch auf ihre Frauen, Kinder und nächsten Verwandten zurückgreifen wurde. Kluge war allen Argumenten gegen Hitler zugänglich und doch unfähig zu einer klaren Entscheidung, obwohl er eines Tages zu Tresckow und seinen Vertrauten sagte: »Kinder, ihr habt mich. Ich bin euer Spießgeselle.«

Ein merkwürdiges Ereignis hatte die konspirativen Stabsoffiziere begünstigt. Der Diktator war dazu übergegangen, seine führenden Generale zu korrumpieren. Sie erhielten steuerfreien Zusatzsold, Gemälde, Rittergüter und dazu oft noch einen Scheck in Höhe von einer Viertelmillion Reichsmark. »Sehen Sie, Herr Feldmarschall«, schrieb Hitler als stehende Floskel im jeweiligen Begleitbrief, »es daher nur als ein kleines Zeichen meiner persönlichen und der Dankbarkeit des deutschen Volkes an, wenn ich in seinem Namen versuche, Ihnen dafür bei der Gestaltung Ihres privaten Lebens etwas behilflich zu sein. Mit herzlichen Grüßen Ihr ergebener Adolf Hitler.«

Dem Generalfeldmarschall Günther von Kluge war Hitler bei der »Gestaltung seines privaten Lebens« im Oktober 1942 behilflich, und dem Militär, der die Zuwendung nicht abgelehnt hatte, war beim Empfang auch nicht wohl gewesen. Er fragte seine überraschten Stabsoffiziere im Casino: »Was macht man eigentlich, wenn man ein Trinkgeld von 250000 Mark erhält?«

Tresckow und seine Gesinnungsfreunde machten ihrem Befehlshaber in erster Linie klar, daß es sich mit der Ehrauffassung eines preußischen Generals nicht vertrage, sich während des noch unentschiedenen Krieges einkaufen zu lassen – gewöhnliche Soldaten erhielten täglich eine Mark Wehrsold, Gefreite 1 Mark 20. Sie rieten ihm, den Betrag zurückzugeben oder ihn dem Roten Kreuz zu überweisen. Einerseits wollte der Generalfeldmarschall den Spender nicht brüskieren, andererseits schämte er sich. Die Verschwörer nutzten es und setzten bei ihm den Hebel an. Kluge hätte sich hinter dem Argument verschanzen können, daß die Generalfeldmarschälle ohnedies monatlich 4000 Mark steuerfreie Zuwendung zu ihrem Gehalt bekämen (Generaloberste 2000 Mark) und daß den 250000-Mark-Scheck auch Männer wie Großadmiral Raeder, Generalfeldmarschall Ritter von Leeb, Generalfeldmarschall von Rundstedt, Generalfeldmarschall Milck, Generalfeldmarschall Keitel und dazu noch Rittergüter im Wert von 480000 Mark (Generalfeldmarschall von Kleist), 739000 Mark (Generalfeldmarschall Keitel), 1230011 Mark (Generaloberst Guderian), 1100000 Mark (Familie des Generalfeldmarschalls von Reichenau) in Kriegszeiten angenommen hatten, aber sein Unbehagen blieb – seine Widerstandsoffiziere ließ er auch so weiter gewähren.

Entgegen mehrfachen Versprechungen hatte Hitler im Jahr 1942 die Heeresgruppe Mitte noch immer nicht besucht. Zwar war es in der Zeit seiner billigen Siege ein Akt der Selbstdarstellung gewesen, sich an eben eroberten und erst mangelhaft gesicherten Schauplätzen öffentlich zu zeigen, wie zum Beispiel in Prag und in Warschau, aber entgegen der auch heute noch nicht ganz ausgeräumten Legende ließ er sich in Krisenzeiten nur selten an der Front sehen, wie er auch niemals eines seiner Vernichtungslager besichtigt hat. Zwar war seine Reiselust noch immer ungebrochen, aber er vagabundierte nicht mehr ziellos durch die Lande und ermittelte schon gar nicht mehr, wie früher, den Ankunftsort durch Münzwurf.

Hitler reiste mit dem Flugzeug oder mit dem Sonderzug. Am 8. und 9. November 1941 ließ er sich in München sehen, nahm aber seit dem Bavaud-Attentatsversuch im Jahre 1938 nie mehr an dem Marsch zur Feldherrnhalle teil. Kurze Zeit später mußte er zum Staatsbegräbnis für seinen Generalluftzeugmeister Ernst Udet, der sich wegen der verfehlten Luftrüstung erschossen hatte, und ein paar Tage später zum Trauerakt für das Jagdfliegeras Werner Mölders; der erste deutsche General unter dreißig war als Udets Kondolenzgast tödlich abgestürzt.

Im ersten Halbjahr 1942 brach Hitler siebenmal aus Rastenburg auf. Bei einem seiner raren Frontbesuche wurde seine »Condor« über dem Flugplatz Nikolajew unmittelbar nach dem Start von sowjetischen Flugzeugen beschossen. Einige Kugeln durchschlugen die Tragflächen, und Flugkapitän Baur war gezwungen, frontal auf die russischen Kampfmaschinen zuzufliegen, die, um nicht gerammt zu werden, auswichen und dann versäumten, die »Focke-Wulf 200« zu verfolgen.

Nicht nur diese prekäre Situation verleidete dem Diktator Frontbesuche; er hatte während des Sommers 1942 seine Offensive bis zum Schwarzen Meer und den Kaukasus vorgetrieben. In den überdehnten Räumen behinderten Partisanen den Nachschub. Die Luftwaffe erlebte auf endlosen Flugstrecken ihr Verdun am Himmel. Für die Rotarmisten waren die Angreifer keine Angstgegner mehr. Die Front stabilisierte sich, und aus der Tiefe des Raums traten die Sowjetdivisionen zum Sturm auf Stalingrad an, das laut Hitlers öffentlicher Bekundung »nur noch von kleinen Inseln des Widerstands gesäubert werden« mußte. Der Untergang der 6. Armee war unaufhaltsam. Fast gleichzeitig bahnte sich nach der alliierten Landung in Nordafrika ein »Stalingrad der Wüste« an, zu einer Zeit, in der sich abzuzeichnen begann, daß durch angloamerikanische Luftangriffe auch die Heimat zum Kriegsgebiet wurde.

Der zurückgetretene Generaloberst Beck, der geistige Anführer der Verschwörer, hatte einmal festgestellt, daß der Ostfeldzug schon verloren sei, bevor er überhaupt beginne. Der militärische Niedergang gab den Verschwörern recht und zwang sie zum raschen Handeln. Tresckow beschwor den Adjutanten Schmundt, und dieser lag Hitler immer wieder mit dem überfälligen Frontbesuch in den Ohren. Inzwischen pendelte Schlabrendorff als Ordonnanzoffizier zwischen Berlin und Smolensk; seltsamerweise sind sich die beiden Protagonisten des

Staatsstreichs, Oster und Tresckow, persönlich nie begegnet; aber der Kurier sorgte für erstklassige Verbindung.

»Er war ein Stabsoffizier«, urteilen die Autoren Heinrich Fraenkel und Roger Manvell, »der immer mehr Anwalt als Offizier blieb, und ein Idealist mit einer besonderen Gelassenheit, die ihn befähigte, Aufträge auszuführen, an die die Offiziere des Oberkommandos nicht einmal zu denken wagten.«

Schlabrendorff, der den Krieg überlebte – Volksgerichtshofpräsident Roland Freisler war 1945 mit seiner Akte in der Hand bei einem alliierten Luftangriff auf Berlin von einem herabstürzenden Balken erschlagen worden, wodurch eine Verzögerung seines Prozesses eintrat –, schildert seine konspirativen Begegnungen so: »Nur wer selbst während des Krieges in Deutschland gelebt hat, weiß, welche Vorsichtsmaßnahmen angesichts der Tätigkeit der Gestapo zu beachten waren, um eine vorherige Aufdeckung der Staatsstreichpläne zu verhüten. Aus diesem Grund wurde jede nicht unbedingt erforderliche Besprechung vermieden. Auch unter den Allervertrautesten wurde nur der Name ausgesprochen, dessen Nennung durch die Sachlage geboten war. Die Sorge, die alle Beteiligten bei Tage verfolgte und ihnen des Nachts den Schlaf raubte, bespitzelt und vielleicht schon durch die Gestapo beschattet zu sein, legte sich auf jeden wie eine Lähmung . . .«

Es dauerte lange, aber es ging gut. Es gelang den Verschwörern sogar, Carl Goerdeler mit falschen Papieren nach Smolensk zu schleusen. Eine Woche vor dem tatsächlichen Hitler-Besuch setzte Admiral Canaris bei der Heeresgruppe Mitte eine Besprechung der an der Ostfront eingesetzten Abwehroffiziere an, um ungehindert mit den Tresckow-Rebellen verhandeln zu können.

Inzwischen erachteten die aufrührerischen Offiziere es als die sicherste Lösung, »Emil« durch ein gemeinsames Attentat im Casino zu erledigen. Es gab dabei mehr Freiwillige, als der räumlichen Enge wegen zum Schuß kommen konnten. Rittmeister Schmidt-Salzmann, Oberst von Kleist und der Schwadronschef König waren bereit, ein zehnköpfiges Offizierskommando anzuführen. Auf ein Zeichen von ihnen sollte die Tafelrunde die Pistolen ziehen und ohne Vorwarnung den Diktator und seine Bewacher zusammenschießen.

Generalfeldmarschall von Kluge würde als Gastgeber in Hitlers unmittelbarer Nähe sitzen. Die Verschwörer baten ihren Oberbefehlshaber, sich aus der Schußlinie herauszuhalten. Der hohe Militär erschrak zuerst einmal über den Plan, dann wandte er ein, daß außer ihm auch noch andere Tafelgäste gefährdet würden. Schließlich stellte er fest, daß es ihm überhaupt gegen den Strich gehe, einen Mann bei Tisch zu töten.

»Der einzige Mensch, der sie (die Verschwörer) im Stich ließ, war Kluge selbst«, stellen Heinrich Fraenkel und Roger Manvell in ihrem Canaris-Buch fest. »Er brachte jedes nur mögliche Argument vor, um den Anschlag zu verschieben. Daraufhin beschloß Tresckow, auf eigene Faust, wenn auch in enger Zusammenarbeit mit den Verschwörern in Berlin, vorzugehen. Sie griffen auf den Alternativplan zurück, der nur Tresckows und Schlabrendorffs direkte Mitwirkung erforderte und der Kluge im Falle des Gelingens zwingen würde, sich auf ihre Seite zu stellen. Es schienen kaum Zweifel daran zu bestehen, daß Kluge – sobald Hitler tot war – den Putsch unterstützen würde.«

Es war soweit, aber Hitler machte noch einen Umweg zur Heeresgruppe Don. Am 17. Februar 1943, drei Wochen nach Stalingrad, fuhr er um 2 Uhr in großer Heimlichkeit ab, von Kastenburg über Winniza nach Saporoschje. »Im Hauptquartier der Heeresgruppe B, die von Generalfeldmarschall von Weichs geführt wurde, in Walki bei Poltawa, war ebenfalls eine Verschwörergruppe am Werk und plante, den Führer bei einem Besuch umzubringen«, rekonstruierte Peter Hoffmann. Die Hauptverschwörer in Smolensk waren Tresckow, Schlabrendorff und Gersdorff, die in Walki General Hubert Lanz, Kommandeur der Armeegruppe Lanz, und sein Chef des Stabes, Generalmajor Dr. Speidel. Der im Oberkommando der Heeresgruppe Mitte ausgeheckte Versuch fand am 13. März 1943 statt, aber der »Plan Lanz«, bei dem der Kommandeur des Panzerregiments »Großdeutschland«, Oberst Graf von Strachwitz, Hitler verhaften und bei der zu erwartenden Gegenwehr erschießen wollte, kam über das Planstudium nicht hinaus, weil Hitler nicht in Walki erschien, sondern statt dessen nach Saporoschje flog. Gefährlich war es auch dort, aber aus anderen Gründen.

Baur und die anderen Piloten der Führerstaffel landeten ihre Maschinen etwa um 6 Uhr früh auf dem größeren der beiden bei Saporoschje gelegenen Flugplätze, östlich der Stadt. Die Front war nicht weit, und während Baur und die anderen Flieger auf dem Flugplatz warteten, bis Hitler den Rückflug befehlen würde, kam plötzlich die Kunde, 20 russische Panzer seien im Anmarsch aus Richtung Dnjepropetrowsk, und zwar genau auf der Straße, die unmittelbar am Flugfeld entlangführte. Sofort losgeschickte Jagdflugzeuge konnten wegen Wolken und Nebel nichts ausrichten. Einige der russischen Panzer kamen durch und erschienen am östlichen Ende des Flugplatzes, worauf Baur dringend um Genehmigung zur Oberführung der »Condor«-Maschinen auf den südlichen, kleineren Flugplatz bat, aber Hitler ließ sagen, das sei nicht nötig, weil er in Kürze ohnehin zum Abflug bereit sein werde. Also mußte man Vorbereitungen zur Verteidigung des Flugplatzes ergreifen, und während das geschah, kam Hitler, von Kempka chauffiert, stieg ein, und die »Condor« flogen los, zur selben Zeit schwebten mehrere »Gigant«-Transporter mit Panzerabwehrkanonen und anderen Waffen und Geräten ein. Die Sache ging noch einmal gut; später erfuhr man, die russischen Panzer seien nicht mehr weiter vorgerückt, sondern in einer nahen Kolchose in Stellung gegangen – weil sie keinen Kraftstoff mehr gehabt hatten.

Mit dem Canaris-Besuch im Hauptquartier der Heeresgruppe Mitte waren alle Vorbereitungen für den Tyrannenmord abgeschlossen. General Friedrich Olbricht, einer der rührigsten Verschwörer beim Ersatzheer, hatte Ende 1942 noch zwei Monate Vorbereitungszeit gefordert. Jetzt ließ er Tresckow und seine Akteure wissen, daß er bereitstünde, nach der Tötung Hitlers mit Einheiten des Ersatzheeres strategische Brennpunkte im ganzen Reichsgebiet schlagartig zu besetzen.

Während die Frondeure bereits fürchteten, Hitler werde sich nie nach Smolensk wagen, sagte er – unter größter Geheimhaltung – plötzlich wieder einmal seinen Besuch an. Die meisten Offiziere erfuhren es erst, als am Nachmittag des 12. März in und um Smolensk hektische Geschäftigkeit aufkam. Aus Rastenburg traf Hitlers Autokolonne ein. SS-Truppen mit umgehängten Maschinenpistolen und RSD-Leute, die die Sicherheitseinrichtungen besichtigten, waren die Vorboten. Am nächsten Morgen wollte der Oberste Befehlshaber der Wehrmacht auf dem Rückflug von Winniza nach Ostpreußen in Smolensk eine kurze Zwischenstation machen, um die Frühjahrsoffensive von Kursk zu besprechen.

Es war ein frostiger, klarer Wintertag. Die Gefallenen lagen noch aufgestapelt an den Sammelplätzen. Dicker Schnee bedeckte sie wie ein Leichentuch. Erst wenn der frostklamme Boden auftaute, sollten sie in Soldatengräbern beigesetzt werden. Wie immer im Winter bedrängte die Rote Armee das Ostheer, und wie immer verübten aus der Luft versorgte, fanatisierte Partisanenverbände weit in dem von

Deutschen besetzten Hinterland ihre Anschläge, jagten Eisenbahnzüge in die Luft, überfielen Konvois, räucherten Quartiere deutscher Truppen aus.

Rattenhubers RSD-Leute hatten angeordnet, daß ein dichtes Spalier SS-Soldaten auf beiden Seiten die kurze Strecke vom Feldflughafen bis zur Blockhütte des Oberbefehlshabers sichern sollte. Irgendwie fielen am Morgen Günther von Kluge die gespannten Gesichter seiner Offiziere auf. Kurz vor dem Eintreffen Hitlers sagte er zu seinem Ia: »Sie werden doch um Gottes willen am heutigen Tag nichts unternehmen, Tresckow. Es ist noch viel zu früh dazu.«

Der Oberst freilich war der Meinung, daß längst der Zeitpunkt für ein wirksames Attentat gekommen sei, er lächelte ausweichend und gab seinem Oberbefehlshaber eine hinhaltend-beruhigende Antwort. Für Erklärungen sei hinterher noch genügend Zeit, wenn heute nachmittag die Iden des März – schon einmal ein weltgeschichtliches Datum bei der Ermordung eines Diktators – vorverlegt worden wären. Außer ihrem Oberbefehlshaber waren sich alle Offiziere um Tresckow einig. Es war nur mehr eine theoretische Floskel, als der Oberst seinen persönlichen Adjutanten von Schlabrendorff fragte: »Was ist, wollen wir's wagen?«

»Wir müssen es tun«, erwiderte der Vertraute.

Kluge fuhr, begleitet von einigen Stabsoffizieren, zum Feldflughafen, um Hitler in Empfang zu nehmen. Er landete mit zwei oder drei – hier weichen die Augenzeugenberichte voneinander ab – Flugzeugen des Typs FW 200 »Condor«. Nach einer kurzen Begrüßung lud der Generalfeldmarschall seinen Gast in seinen Wagen ein, aber der Diktator lehnte ab und fuhr die kurze Strecke in einer eigenen, schwer gesicherten Kolonne. Die Reiterschwadronen des Freiherrn von Boeselager, die, vorsorglich auf das Gelände verteilt, für alle Fälle bereitstanden, hatten keine Chance zu einer Attacke. Die Situation bewies Tresckow, wie richtig es gewesen war, alternative Attentatspläne auszuarbeiten.

»Bald kam die Meldung durch«, berichtet Schlabrendorff, »Hitler sei auf dem Flugfeld von Smolensk eingetroffen. Er wurde durch eine riesige Autokolonne abgeholt und gleich in das Blockhaus des Generalfeldmarschalls von Kluge gebracht. Es herrschte eine eisige Atmosphäre. Die Landschaft trug noch ganz das Kleid des russischen Winters. Ein kalter Wind fegte durch das Gelände.«

Hitler, der Generalfeldmarschall, Tresckow und zwei, drei weitere

Stabsoffiziere zogen sich zu einer stundenlangen Besprechung zurück und erörterten die Lage; sie war, wenige Wochen nach Stalingrad, schlecht. Das mußte selbst der Durchhaltefanatiker aus Rastenburg eingestehen. Und die hohen Militärs erfaßten einmal mehr, daß sie statt der angeforderten Verstärkungen nur starke Worte zu erwarten hätten.

Es war eine vertrauliche Konferenz im engsten Kreis; trotzdem hielt sich jeweils einer von Hitlers persönlichen Dienern in der Nähe auf, bereit, ihm eines der 28 Medikamente, die er seit einiger Zeit einnahm, zu geben oder auch die Lesebrille zu überreichen, die er so wenig wie möglich aufsetzte. Daß Hitler kurzsichtig war und daß für ihn bestimmte Schriftstücke auf einer eigenen »Führermaschine« mit großen Lettern geschrieben werden mußten, wurde wie ein Staatsgeheimnis behandelt.

Für die Mittagszeit war ein Essen mit den Stabsoffizieren der Heeresgruppe Mitte angesetzt, und an der Tafel saßen auch die 13 Offiziere, die sich nur mit Mühe durch einen ausdrücklichen Befehl des Generalfeldmarschalls von Kluge daran hindern ließen, den Diktator zwischen Suppe und Hauptgang auszulöschen. Das Gespräch war verhalten. Obwohl Hitler nur auf einen Blitzbesuch gekommen war, hatte er seine Diätköchin und seinen Leibarzt Professor Theo Morell – von Göring als »Reichsspritzenmeister« verspottet – mitgebracht, der jede Speise, die Hitler gereicht wurde, abschmeckte. Auf die Offiziere machte der hastig, fast unappetitlich essende Gast den Eindruck eines orientalischen Potentaten, der sich mißtrauisch gegen Gift absichert. Tatsächlich aber waren Morells Vorkostereien bei Tisch weniger eine Sicherheitsmaßnahme gegen einen Mordanschlag als medizinische Prophylaxe. Der Arzt wollte sich überzeugen, daß die Speisen wie angeordnet – nicht zu stark gewürzt waren.

Hitlers schlechte Verdauung war längst bekannt, aber der Diktator litt auch noch an Schwächeanfällen, Schüttelfrost, Unwohlsein und Ödemen, die sich an seinen Unterschenkeln gebildet hatten. Täglich erhielt er Sulfonamide, Drüsenstoffe, Traubenzucker und Hormone gespritzt. Sein Wochenkonsum lag bei 150 Tabletten. Neben psychosomatischen Störungen war bei ihm auch eine fortschreitende Koronarsklerose diagnostiziert worden.

Es war eine sehr gedämpfte Tischrunde, und irgendwie schien jeder darauf zu warten, daß die Tafel endlich aufgehoben würde. Tresckow, der sonst durch intelligent-witzige Konversation glänzte, wirkte so schweigsam, daß Teilnehmer des Essens seinen Intimus Schlabrendorff fragten, was mit dem Obersten heute los sei. Der Ordonnanzoffizier mußte sich auf die schwächliche Gesundheit des I a berufen. »Sie wissen doch«, sagte er, »daß der Oberst ständig an Zahnschmerzen leidet.«

Es stimmte zwar, aber an diesem 13. März 1943 litt er an einer anderen Pein: Die Frondeure hatten sich die genauen Baupläne der Führer-»Condor« über Verschwörer der Lufthansa besorgen lassen. In langer Arbeit waren von ihnen zwei englische Bomben verkoppelt, mit einem Zünder versehen und mit einem Geschenkpapier umkleidet worden. Das tödliche Geschenk lag in der Kiste, in der sonst das Kriegstagebuch der Heeresgruppe aufbewahrt wurde. Es mußte unmittelbar vor dem Abflug scharf gemacht und dann in Hitlers Flugzeug geschmuggelt werden.

Tresckow fragte den neben ihm sitzenden Oberstleutnant im Generalstab Heinz Brandt von der OKH-Operationsabteilung, ob er in der Führermaschine mitfliegen werde. Erst dann rückte er mit seinem Wunsch heraus. »Sie könnten mir einen großen Gefallen tun«, sagte er. »Ich habe eine Wette gegen Oberst Stieff verloren: zwei Flaschen Cointreau. Ich habe sie zu einem Päckchen verschnüren lassen. Es ist bequem zu transportieren. Würden Sie es freundlicherweise mitnehmen und dem Oberst mit meinen besten Grüßen übergeben?«

Brandt war sofort dazu bereit. Die Gefälligkeit mußte für ihn tödlich enden, aber Tresckow und seine Männer hatten sich längst zu dem moralischen Standpunkt durchgerungen, daß jeder in der Umgebung Hitlers, der seine Befehle befolge, weitergebe und ihre Durchführung überwache, gegebenenfalls den Tod verdient habe. Die Bombe konnte keinen Unterschied machen, wer weniger oder mehr mitschuldig war an den Verbrechen des Dritten Reiches. Wenn die Höllenmaschine in der »Condor« explodierte, wurde und sollte es keine Überlebenden geben.

Unter dem gleichen Aufwand an Sicherheitsmaßnahmen wie bei seiner Ankunft fuhr Hitler nach Tisch zum Flughafen zurück. In einem Wagen folgten ihm Tresckow und Schlabrendorff. Ohne Zwischenfall erreichte die Kolonne das Rollfeld, wo inzwischen Flugkapitän Baur die »Condor« aufgetankt und startklar gemacht hatte. Eine Jägerstaffel würde die schweren Viermots begleiten. Russische Luftangriffe waren in diesem Frontabschnitt kaum zu erwarten.

»Während Hitler noch auf der Piste stand und sich mit den höheren

Offizieren der Heeresgruppe unterhielt«, beschreiben Heinrich Fraenkel und Roger Manvell die Situation, »bevor er sein kugelsicheres Flugzeug bestieg, wechselte Schlabrendorff mit Tresckow einen Blick und zerdrückte mit einem Schlüssel den Säurebehälter der Zündung. Dann überreichte er das harmlos aussehende Paket beim Einsteigen dem Oberstleutnant Brandt.«

Die Verschwörer hatten sich bei der Wahl ihrer Höllenmaschine auf kein Risiko eingelassen und waren nach Dutzenden von Versuchen zu dem Ergebnis gekommen, daß die Clam-Haftminen – made in Great Britain und eigentlich für den Kampf der französischen Maquis gegen die deutsche Besatzungsmacht bestimmt – pannensicher funktionieren würden. Je zwei Paar wurden von Magneten zusammengehalten. Der Zünder war auf eine halbe Stunde eingestellt. Als sich Hitlers »Condor« in die Luft erhob, konnten Tresckow und Schlabrendorff sicher sein, daß die Explosion, wie nach Berlin vorgemeldet, etwa über Minsk erfolgen würde.

Brandt saß in unmittelbarer Nähe Hitlers, der vermutlich gleichzeitig mit ihm bei der Detonation zerfetzt wurde; er sollte während des Fluges einen Vortrag halten. Die Höllenmaschine hatte so viel Kraft, daß sie ein riesiges Leck in die »Condor« reißen und sie dadurch zum Absturz bringen würde. Der geplante Tod hatte viele Versionen, Überlebende würde es nicht geben.

Die Attentäter erlebten die längste halbe Stunde ihres Lebens. Sie standen und warteten. Sie würden die Nachricht sofort erhalten, auch wenn der Versuch gemacht werden sollte, der Öffentlichkeit den Tod Hitlers zunächst zu verschweigen. Eine der begleitenden Jagdmaschinen würde den Absturz über Sprechfunk ihrer Bodenstation melden und diese die Hiobsbotschaft an die Heeresgruppe weitergeben. Dann ein Blitzgespräch mit Berlin – und endlich könnte das unmenschliche System aufgerollt werden.

Noch 10 Minuten, noch 8.

Da die brisanten Cointreau-Flaschen nicht ticken durften, arbeitete in der Höllenmaschine der Säurezünder. Es gab ihn in diversen Ausführungen, je nach Zündeinstellung. Die Frondeure hatten den kürzesten und kleinsten gewählt, der etwa nach 200 bis 250 Kilometer Flugstrecke detonieren mußte; für die Flugzeit nach Rastenburg waren etwa zwei Stunden angesetzt.

Detonationszeit.

Noch keine Nachricht, aber ein Säurezünder arbeitet zeitlich nicht so präzise wie ein elektronischer, und so mochte Hitler noch eine Minute länger leben, oder auch noch zwei.

Die Verschwörer wurden unruhig. 10 Minuten über der Zeit. 20 Minuten. Noch immer keine Funkmeldung über eine Explosion an Bord.

Nach zwei Stunden schließlich die vernichtende Meldung: Führermaschine ohne Zwischenfall in Rastenburg gelandet.

Tresckow und Schlabrendorff waren niedergeschmettert, doch sie drehten nicht durch. Zuerst gaben sie nach Berlin die Meldung durch: »Anschlag gescheitert« und verhinderten so ein voreiliges Losschlagen. Als nächstes mußten sie versuchen, ihr Danaergeschenk an Stieff, der zu diesem Zeitpunkt noch nicht zu ihren Verschwörern gehörte, sondern sich ihnen erst am 20. Juli 1944 anschloß, abzufangen, bevor der Militär beim Öffnen feststellte, welchen Cointreau Tresckow ihm geschenkt hatte.

»Schnell entschlossen griff Tresckow nach dem Telefonhörer«, berichtet Fabian von Schlabrendorff, »und ließ sich mit dem Begleiter Hitlers verbinden. Kaum war die Verbindung hergestellt, sagte Tresckow: ›Da ist mir ein Mißgeschick passiert. Ich habe Ihnen ja ein ganz falsches Paket für Stieff mitgegeben. Bitte tun Sie mir den Gefallen und behalten Sie es bei sich. Morgen kommt mein Ordonnanzoffizier und holt das falsche Paket bei Ihnen ab. Er wird den von Stieff gewonnenen Cointreau selbst mitbringen und ihn Stieff übergeben.‹ Ohne Argwohn ließ sich der Begleiter Hitlers auf diesen Vorschlag ein. So fuhr ich denn am nächsten Tag auf Befehl Tresckows mit dem üblichen Kurierflugzeug nach ›Anna‹, wie der Deckname des Hauptquartiers des Heeres lautete. Gleich begab ich mich zu dem Begleiter Hitlers und bat um Rückgabe des Pakets. Es stand noch auf seinem Tisch. Er nahm es in die Hand und bewegte es ein wenig, mit dem Gegenstand spielend, hin und her. Ich hatte dabei eine unangenehme Empfindung, weil ich es nicht für ausgeschlossen hielt, daß die Bombe vielleicht noch nachträglich platzen könnte. Aber wiederum geschah nichts. Ich nahm das Paket an mich und fuhr noch zu Stieff, um den echten Cointreau zu übergeben. Stieff war von ungewöhnlich kleiner Statur, ein fröhlicher, drahtiger Mann, der über den Formen stand und allem Feierlichen abhold war. Früher war er Erster Generalstabsoffizier der 4. Armee unter Kluge gewesen. Er wußte längst, was die Glocke geschlagen hatte, und machte auch mir gegenüber aus seinem Herzen keine Mördergrube. Für Hitler hatte er nur Ausdrücke der

Feindseligkeit. Nach Abschluß des Gespräches mit Stieff fuhr ich nach dem Bahnhof Rastenburg. Dort hielt ein nur für die Wehrmacht bestimmter Schlafwagenzug, der abends Ostpreußen verließ und am Morgen Berlin erreichte. Sofort schloß ich mich in das für mich reservierte Schlafwagenabteil ein und öffnete vorsichtig mit einer Rasierklinge das Paket. Ich entfernte den Zünder aus dem Sprengstoff und stellte zu meinem Erstaunen folgendes fest: Der Zünder war ganz schwarz. Die in der zusammengedrückten Flasche enthaltene Flüssigkeit hatte den Draht zerfressen, der Schlagbolzen war nach vorne geschnellt, aber der Sprengstoff hatte nicht gezündet. Worauf das zurückzuführen war, konnte ich nicht mit Sicherheit sagen. Aber ich ahnte, daß wohl die russische Kälte der wirkliche Grund war. Hatte doch auch in vielen Fällen der Krieg gezeigt, daß die deutsche Artillerie zu kurz schoß, weil unsere Geschosse auf das europäische Klima geeicht waren, aber durch die russische Kälte nicht ihre volle Wirkung entfalteten. Selbst die wieder und wieder geölten Maschinengewehre versagten in Rußland, wenn es Winter war. Rußland war eben nicht nur ein anderes Land, es war auch ein anderer Erdteil mit einem anderen Klima. Der Zug brachte mich pünktlich nach Berlin. Dort begab ich mich in das Haus von Professor Lauter. Er wohnte damals auf dem Kurfürstendamm und hatte eine Wohnung inne, die aus einer Flucht von Zimmern bestand. Zunächst einmal brachten wir die Bombe in einer großen, alten und wunderschönen Kommode unter. Aber schon bald darauf erhielt ich einen Anruf von Tresckow . . .«

Der Oberst hatte nicht aufgegeben, er bat seinen engsten Vertrauten, im Hotel »Eden« den Freiherrn von Gersdorff aufzusuchen, der das gescheiterte Attentat mit derselben, mit einem neuen Zünder zu versehenden Höllenmaschine wiederholen und sich mit dem Diktator in die Luft sprengen wollte.

Tatort Zeughaus

Über die riesigen Wiesengründe am Dnjepr fegte Rußlands eisiger Wind und schnitt den beiden Stabsoffizieren ins Gesicht, die sich in der Nähe des Hauptquartiers der Heeresgruppe Mitte – es befand sich nun schon seit fast zwei Jahren bei Smolensk – ausgiebig die Beine vertraten. Die Männer blieben stehen, und der kleinere sagte zu seinem Begleiter: »Ist es nicht etwas Ungeheuerliches, daß hier zwei deutsche Generalstabsoffiziere zusammen überlegen, wie sie am sichersten ihren Obersten Befehlshaber umbringen können, Gersdorff? Aber es muß getan werden. Es ist jetzt die einzige Möglichkeit, Deutschland vor dem Untergang zu retten. Die Welt muß von dem größten Verbrecher aller Zeiten befreit werden. Man muß ihn totschlagen wie einen tollwütigen Hund, der die Menschheit gefährdet.« Der Sprecher war Tresckow.

Gersdorff hatte zwar den Sprengstoff für den Anschlag in der Führermaschine besorgt, aber er hatte mehr geahnt als gewußt, welchem Zweck die englische Beuteware dienen sollte. Von allen Verschwörern war Tresckow der Verschwiegenste. Es war nicht Mißtrauen gegenüber seinen Freunden, sondern entsprach dem Abschottungsprinzip. Der Ia hatte keinen Zweifel, daß jeder Verschwörer, der den Häschern in die Hände fiel, von der Gestapo zum Reden gebracht werden könnte; es war für ihn keine Frage des Charakters, sondern der menschlichen Natur. Als er nunmehr dem Ic auf dem Spaziergang in den Dnjepr-Wiesen offenbarte, wie der Anschlag im Flugzeug geplant und wodurch er schief gelaufen war, fragte er Gersdorff rundheraus: »Wären Sie bereit, ein Attentat auf Hitler zu verüben?«

Gersdorff hatte den weiten Weg vom urpreußischen Offizier zum selbstmörderischen Rebellen bereits hinter sich gebracht und bejahte die Frage des Ia ohne Einschränkung und Zögern.

»Es war unglaublich, wie Tresckow nach diesem wirklich unvorhersehbaren Fehlschlag seine Tatkraft wiedergewann«, berichtet Gersdorff. »Kaum war es Schlabrendorff gelungen, die Bombe, die im Fall ihrer Entdeckung den gesamten Widerstand in höchste Gefahr gebracht hatte, wiederzuerlangen, plante Tresckow schon neue Möglichkeiten für einen Anschlag. Wenige Tage nach dem 13. März teilte ihm Schmundt telefonisch mit, daß Hitler am 21. März im Rahmen der Heldengedenkfeier im Berliner Zeughaus eine von der Heeresgruppe Mitte eingerichtete Ausstellung sowjetischer Beutewaffen besichtigen wolle. Vor der eigentlichen Eröffnung werde er mit einer kleinen Begleitung etwa eine halbe Stunde lang durch die Ausstellungsräume gehen. Hitler wünsche, daß Feldmarschall von Kluge als Oberbefehlshaber mit seiner Frau an diesem Rundgang teilnähme. Die Ausstellung war von meiner Abteilung Ic/AO organisiert worden. Von allen Generalstabsoffizieren der Heeresgruppe hatte ich daher die größte Berechtigung bei der Besichtigung der Ausstellung durch Hitler anwesend zu sein. Tresckow fragte mich, ob ich bereit sei, bei dieser Gelegenheit, bei der man unter Umständen neben Hitler auch Göring, Himmler und Goebbels beseitigen könnte, einen Attentatsversuch zu unternehmen. Er könne mir keine Anweisungen für die Durchführung geben, da dies von den örtlichen Verhältnissen abhängig sei. Wahrscheinlich werde es aber notwendig sein, daß ich mich mit Hitler zusammen in die Luft sprengen müsse.«

Zunächst einmal überzeugte Tresckow seinen Oberbefehlshaber von Kluge davon, daß er, der Frontlage wegen, im Mittelabschnitt unabkömmlich sei. Er wollte ihn aus Loyalität aus der Schußlinie und zudem den militärisch hochbegabten, aber charakterlich problematischen Generalfeldmarschall als Galionsfigur nach einem Staatsstreich noch immer in Reserve halten. An seine Stelle trat in Berlin der Oberbefehlshaber der 9. Armee, Generaloberst Walter Model, ein Nationalsozialist – der Oberst dachte längst in harten Kategorien –, den man einer Katastrophe aussetzen dürfe, ja müsse.

Am 15. März flog der Ersatzmilitär zusammen mit Gersdorff nach Berlin. Die beiden Offiziere meldeten sich bei General Schmundt und baten um Mitteilungen und Anweisungen für den Verlauf der Feierstunde. Hitlers Persönlichem Adjutanten war es offensichtlich peinlich, Gersdorff sagen zu müssen, daß der Führer persönlich alljährlich die Anwesenden der Heldenehrung auswähle und der Oberst deshalb keinen Zugang zum Zeughaus habe.

Generaloberst Model protestierte sofort dagegen, erklärte mit Nachdruck, daß er sich außerstande sehe, Hitler die nötigen Erklärungen zu den Ausstellungsstücken zu geben. Er bestand darauf, daß es Gersdorff an seiner Stelle tue.

Schmundt erklärte sich nach kurzem Zögern bereit, Gersdorffs

Anwesenheit in Eigenverantwortung zu genehmigen. Als ihn der Generaloberst noch nach der genauen Zeit befragte, da er vor der Veranstaltung noch seine Frau in Dresden besuchen wolle, erwiderte der General, es sei bei Todesstrafe verboten, Hitlers tatsächliche Ankunftszeit bekanntzugeben. Dann machte er die berühmte Ausnahme und teilte den beiden Offizieren mit, daß die vorgegebene und die tatsächliche Zeit um eineinhalb Stunden differierten.

Für die Besichtigung selbst hatte das Protokoll 30 Minuten eingeplant. Die Zeit mußte für Gersdorffs Vorhaben ausreichen, um die Höllenmaschine unterzubringen, deren Zünder, auf 10 Minuten eingestellt, rechtzeitig detonieren würde.

Am 20. März suchte der drahtige Kavallerieoffizier den Schauplatz der Heldengedenkfeier auf. Er besichtigte den Lichthof des Zeughauses, beobachtete die Arbeiter, die die Tribüne für die Ehrengäste und das Philharmonische Orchester in der Nähe des Rednerpults aufbauten: Lorbeerbäume. Blumenschmuck. Hastiges Hin und Her. Argwöhnische Augen von SS-, SD- und RSD-Leuten, die keinen Handgriff unbeaufsichtigt ließen. Gersdorff sah, daß er nicht die geringste Chance hatte, die Höllenmaschine am Rednerpult einzubauen, und machte sich endgültig klar, daß er, Hitler tötend, sich mittöten mußte.

Gersdorff schrak nicht vor dieser schauerlichen Konsequenz zurück. Freilich wurde ihm – nach eigenem Bekunden – erst am Abend in seinem Zimmer im Hotel »Eden«, wo ihm gegen Mitternacht Schlabrendorff den Flugzeugblindgänger überreichte, »Bedeutung und Verantwortung seines Vorhabens« ganz bewußt. »Ich habe in dieser Nacht kein Auge zugemacht« berichtet er, »und ich hatte ähnliche Empfindungen wie ein Verurteilter in der Todeszelle in der Nacht vor seiner Hinrichtung.«

Als der Offizier, der durch seine Tat in den Verlauf der Weltgeschichte eingreifen wollte, am nächsten Morgen im Zeughaus erschien, herrschte hier weiterhin emsiges Durcheinander. Noch immer wurde an der Tribüne gehämmert und der Saal mit Blumen drapiert. Nur die Sicherheitsvorkehrungen waren jetzt nahezu exzessiv verschärft. Wiewohl Gersdorff der Oberst war, der Hitler bei der Besichtigung der Beutewaffen führen sollte, wurde er immer wieder kontrolliert und nicht aus den Augen gelassen. Allerdings durchsuchte niemand die Taschen seines Uniformmantels. Er hatte die Höllenmaschine halbiert, um sie so unterbringen zu können, daß sich die Taschen nicht sichtbar bauschten. Wenn es ihm gelang, das links versteckte Geschoß zur Explosion zu bringen, würde es den rechten Bombenteil automatisch mitzünden. Er mußte nur darauf achten, ganz nahe bei Hitler zu stehen, um nicht allein den Tod zu finden. Gersdorff war dazu entschlossen, er hatte sich damit abgefunden, würde aber kurz vorher das Aufputschmittel Pervitin nehmen, das ihm der umsichtige Tresckow mitgegeben hatte.

Kurz vor 11 Uhr trafen die ersten Würdenträger des Dritten Reichs ein, die man aus Sicherheitsgründen über den tatsächlichen Beginn der Feierstunde im Unklaren gelassen hatte. Unter ihnen waren Bekannte, Freunde, Vorgesetzte und Untergebene des Freiherrn, der zerstreut auf sie wirkte und kaum ein Wort mit ihnen wechselte. Als sie erfuhren, daß er heute Hitlers Lotse sein werde, nahmen sie wohl an, er leide an einer Art Lampenfieber.

Die Heldengedenkfeier war einer der immer rarer werdenden Anlässe, bei denen sich Hitler in der Öffentlichkeit zeigte. In den Betrieben, Schulen und Kasernen war Gemeinschaftsempfang angeordnet, angeschlossen wieder alle deutschen Sender, und so würde im fernen Smolensk unter den Millionen von Zuhörern auch Tresckow »live« erleben, wie die Höllenmaschine losging.

Endlich erschien Hitler. Der Dirigent verbeugte sich an seinem Pult und spielte als Einleitung den ersten Satz der 7. Symphonie von Anton Bruckner. Für Gersdorff war es das Signal, das Pervitin zu nehmen. Er spürte, wie es wirkte. Er verstand kaum ein Wort der halbstündigen Führerrede, erfaßte nur verschwommen einige optimistisch-verlogene Äußerungen über die Frontlage und eine seltsame Mystik, die ihn an die Götterdämmerung erinnerte.

Der Freiherr wußte nicht, wie lange Hitler sprechen und wie lange dann das Orchester weiterspielen würde. Er verließ die Festversammlung und postierte sich am Eingang der Ausstellungsräume.

»Ich stand zwischen Model und dem uniformierten Direktor«, berichtet der Attentäter. »Es dauerte jedoch noch eine ganze Weile, bis Hitler erschien. Neben ihm ging Göring, der in seiner weißen mit Orden und Schmuck überladenen Uniform und in roten Saffianstiefeln den Eindruck eines Operettenfürsten machte; zudem war er auf grotesk auffallende Weise geschminkt. Hitler wurde von Himmler, Keitel, Dönitz, Schmundt sowie zwei oder drei Ordonnanzoffizieren begleitet. In der Tür wandte Hitler sich plötzlich um und sagte: ›Herr Feldmarschall von Bock, ich bitte Sie, als ehemaligen Oberbefehlshaber der Heeresgruppe Mitte, sich mir anzuschließen.‹ Bock quittierte mit einer etwas übertriebenen Verbeugung . . .«

Diesen Augenblick, in dem die Anwesenden ein wenig abgelenkt waren, nutzte Gersdorff, um den Zündmechanismus der in seiner linken Manteltasche steckenden Clam-Haftmine einzuschalten. Es war eine groteske Doppelbewegung, denn wie alle Anwesenden hatte er beim Auftauchen des Diktators den rechten Arm zum Hitlergruß hochgerissen, als er mit der linken Hand unbemerkt im Gedränge den programmierten Tod einschaltete: Artistik auf Leben und Tod. 10 Minuten noch. Allenfalls 12. Nach den Erfahrungen der letzten Jahre würde sich der Diktator mindestens eine halbe Stunde mit den Ausstellungsstücken befassen, vielleicht länger.

»Hitler begrüßte nur Model mit Handschlag«, erinnert sich Gersdorff. »Dann begann der Rundgang, wobei ich mich dicht an Hitlers linke Seite drängte. Als ich Erklärungen zu verschiedenen Ausstellungsstücken abgeben wollte, hörte Hitler offensichtlich gar nicht zu. Auch als ich ihn auf einen napoleonischen Adler aufmerksam machte, den deutsche Pioniere beim Brückenbau über die Beresina im Flußbett gefunden hatten, erhielt ich keine Antwort. Statt dessen ging, oder besser gesagt, lief Hitler auf kürzestem Weg in die Richtung des seitlichen Ausgangs. Auch Göring, der inzwischen einen Blick in eine Vitrine mit Schriftstücken geworfen hatte und Hitler auf einen patriotischen Aufruf des Metropoliten von Moskau aufmerksam machen wollte, wurde keiner Antwort gewürdigt. Am Ausgang an der Zeughausseite, in deren Nachbarschaft das Ehrenmal steht, verabschiedete sich Hitler von Model und mir mit dem üblichen rechtwinkligen Erheben des rechten Unterarmes. Hitler hatte während des kurzen Ganges durch die Ausstellung kein Wort gesprochen und sich kaum etwas angesehen. Nach dem Kriege stellte sich heraus, daß die BBC die ganze Feier mitgeschnitten hatte; die Zeit von seinem Eintreten bis zum Verlassen des Zeughauses hatte nur zwei Minuten gedauert. Mir war sie in der Erinnerung einige Minuten länger erschienen In jedem Fall wäre das selbst für eine normale Zünddauer von zehn Minuten zu kurz gewesen.«

Hitler verließ das Gebäude, und mit ihm entschwand dem Attentäter die Möglichkeit, ihn zu töten. Wie ferngelenkt kletterte der Diktator vor dem Haus auf einen russischen Beutepanzer, der zwischen dem Zeughaus und dem Ehrenmal aufgestellt war. Nur das gepanzerte Ungetüm schien ihn an diesem Tag zu interessieren. Und Gersdorff hastete in die Toilette, um schleunigst den Zünder aus der Höllenmaschine herauszuschrauben.

Er verzweifelte, weil er den Tag überlebt hatte.

Nach seiner Rückkehr in Smolensk nahm ihn Tresckow auf die Seite. Er hatte die Zeiten mit der Uhr mitgestoppt und festgestellt, daß es unmöglich gewesen war, das geplante Attentat mit einem chemischen Zünder in der unerwartet kurzen Frist durchzuziehen. Der Zufall oder vielleicht auch der Instinkt des Bedrohten hatten wieder einmal eingegriffen und den Diktator geschützt. Der Wahnsinn des Krieges ging ebenso weiter wie die Versuche der konspirativen Militärs, den dafür Verantwortlichen trotz aller unerwarteten Pannen doch noch zu erledigen.

Ein Gegenschlag

Auch wenn der Diktator nach der Tragödie von Stalingrad dazu übergegangen war, hinter Stacheldraht, Sperrkreisen, Betonwällen und Postenketten zu leben, blieb es für ihn unvermeidlich, immer wieder fremden Gesichtern zu begegnen, die ihn sichtlich irritierten: Diplomaten, Frontoffiziere, Wirtschaftsleute und Spezialisten aller Art wurden laufend zum Rapport befohlen. Aus dieser Gruppe suchten die Widerstandsobristen Oster und Tresckow Freiwillige zu rekrutieren, die Hitler bei einem Attentat Gersdorffschen Zuschnitts erledigen sollten.

Erst nach dem 20. Juli 1944 mußten vor einem Führerbesuch die Offiziere grundsätzlich ihre Waffe abgeben: Bis zu diesem Zeitpunkt war es der Laune oder Pedanterie des wachhabenden Offiziers anheimgestellt. Die Frondeure waren nunmehr der Meinung, daß der Tyrannenmord nur gelingen könne, wenn sich der Attentäter buchstäblich in Dynamit einwickle und sich mit dem Verhaßten zerfetze.

Sie suchten und fanden neue Gersdorffs.

»Das Jahr 1943 war reich an Versuchen und Plänen der Opposition wie kein anderes«, registriert Peter Hoffmann.

Ein besonders geeigneter Anwärter auf die historische Tat war Hauptmann Axel Freiherr von dem Bussche-Streithorst, ein hervorragender Soldat, der nach dem EK I mit dem Deutschen Kreuz in Gold, dann mit dem Ritterkreuz und dem Goldenen Verwundetenabzeichen dekoriert worden war. Auch seine militärische Heimat war das Infanterieregiment 9 gewesen. Er hatte vom ersten Tag an im Osten gekämpft, kannte alle Frontabschnitte von Leningrad bis zur Halbinsel Krim. Seine Verwegenheit stand ebenso außer Frage wie sein Charakter, und er brachte für ein Attentat eine heute kaum mehr verständliche Voraussetzung mit: ein ausgeprägt nordisches Aussehen, was bei den braunen Rassenfanatikern schon eine Art Freikarte bedeuten konnte.

Der Freiherr, nach der x-ten Verwundung Regimentsadjutant bei einem Fronttruppenteil, war im Herbst 1942 in Dubno Augenzeuge einer erbarmungslosen Massenerschießung von Juden geworden und hatte längst seine letzten Illusionen über den Nationalsozialismus verloren. Er wurde dazu ausersehen, bei einer Demonstration zusammen mit vier Soldaten als Mannequins Hitler die neue Felduniform vorzuführen, bevor sie in die Massenproduktion ging.

Das war für die Opposition eine der immer seltener werdenden Attentatsmöglichkeiten. Als die Frondeure den Hochdekorierten vorsichtig kontaktierten und fragten, ob er bereit sei, zum Beispiel in einer Aktentasche eine Höllenmaschine mit sich zu führen und sie Hitler gewissermaßen zu Füßen zu legen, erwiderte der Hauptmann in seiner offenen Art: »Nein – das Zeug muß man sich schon um den Bauch binden.«

Er war bereit dazu. Die Uniformentwürfe wurden geschneidert und im Führerhauptquartier um einen Termin zur Vorführung nachgesucht. Hitler ließ warten, aber General Schmundt setzte die Demonstration immer wieder auf die Tagesordnung, und so blieb der Anschlag monatelang in der Schwebe.

Während die Verschwörer ihre Hoffnung auf diesen unerschrokkenen Soldaten, der sich besonders bei waghalsigen Spähtruppunternehmen ausgezeichnet hatte, setzten, gelang ihren Gegenspielern zum ersten Mal ein tiefer Einbruch: Am 5. April 1943 betrat der Oberstkriegsgerichtsrat der Luftwaffe Dr. Manfred Roeder, ein bornierter Nationalsozialist, neben dem der ihn begleitende Gestapokommissar Franz Xaver Sonderegger geradezu menschlich wirkte, unangemeldet den »Fuchsbau« am Tirpitzufer. Barschen Tons verlangte er Zutritt zu Canaris und eröffnete dem Admiral, daß gegen den Abwehrmitarbeiter Oberregierungsrat von Dohnányi ein Verfahren wegen dringenden Verdachts der politischen Unzuverlässigkeit eingeleitet worden sei.

Bei einer Devisenaffäre war der portugiesische Honorarkonsul Dr. Wilhelm Schmidhuber aus München, ein ziemlich intransigenter Geschäftsmann, aufgefallen. Nach seiner Festnahme hatte er bei Gestapoverhören unter anderem die Canaris-Mitarbeiter Dohnányi, Pfarrer Dr. Dietrich Bonhoeffer und Rechtsanwalt Dr. Josef Müller wegen ihrer Verbindungen zum Feind belastet. Roeder, der soeben die »Rote Kapelle«, eine kommunistisch orientierte Widerstandsgruppe im Reichsluftfahrtministerium, aufgerollt hatte, sah eine Gelegenheit, seine Karriere noch weiter voranzutreiben, und präsentierte einen Durchsuchungsbefehl.

Wilhelm Canaris reagierte kühl; er hatte vor kurzem seinen Intimus Oster – inzwischen Generalmajor – gebeten, bei seinen subversiven

Unternehmungen vorsichtiger zu sein, und nahm an, daß sein De-facto-Stellvertreter inzwischen alle verräterischen Spuren beseitigt hatte. Auf dem Weg zum Dienstzimmer Dohnányis mußten sie Osters Büro durchqueren, und der »helle Sachse«, der sofort erklärte, daß alle Aktivitäten Dohnányis im dienstlichen Auftrag der Abwehr erfolgt seien, für die er die volle Verantwortung übernehme, schloß sich unaufgefordert Canaris, Roeder und Sonderegger an.

Der Oberregierungsrat, mehr Jurist als Verschwörer, wurde tatsächlich überrumpelt: Überall lagen Notizen herum, die von den Besuchern eingesammelt wurden. Roeder verlangte den Schlüssel zum Panzerschrank und öffnete ihn. Oster erfaßte eine Warnung, die ihm Dohnányi mit den Augen signalisierte, und versuchte, eine der Notizen – es war ein als Spielmaterial getarnter Hinweis auf das fehlgeschlagene Flugzeugattentat von Smolensk – unbemerkt einzuschieben. Der Gestapokommissar beobachtete und verhinderte es, wodurch sich die Situation erheblich verschlimmerte.

Oster wurde zunächst verwarnt und dann seines Postens enthoben, Dohnányi festgenommen. Die schlimmste Befürchtung des Oberregierungsrats erfüllte sich glücklicherweise nicht: Die Rechercheure übersahen den an seiner Aktentasche festgebundenen Schlüssel zu seinem Tresor in Zossen, in dem Dokumente aufbewahrt waren, die es ermöglicht hätten, die gesamte Widerstandsgruppe zu zerschlagen.

Dohnányi benahm sich in der Haft großartig. Eine Verletzung, die er bei einem Luftangriff erlitt, bot seinen aus dem Hintergrund wirkenden Freunden Gelegenheit, ihn der Charité Ferdinand Sauerbruchs zu überstellen. Zwar schickte der erbarmungslose Verfolger Roeder während einer vorübergehenden Abwesenheit des Professors einen Krankenwagen, um den Häftling einfach wieder ins Wehrmachtsuntersuchungsgefängnis zurückbringen zu lassen, aber der Versuch schlug fehl.

Hans Oster versuchte, über den Generalstabsrichter Dr. Karl Sack – einen Mann des Widerstandes –, den blindwütigen Roeder auszuschalten. Es war lebenswichtig für die Verschwörer geworden, den Braunen im blauen Tuch, der sich für sie gefährlicher erwies als das Reichssicherheitshauptamt, auf einen anderen Schauplatz wegzuloben, stolpern zu lassen, jedenfalls ihn, wie auch immer, auszuschalten.

Canaris, der »kleine Levantiner«, sah einen Ausweg: Er ließ den Kommandeur seiner Haustruppe wissen, der Luftwaffenrichter Roeder habe sich in Gerichtsverhandlungen abfällig über die »Einheit

Brandenburg« geäußert. Generalmajor Alexander von Pfuhlstein, außer sich vor Zorn, fragte seinen Chef, wie er sich verhalten solle. Admiral Canaris zuckte die Schultern und bemerkte nebenbei: »In meiner Jugend wäre ich hingegangen und hätte einen solchen Richter in öffentlicher Verhandlung geohrfeigt.«

»Der Kommandeur der Abwehrdivision nahm sich aus diesem Hinweis ein Beispiel«, berichtet Schlabrendorff. »Er ging in eine durch Roeder geleitete Gerichtsverhandlung und fragte, indem er auf den Vorsitzenden zutrat, ob dieser der Luftwaffenrichter Roeder sei. Roeder bejahte. Und schon hatte er rechts und links eine Ohrfeige sitzen. Das hatte für den Kommandeur der Abwehrdivision und den Admiral Canaris unangenehme Folgen. So wurde Admiral Canaris mitten im Krieg mit drei Wochen Stubenarrest bestraft. Aber er hatte alle Lacher auf seiner Seite. Das deutsche Militär platzte vor Freude.«

Roeder wurde ausgeschaltet und der Einbruch in die Verschwörerkreise nur für die unmittelbar Beteiligten zur Katastrophe. Aber Oster war untragbar geworden, er mußte aus dem Dienst der Abwehr ausscheiden, wurde am 19. Juni 1943 in die Führerreserve versetzt und am 3. März 1944 überhaupt aus dem aktiven Wehrdienst entlassen, »mit dem Recht, seine Uniform weiterzutragen«.

Die Opposition hatte ihren »Geschäftsführer« verloren, aber an seine Stelle trat ein Generalstabsoffizier, der eigentlich Architekt hatte werden wollen, einer der Männer, die an der Front schon manchen Selbstmordbefehl ausgeführt und sich hinterher gewundert hatten, ihn überlebt zu haben: Oberst Claus Schenk Graf von Stauffenberg. Während er als Organisator und Koordinator des Widerstands in die Spuren von Oster trat, liefen mehrere Versuche, den »Tapezierer« (Graf von Stauffenberg) zu töten, wobei sich die Kette unwahrscheinlicher Zufälle, deren Nutznießer Hitler blieb, fortsetzte. Der Diktator hatte, wie Schlabrendorff bemerkte, »den Schutz des Teufels offenbar auf seiner Seite«.

Hatte ihn bei Smolensk die russische Kälte gerettet, die den Säurezünder versagen ließ, und bei Gersdorffs verhindertem Opfergang die – durch was auch immer ausgelöste – Unrast, so sollte ihn in der nächsten Runde ausgerechnet ein englischer Luftangriff vor seinem gewaltsamen Tod bewahren.

Noch immer stand Hauptmann Bussche-Streithorst auf dem Sprung, dem Todessprung. Seine Vorführung war festgesetzt, verschoben, neu anberaumt und dann wieder abgesagt worden, aber der

Offizier nutzte die Zeit zu Versuchen. Das Material besorgte ihm der zweifache Adressat des Schlabrendorff-Cointreau, General Helmuth Stieff, der als Verschwörer nunmehr zu den Eingeweihten gehörte.

Er legte vor Ort für alle Fälle einen kleinen Vorrat von britischen Zeitzünderbomben an und versteckte ihn unter einem Holzturm in Hitlers Hauptquartier bei Rastenburg. Aus ungeklärter Ursache flog das gehortete Material durch Selbstentzündung in die Luft. Unverzüglich wurde eine strenge Untersuchung eingeleitet, die Oberstleutnant Werner Schrader führte; er gehörte zu den Frondeuren und sorgte dafür, daß der Zwischenfall im Sand verlief.

Bussche-Streithorst hatte vom englischen Sprengstoff genug; seiner dubiosen Herkunft wegen lehnte er ihn auch aus psychologischen Gründen ab, zudem war er mit deutschem Explosivmaterial besser vertraut. Zum Dynamit deutscher Fertigung paßte der englische Zünder nicht. Ohnedies war er – wie der Zwischenfall im Zeughaus bewies – problematisch: Seitdem Hitler nicht mehr stundenlang am Rednerpult posierte, sondern wie ein Gehetzter durch die Ausstellungsräume hastete, waren auch 10 Minuten – die kürzestmögliche Einstellung des Säurezünders – eine zu lange Zeit.

Der Hauptmann kam auf den Gedanken, einen Handgranatenzünder einzubauen. Er hatte an der Front im Nahkampf weiß Gott wie viele Handgranaten geworfen und so die viereinhalb Sekunden Verzögerung zwischen Abzug und Explosion genau im Gefühl. Während er im Gedanken 21, 22, 23 zählte, war freilich ein leichtes Zischen zu hören. Er wollte es durch einen gespielten Hustenanfall übertönen, dabei auf Hitler zulaufen, ihn vor allen Leuten an den Händen packen und in der Sekunde vor dem gemeinsamen Ende in einer Art Todesclinch festhalten.

Bussche-Streithorst spielte sein Attentat durch, er experimentierte mit den Handgranatenzündern und warf später die Überbleibsel von der Glienicker Brücke in die Havel. Er verbesserte seinen Zündmechanismus, sägte den Stiel der Handgranate zur Hälfte ab, führte die Abziehschnur durch den hohlen Stiel, knotete das Knöpfchen wieder an, so daß er zum Abziehen wenig Spielraum benötigte und keine auffällige Bewegung zu machen brauchte. Er war sicher, daß er bei seiner Demonstration Verrenkungen zuwege brächte, die keinen Verdacht erregten. Die neuen Uniformen hatten weite Hosen, und die tiefe Tasche kaschierte das verborgene Sprengmaterial.

Da der Hauptmann um leidige Zufälle und Pannen wußte, ging er noch einen Schritt weiter und versteckte in seinem Stiefel ein langes, dünnes Messer, mit dem er Hitler erstechen wollte, falls die Sprengung versagen sollte.

Alles stand bereit. Der Termin war auf den 23. oder – ersatzweise – den 25. November 1943 angesetzt. Er wurde noch einmal auf Anfang Dezember verschoben. Dann sollte die Vorführung endgültig in Gegenwart von Rüstungsminister Speer und Generalfeldmarschall Keitel stattfinden. Diesmal kam auch keine Absage im letzten Moment – aber unmittelbar davor entlud sich über Berlin ein heftiger Luftangriff. Als Bussche-Streithorst Stieff aufsuchte, um sich vor seinem letzten Gang von ihm zu verabschieden, erfuhr er, daß die zum Weitertransport ins Führerhauptquartier bereits in einem Eisenbahnwaggon eingelagerten Ausrüstungsgegenstände verbrannt seien und die Demonstration – und dadurch auch das Attentat – erst nach der Ersatzbeschaffung stattfinden könne.

Der noch immer zu allem entschlossene Hauptmann wurde an die Ostfront versetzt. Im Januar 1944 beorderte ihn Stauffenberg zu seinem Auftritt ins Führerhauptquartier, aber Bussche-Streithorsts Divisionskommandeur, in den Attentatsplan nicht eingeweiht, verweigerte die Reisegenehmigung, da seine »Bataillonsführer nicht als Modelle für Uniformvorführungen in Ostpreußen zu dienen« hätten.

Ein paar Tage später wurde der Freiherr an der Front abermals schwer verwundet; er verlor ein Bein. Als Attentäter kam er nicht mehr in Frage, aber er führte die Hitler zugedachte Bombe noch immer in einem kleiner Koffer mit sich, sie begleitete ihn durch mehrere Front- und Heimatlazarette, bis der verhinderte Demonstrant sein gefährliches Reisegepäck endlich im Herbst 1944 unbemerkt in einen See werfen konnte.

Oberleutnant Ewald Heinrich von Kleist wollte ersatzweise bei einem Vorführtermin am oder um den 11. Februar 1944 herum einspringen. Diesmal hatte Stauffenberg den Sprengstoff besorgt; wiederum sollte ein Handgranatenzünder verwendet werden. Aber die Vorführung fand nicht statt. Als am 7. Juli im Schloß Kleßheim bei Salzburg die neuen Uniformen endlich gezeigt wurden, stand kein Attentäter zur Verfügung.

Oberleutnant Werner von Haeften, Stauffenbergs Ordonnanzoffizier, erbot sich, Hitler zu erschießen, sein Angebot wurde abgelehnt.

Rittmeister Eberhard von Breitenbuch steckte sich, zu Hitler befohlen, eine Pistole ein, um es zu erledigen, als er von Generaloberst Kurt

Zeitzler, dem Nachfolger Halders als Generalstabschef, den Befehl erhielt, sich am 11. März auf dem Berghof zur Lagebesprechung einzufinden. Am 9. März flog der von Tresckow noch einmal vergatterte Attentäter mit Hitlers »Condor« in Begleitung des Feldmarschalls Ernst Busch nach Salzburg, wo die beiden Offiziere von Hitlers Mercedes abgeholt wurden.

Der Rittmeister, der sicher war, den Tag nicht zu überleben, sandte seine Wertsachen – Armbanduhr und Ringe – an seine Frau. Dann traf er in der großen Halle auf dem Berghof mit den Generalfeldmarschällen Busch, Jodel, Keitel und dem Reichspropagandaminister Goebbels zusammen. Seine 8-mm-Dienstpistole hatte er demonstrativ abgegeben, aber in seiner Hosentasche steckte eine entsicherte Browningpistole.

»Unter dem Arm hielt er eine Aktentasche mit den Unterlagen, die der Feldmarschall bei seinem Vortrag benötigen würde und die er, der Ordonnanzoffizier, ihm jeweils auf seinen Wink vorzulegen hatte«, schildert Peter Hoffmann die Situation. »Als endlich die Türe zum Konferenzraum aufging und ein Mann in SS-Uniform verkündete, Hitler lasse die Herren hereinbitten, wollte Breitenbuch mit seiner Aktentasche auch hinein; der Rangordnung nach war er der letzte. Da hielt ihn der SS-Mann am Arm fest und erklärte ihm, es sei befohlen, heute keine Ordonnanzoffiziere an der Besprechung teilnehmen zu lassen. Breitenbuch protestierte, Busch wandte sich zurück und intervenierte mit der Begründung, er brauche seinen Ordonnanzoffizier beim Vortrag, doch alles ohne Erfolg. Breitenbuch kam nicht hinein, Busch mußte sich selbst um seine Papiere kümmern . . .«

Breitenbuch hatte keine Chance, sein Vorhaben auszuführen; schlimmer noch: Er konnte sich das brüskierende Benehmen nur dadurch erklären, daß er aufgefallen sein mußte. Was sollte er sagen, wenn sie bei der Taschendurchsuchung die gespannte und entsicherte Pistole fänden? Sowie einer der SS-Männer in seine Nähe kam, schreckte er zusammen, fürchtend, er werde nun abgeführt.

Der Rittmeister wußte nicht, wie lange er diesen Streß über sich ergehen lassen mußte. Endlich kam Generalfeldmarschall Busch mit ausdruckslosem Gesicht von der »Lage« zurück. Er nickte Breitenbuch zu. Sie flogen nach Minsk zurück, wo Tresckow den verhinderten Attentäter mit den Worten empfing: »Ja, Breitenbuch, die Sache ist irgendwie verpfiffen worden.«

Kurze Zeit später mußte Breitenbuch noch einmal zum Obersalzberg fliegen, aber einen weiteren Attentatsversuch lehnte er mit den Worten ab: »So etwas macht man nur einmal.«

Die Verschwörer hatten keine Zeit mehr zu verlieren; doch sie verloren sie ständig, nicht durch Säumigkeit, sondern durch die Ungunst der Umstände und letztlich unerklärliche Zwischenfälle wie den Ausschluß des Rittmeisters von der Lagebesprechung.

Stauffenberg, der neue Generalmanager des Umsturzes, wußte, daß er – wo auch immer und wie auch immer – handeln mußte. »Ich könnte den Frauen und Kindern der Gefallenen nicht in die Augen sehen«, bemerkte er zum Sohn des Chirurgen Sauerbruch, »wenn ich nicht alles täte, diese sinnlosen Menschenopfer zu verhindern.«

Irgendwann reifte in diesen aussichtslosen Wochen der Plan, daß er, der Schwerverwundete, dem die rechte Hand über dem Handgelenk und der Klein- und der Ringfinger der linken Hand amputiert und das linke Auge entfernt worden waren, der noch eine Mittelohroperation hinter sich zu bringen hatte sowie einen Eingriff am Kniegelenk, den Tyrannen in seinem Hauptquartier selbst töten mußte, wiewohl er gerade in den entscheidenden Stunden vor und nach dem Tyrannenmord in der Reichshauptstadt dringend gebraucht würde.

Operation Walküre

Spätestens im Frühsommer 1944 wußte jeder deutsche General, daß der Krieg verloren war. Die Russen hatten bereits im Januar Leningrad entsetzt, im Februar Polen erreicht und sich innerhalb eines Jahres mehrere hundert Kilometer näher an das Reichsgebiet herangekämpft. Ostpreußen lag als erste deutsche Provinz im Ansturm der Roten Armee. An der Südfront hielten die Anglo-Amerikaner Einzug in Rom.

Nachts lagen die deutschen Städte im Bombenhagel. Durch strategische Tagesangriffe auf Raffinerien und Industrieanlagen schafften die Amerikaner den Zusammenbruch der Rüstung. Die versprochenen Wunderwaffen waren Bluff oder Versager. Die Engländer schossen die V1- und V2-Raketen bereits im Anflug auf London ab. Die Zivilbevölkerung ließ sich von der Goebbels-Propaganda nicht mehr länger verdummen. Sie hörte Feindsender ab, erfuhr dabei sicher auch nur die halbe Wahrheit, aber die Lügen beider Seiten neutralisierten einander.

Am 6. Juli peitschte der Wind den Atlantik mit 50 Stundenkilometern Geschwindigkeit und warf zwei Meter hohe Wellen. Während die meteorologischen und militärischen Fachleute übereinstimmend feststellten, daß bei dieser Witterung mit der täglich zu erwartenden Invasion nicht zu rechnen sei, standen die alliierten Schiffe und Flugzeuge vor dem Start und gab US-General Eisenhower in einem Tagesbefehl seinen Soldaten vor ihrem längsten Tag die Gewißheit mit: »Falls ihr über euch ein Flugzeug seht, seid sicher, es ist eines der unseren.«

Gegen Mitternacht überflogen die Vorauseinheiten von zwei englischen und zwei amerikanischen Luftlandedivisionen die Küste. Die Erde lag im Bodendunst; am Himmel stand Gewölk. Die Invasion hatte begonnen. Bereits am ersten Tag faßten 156000 Anglo-Amerikaner an fünf Landestellen Fuß.

In diesen entscheidenden Stunden wagte niemand, Hitler aus seinem synthetischen Schlaf zu wecken, den er, durch Drogen erzeugt, jeweils bis Mittag ausdehnte. An seiner Stelle traf Generaloberst Alfred Jodl die Fehlentscheidung, die Reserven gegen die alliierten Brükkenköpfe nicht heranzuführen, da es sich bei der Landung offensichtlich um ein Scheinmanöver handle. Zu dieser Zeit hatte der britische Premier im Unterhaus in einer langen Rede bereits festgestellt: »Zur Stunde läuft alles nach Plan.«

Endlich erwachte Hitler, billigte Jodls Entscheidung, fuhr vom Obersalzberg in das Schloß Kleßheim, wo er bei der »Großen Lage« vor einer riesigen Karte der Normandie feststellte: »Die kommen, um vom großen Wolf verschlungen zu werden.«

Bald standen 60, zum Teil mangelhaft ausgerüstete Divisionen – in einer zum Beispiel die Magenkranken zusammengefaßt – an einer unhaltbaren Front, die von den Niederlanden bis Südfrankreich reichte. Die Alliierten pumpten tagtäglich einen Strom von Soldaten und Material nach Frankreich. Die Situation, die der Oberbefehlshaber der Heeresgruppe B, Generalfeldmarschall Erwin Rommel, vor der Invasion Hitler unverblümt geschildert hatte – der Krieg sei verloren, falls die Westfront nicht umgehend die von ihm angeforderte Verstärkung erhalte –, war eingetreten.

Endlich konnten die Verschwörer alle Hemmungen und Skrupel abwerfen, ohne eine neuerliche Dolchstoß-Legende fürchten zu müssen. Wenn sie durch ihre Tat den Krieg beenden könnten, würden sie dem Soldaten an der Front nicht in den Rücken fallen, sondern ihm und seinen in der Heimat im Bombenhagel liegenden Angehörigen das Allerschlimmste ersparen.

Die Reaktion der Alliierten auf das Attentat blieb unberechenbar, die Vermutung aber, daß sie lieber mit Unterhändlern, die Hitler beseitigt hatten, sprechen würden als mit Durchhaltefanatikern, war sicher logisch. Die im Jänner 1943 geforderte »bedingungslose Kapitulation«, an der Churchill und Roosevelt stur festhielten, war nicht geeignet, den Krieg zu verkürzen. Insgeheim hofften die Offiziere des 20. Juli, daß nach dem Tod Hitlers das Bündnis der USA mit der Sowjetunion auseinanderbrechen müßte und dadurch Europa vor dem Kommunismus bewahrt würde.

Die Verschwörer hatten keine andere Wahl. Sie mußten es riskieren und darauf setzen, nach dem Tod des Diktators wenigstens einen Waffenstillstand erreichen zu können.

In dieser ausweglosen Lage Deutschlands betrat ein 37jähriger, hochdekorierter Offizier die Szene, entschlossen, einen verlorenen Krieg zu beenden, der zwischen dem 20. Juli 1944 und dem Tag der Kapitulation am 9. Mai 1945 mehr Zerstörung und Blut fordern sollte als in den vorhergehenden Jahren zusammen. Mütterlicherseits war Claus Schenk Graf von Stauffenberg ein Urenkel Gneisenaus. Das Geschlecht entstammte schwäbischem Uradel, den Namen führte es, erstmals 1262 urkundlich erwähnt, nach der Burgruine Stauffenberg bei Hechingen. Graf Stauffenberg wurde am 15. November 1907 im bayerischen Jettingen als dritter Sohn des Oberhofmarschalls am württembergischen Königshof geboren und war zwei Jahre jünger als seine Zwillingsbrüder. Alle drei Stauffenberg-Söhne waren hochbegabt: Alexander wurde Historiker, Berthold Jurist, und Claus entschloß sich nach einigem Schwanken, als Berufsoffizier in die Reichswehr einzutreten. Er hatte als Kind gesundheitliche Schwierigkeiten überwunden, war energisch, eloquent und konsequent, über die besondere Gabe verfügend, Zögernde mitzureißen und Andersdenkende nachdenklich zu machen. Er sah blendend aus und war nach dem englischen Historiker Alan Bullock eine »brillante Erscheinung«.

In Stuttgart hatte er, gleich seinen Brüdern, das Eberhard-Ludwigs-Gymnasium besucht. Der Katholik war in seiner Jugend tief religiös und schloß sich später dem Kreis um Stefan George an. Nach dem Abitur wurde er Fahnenjunker im Reiterregiment 17, einer glänzenden Traditionseinheit, stationiert in Bambergs trostlosem Wunderburg-Kasernen-Viertel, in dem die Pferde besser untergebracht schienen als die Soldaten.

1930 wurde er Leutnant, einer seiner Schwadronschefs war der spätere Panzergeneral Hasso von Manteuffel. Daß sich der junge Stauffenberg 1933, beim Machtantritt der Nazis, an die Spitze einer begeisterten, durch die Stadt ziehenden Menge gestellt hätte, ist böswillige Legende. Einmal blieb das vom Mittelalter und von katholischem Geist geprägte »deutsche Rom« von braunen Exaltationen weitgehend verschont, und dann achteten gerade die Bamberger Reiter auf das Reglement, das seinen Offizieren politische Demonstrationen untersagte. Wie fast allen jungen Offizieren gefielen Stauffenberg einige Programmpunkte der Hitler-Partei, wie ihm andere mißfielen.

»Er bemühte sich zweifellos eine Zeitlang«, so schreibt sein Biograf Joachim Kramarz, »Idee und Wirklichkeit zu trennen, ein Versuch, mit dem sich in Deutschland viele ehrenwerte Menschen den politischen Amoralismus der Nationalsozialisten als eine zeitbedingte Beschwernis, die um der Stabilisierung willen ertragen werden müsse, zu erklären versuchten ... Obwohl Stauffenberg von der barbarischen, mit der Unbildung manchmal geradezu posierenden Art der nationalsozialistischen Führer abgestoßen wurde, so beherrschte ihn doch auch auf Grund seiner Herkunft und seines Berufs ein starkes nationales Ethos, das ihn mit der von den Nationalsozialisten Geschworenen nationalen Bewegung sympathisieren ließ.«

1933 wurde der Reiteroffizier Oberleutnant, 1937 Rittmeister, 1938 brannte auch die Bamberger Synagoge nieder; die Ereignisse der Kristallnacht bildeten für den jungen Idealisten ein Schlüsselerlebnis, das sein Damaskus einleitete.

Stauffenberg wurde Generalstabsoffizier und zur 1. Leichten Division nach Wuppertal versetzt. Nach dem Polen- und Frankreich-Feldzug kämpfte er in Nordafrika. Bei einem Tieffliegerangriff am 7. April 1943 in der Nähe von Gazfe wurde Stauffenberg als Ia der 10. Panzerdivision schwer verletzt. Während seine Division geschlossen in Gefangenschaft ging, wurde er nach Deutschland geflogen. Im Lazarett München waren sich seine Ärzte lange nicht sicher, ob er die lebensgefährliche Krise überstehen könne.

Aber der Graf hatte eine unglaubliche Energie, die ihn auch alle schmerzstillenden Medikamente und Schlafmittel ablehnen ließ. »Es war bewegend, ihn so schwer zusammengeschossen wiederzusehen«, berichtete ein Kriegskamerad. »Seine Mutter pflegte ihn ... Trotz Schmerz und Verstümmelung war Stauffenbergs Geist ungebrochen.«

Kaum genesen, meldete er sich wieder an die Front, wurde aber als Chef des Stabes zum Allgemeinen Heeressamt in Berlin kommandiert. Zu diesem Zeitpunkt gehörte er schon zu den entschiedenen Gegnern Hitlers, sein Sinneswandel, der zunächst der Einsicht in die Aussichtslosigkeit des Kampfes entsprang und nicht dem Entsetzen über das, was da im Namen Deutschland geschah, war vollzogen. Er hatte sich den Frondeuren mit der lapidaren Bemerkung angeschlossen: »Nachdem die Generale bisher nichts erreicht haben, müssen sich nun die Obersten einschalten.«

Dafür brachte der Graf nicht nur Intelligenz und Todesverachtung mit, sondern er fand auch in seiner neuen Dienststelle beim Ersatzheer die Möglichkeit dazu. Unter dem Decknamen »Walküre« arbeitete er einen Plan aus, einen drohenden Aufstand der Millionen ausländischer Zwangsarbeiter mit seinen zusammengerafften Heimattruppen niederzuschlagen. Und Stauffenberg war entschlossen, »Walküre« auszulösen – nicht um Hitler zu schützen, sondern um ihn zu stürzen.

Damit stand der kriegshandwerklich praktische Teil des Widerstandes fest – bei den politischen Zielen für die Zeit nach dem Attentat lagen die Ansichten aller mehr oder weniger beteiligten NS-Gegner weit voneinander entfernt. Die Widerstandsbewegung des Kreisauer Kreises etwa wollte keine Rückkehr zum Weimarer Vielparteienstaat, Carl Friedrich Goerdeler sah das genauso. Julius Leber aber wünschte sich als pragmatischer Sozialdemokrat sehr wohl eine parlamentarische Demokratie, wenn auch stark reformiert. Und Stauffenberg selbst konnte sich weder eine Rückkehr der Monarchie noch einen Parteienstaat vorstellen – er huldigte dem Elitegedanken Stefan Georges. Dies zeigt sich in dem feierlichen »Schwur«, den er in den letzten gemeinsamen Stunden mit seinem Bruder Berthold ablegen sollte:

»Wir wollen eine neue Ordnung, die alle Deutsche zu Trägern des Staates macht und ihnen Recht und Gerechtigkeit verbürgt, verachten aber die Gleichheitslüge und beugen uns vor den naturgegebenen Rängen. Wir wollen ein Volk, das in der Erde der Heimat verwurzelt, den natürlichen Mächten nahe bleibt, das im Wirken in den gegebenen Lebenskreisen sein Glück und sein Genüge findet und in freiem Stolze die niederen Triebe des Neides und der Mißgunst überwindet. Wir wollen Führende, die, aus allen Schichten des Volkes wachsend, verbunden den göttlichen Mächten, durch großen Sinn, Zucht und Opfer den anderen vorangehen. [. . .] Wir geloben untadelig zu leben, in Gehorsam zu dienen, unverbrüchlich zu schweigen und füreinander einzustehen.«

Waren also über »die innenpolitischen Ziele gemeinsame Ansichten nicht zu erreichen«, schreibt Harald Steffahn in seiner Stauffenberg-Biografie, »so veschwammen die außenpolitischen vollends im Nebel der Ungewißheiten. Carl Friedrich Goerdeler hielt in politischem Romantizismus am Erhalt Großdeutschlands fest, noch dazu in den Grenzen von 1914 im Osten, ja, mit dem Zugewinn Südtirols. Der nüchterne Stratege Beck, zunächst als Staatsoberhaupt vorgesehen, konnte die bevorstehende militärische Niederlage nicht anzweifeln, war aber politisch im Grunde ahnungslos und folgte hier dem Kurs Goerdelers. Selbst Stauffenberg klammerte sich an manche außenpolitische Utopien, sofern die anonyme Ausarbeitung, die er in den Wirren des 20. Juli im Dienstgebäude verlor, seine Ansichten enthält. ›Nach einem Regimewechsel‹, so heißt es darüber in der Wiedergabe der Gestapo, ›sei es das wichtigste Ziel, daß Deutschland noch einen im Spiel der Kräfte einsetzbaren Machtfaktor darstelle und daß insbesondere die Wehrmacht in der Hand ihrer Führer ein verwendbares

Instrument bleibe . . . In Ausnutzung der Gegensätze im feindlichen Lager bestünden verschiedene politische Möglichkeiten.‹

Auch sein weltläufiger außenpolitischer Berater Adam von Trott zu Solz, Legationsrat im Auswärtigen Amt, hatte ihm diese Sichtweise nicht ausreden können, weil er selbst in Illusionen befangen war, in dem Sinne: England könne kein Interesse daran haben, daß Deutschland zu sehr geschwächt werde und die Sowjetunion zu weit vordringe. Diese verbreitete Auffassung deutet darauf, daß Englands Einfluß in der Widerstandsbewegung überschätzt und daß nicht erkannt wurde, wie weit die weltpolitischen Gewichte schon von London nach Washington verlagert waren.«

Doch wieder zurück zum Oktober 1943. Stauffenbergs »Walküre«-Vorbereitungen waren praktisch abgeschlossen, da aber die Initialzündung – Hitlers Tod – noch immer nicht herbeigeführt war, entschloß sich der einäugige Einarmige, den Diktator, zu dem er in seiner neuen Stellung Zutritt erhielt, selbst zu töten.

Am 7. Juni 1944 begegnete Stauffenberg Hitler im Berghof zum erstenmal. Sein »Walküre«-Plan war Hitler wegen seiner »besonderen Brillanz« aufgefallen. Der Oberst stellte bei dieser Gelegenheit fest, »daß man in unmittelbarer Nähe des Führers recht zwanglose Bewegungsmöglichkeiten habe«.

Als er am 7. Juli wieder zum Rapport befohlen wurde, hatte er in seiner Aktentasche neben den »Walküre«-Befehlen eine Zeitbombe englischer Herkunft verwahrt. Er zündete sie nicht, weil er bei der Explosion neben Hitler auch noch Göring und Himmler mit erledigen wollte. Einer der Männer, mit denen der Oberst auf dem Obersalzberg zusammenkam, war Speer, der feststellte: »Wie mir Schmundt erklärte, hielt man Stauffenberg für einen der fähigsten und tüchtigsten Offiziere der deutschen Armee. Mich forderte Hitler gelegentlich selber auf, mit Stauffenberg eng und vertraulich zusammenzuarbeiten. Stauffenberg hatte trotz seiner schweren Verwundung einen jungenhaften Charme bewahrt. Er war eigentümlich poetisch und präzise zugleich, von zwei scheinbar unvereinbaren Bildungserlebnissen geprägt: George-Kreis und Generalstab. »Wir hätten uns«, stellt Hitlers Architekt über den Mann fest, den Hitlers Sekretär, Reichsleiter Martin Bormann später »ein ausgesprochenes Miniaturwürstchen« schmähte, »auch ohne Schmundts Aufforderung gut verstanden. Am 6. und 8. Juli wurden diese Besprechungen fortgesetzt. Mit Hitler saßen Keitel, Fromm und andere Offiziere um den runden Tisch am großen Fenster der Wohnhalle des Berghofes; neben mir hatte mit seiner auffallend dicken Aktentasche Stauffenberg Platz genommen. Er erläuterte den Einsatzplan für ›Walküre‹, Hitler hörte aufmerksam zu und akzeptierte in der anschließenden Diskussion die Mehrzahl seiner Vorschläge. Ob Zufall oder Planung: Jedenfalls waren in diesen Tagen auch die engsten militärischen Mitverschworenen in Berchtesgaden versammelt, die, wie ich erst heute weiß, einige Tage zuvor mit Stauffenberg beschlossen hatten, das Attentat auf Hitler mit einer von Generalmajor Stieff bereitgehaltenen Bombe nun auszuführen. Am 8. Juli traf ich mich mit General Friedrich Olbricht zu einer Besprechung ... Am nächsten Tag traf ich im Berchtesgadener Hof mit Generalquartiermeister Eduard Wagner, mit dem General der Nachrichtentruppen Erich Fellgiebel, mit dem General beim Chef des Generalstabs Fritz Lindemann sowie mit dem Chef der Organisationsabteilung im Oberkommando des Heeres, Generalmajor Helmut Stieff, zusammen. Sie alle waren an der Verschwörung beteiligt, und keiner von ihnen sollte die nächsten Monate überleben. Vielleicht gerade weil der so lange hinausgezögerte Entschluß zum Staatsstreich nun unwiderruflich gefällt war, zeigten sie an diesem Nachmittag eine eher sorglose Verfassung, wie oft nach großen Entscheidungen.«

Am 15. Juli nahm Stauffenberg den zweiten Anlauf zu seinem Attentat. Hitler war nach längerem Aufenthalt in Berchtesgaden in sein inzwischen umgebautes Hauptquartier Wolfsschanze zurückgekehrt und hatte den Urheber des »Walküre«-Plans erstmals dorthin befohlen. Der Graf kam wiederum nicht mit leeren Händen. Er landete am Vormittag auf dem sechs Kilometer entfernten Flughafen Rastenburg, wurde von einem Ordonnanzoffizier des Führerhauptquartierkommandanten in den Sperrkreis II geschleust, wo für ihn im Freien der Frühstückstisch gedeckt war. Der Gast erhielt so Gelegenheit, die Einrichtungen und Gepflogenheiten in Hitlers nächster Umgebung zu beobachten.

Die Wolfsschanze war im November 1940 acht Kilometer östlich von Rastenburg erbaut worden, als für den Diktator bereits der Überfall auf die Sowjetunion beschlossene Sache war. Da er damit gerechnet hatte, den Krieg gegen die Russen in wenigen Monaten siegreich beenden zu können, war die – von Speers Vorgänger erbaute »bombensichere Rüstungsanlage der Chemiewerke Askania« – so hatte zunächst die Tarnbezeichnung gelautet – kaum mehr als ein improvisiertes Barackenlager in sumpfigem Gelände. Später wurde daraus eine hermetisch abgeriegelte Festung, umgeben von Minengürteln, Stacheldraht, eingeteilt in Sperrkreise mit Bunkerwohnungen für Hitler und seine nächste Umgebung und separaten Hauptquartieren seiner Trabanten in der näheren Umgebung.

Der Ausbau war überstürzt erfolgt. Zum Beispiel befand sich innerhalb des befestigten Hauptquartiers ein Dorffriedhof, auf dem noch zu Beginn des Jahres 1942 Verstorbene bestattet wurden. Gleich seinem Berghof auf dem Obersalzberg blieb die Wolfsschanze bis zu Hitlers Flucht vor den Russen eine ständige Großbaustelle. Unter den Tausenden von Arbeitern waren auch viele Ausländer, die, kontrolliert von Einheiten des Führerbegleitbataillons, sich in unmittelbarer Umgebung des bewußt einfach gehaltenen Lagers aufhielten, oft aber – wenn auch unter Bewachung – sich im inneren Sperrkreis aufhielten. Im Juni 1944 waren 28000 Arbeiter im Einsatz, einige hundert von ihnen im Sperrkreis I, wo der Führerbunker lag.

Trotz aller Bewachungshysterie kam es an diesem sicheren Ort, an dem man sich als Heimatschuß höchstens Rheuma holen konnte, immer wieder zu Pannen und Zwischenfällen. Ende 1942 war ein Oberst auf dem Weg in das 18 Kilometer entfernte Wehrmachtshauptquartier Mauerwald – durch einen Zubringerdienst im Pendelverkehr ständig mit der Wolfsschanze verbunden – eingeschlafen. Er erwachte erst, als er sich im Sperrkreis I befand, der nur mit Sonderausweis betreten werden durfte. Der Zaungast stieg aus und ging ins Casino, wo er von Hitlers Marineadjutant Jesko von Puttkamer begrüßt und darüber aufgeklärt wurde, wo er sich befand. Der Oberst glaubte es nicht, bis der Marineoffizier auf den am Fenster vorbeigehenden Diktator verwies, der gerade versuchte, seinen Schäferhund zum Überspringen eines Hindernisses zu bewegen. Der Oberst hatte schlafend ein Sperrgebiet durchbrochen, für das selbst Generalfeldmarschälle einen speziellen Passierschein benötigten.

Als gefährlicher erwies sich ein polnischer Zwangsarbeiter, der am 9. Juli 1942 beim Übersteigen des Drahthindernisses erschossen wurde; er führte in einem Brotbeutel als Tatwaffe ein Klappmesser mit sich. Obwohl solcherlei Pannen die Aufmerksamkeit der Wachen vorübergehend schärften, herrschte, wie Peter Hoffmann feststellt, im Hauptquartier »bei aller Geheimhaltung eine Atmosphäre kameradschaftlicher, vertrauter Laxheit«.

Oft widersprachen sich auch Vorschriften oder erwiesen sich als unpraktikabel und wurden stillschweigend umgangen. Große Aufregung herrschte, als bei der Durchsuchung der Aktentasche Hauptmann Ottings – er war der Adjutant Ribbentrops – eine Handgranate und eine Flasche Benzin gefunden wurden. Der Offizier berief sich bei den RSD-Beamten, die zunächst annahmen, einen Attentäter gestellt zu haben, auf seine Dienstvorschriften, die ihm auferlegten, »Geheime Reichssachen« durch Vernichtung vor Entdeckung zu schützen. Der Hauptmann konnte nachweisen, daß er – falls nötig – den Befehl mit deutscher Gründlichkeit befolgt hätte.

Zu den Lücken bei der Absicherung des Diktators gehörte zum Beispiel auch eine große Flasche mit einem Magenelixier, die – meistens unbeaufsichtigt – in der Nähe von Hitlers Eßtisch stand. Nur er nahm das Medikament ein. Die Verschwörer, die unentwegt berieten, wie sie den Diktator beseitigen könnten, hätten hier die einfachste Lösung finden können, indem einer von ihnen das Magenpräparat mit einem stark und rasch wirkenden Gift vergällt hätte. Ein großer Kreis von Menschen wäre dazu jahrelang in der Lage gewesen. Keiner ist darauf gekommen, und selbst den wenigen, die ein gewaltsames Ende Hitlers herbeiführen wollten, fehlten Mut oder Phantasie dafür. Henry Picker, der eine Zeitlang im Auftrag Bormanns Hitlers Tischgespräche mitschrieb, stellte fest, daß es einem entschlossenen Attentäter, der Zugang zum Führerhauptquartier hatte, »jederzeit möglich gewesen wäre, Hitler so zu töten«.

Um 13 Uhr war der Diktator bereit, den Chef des Ersatzheeres, Generaloberst Friedrich Fromm, und seinen Begleiter Stauffenberg zu empfangen. Vor dem Eingang zum Führerbunker kam es noch zu einem kurzen Gespräch mit Generalfeldmarschall Wilhelm Keitel und General der Flieger Karl Bodenschatz. Dann wurden die Offiziere vorgelassen. Der Diktator begrüßte sie mit Handschlag. Die Lagebesprechung war ungewöhnlich kurz, sie dauerte nur von 13.10 Uhr bis 13.40 Uhr. Es schlossen sich weitere Konferenzen an.

Himmler, der Reichsführer-SS, fehlte wiederum, aber auch bei seiner Anwesenheit hätte der Oberst das Attentat an diesem Tag kaum durchführen können. Zwar steckte die Bombe in seiner Aktentasche und lösten die Mitverschwörer in Berlin zur Stunde bereits voreilig die »Operation Walküre« aus – wozu eigentlich nur der Stauffenberg begleitende Fromm ermächtigt war –, aber der Graf fand keine Gelegenheit, den Säurezünder mit der Verzögerungszeit von mindestens 10 Minuten einzuschalten. Im »Lage«-Zimmer vor Hitlers Augen konnte er es nicht tun. So scheiterte auch der zweite Versuch, aber der verhinderte Attentäter blieb am Feind, denn er wurde für den 20. Juli wiederum zum Rapport nach Ostpreußen befohlen und beauftragt, inzwischen zusammenzustellen, wie viele Reserven das Ersatzheer an die Ostfront abstellen könne.

Mit großer Mühe machten die Frondeure in Berlins Bendlerstraße ihre Alarmmaßnahmen wieder rückgängig. Der ungehaltene Fromm erfuhr, was sich hinter seinem Rücken abgespielt hatte. Er war der Mann, der auf zwei Schultern trug, er hörte ständig Andeutungen und Aufforderungen der Verschwörer, ohne diese dafür zurechtzuweisen. Andererseits blieb der Generaloberst, der ruhiges Leben und gesunden Schlaf über den Ruf des Gewissens stellte, bereit, Hitlers Befehle auszuführen. Er sollte Tage später eine verhängnisvolle Rolle spielen, unschlüssig zunächst gegenüber den Frondeuren, sich dann voll hinter den Diktator stellend, der ihn später wegen Feigheit trotzdem hinrichten ließ.

Am 17. Juli erfuhren Stauffenberg und seine Freunde – vermutlich via Nebe –, daß Goerdelers Verhaftung unmittelbar bevorstand. Auch wenn man davon ausgehen konnte, daß der von Haus aus redselige Goerdeler in der Gestapohaft so lange wie möglich schweigen würde, kannten die Mitverschworenen die Faustregel der französischen Résistance, die ihre Erfahrungen mit den Schergen des Systems hatte: Wenn Himmlers Häschern einer ihrer Leute in die Hände gefallen war, rechneten sie damit, daß er spätestens einen Tag später zum Reden gebracht würde. Nach 24 Stunden unterstellten sie auch bei Hitlers entschlossenstem Gegner, daß er den Vernehmern mitgeteilt hätte, was er wußte. Wenn die Gestapo den Hauptverschwörer Goerdeler durch die Mangel drehen würde, mußten seine Freunde damit rechnen, geschlossen aufzufliegen. Und das bedeutete für Stauffenberg, daß er am 20. Juli in der Wolfsschanze aus jeder Situation heraus handeln mußte.

Es war ein schwüler, heißer Sommertag, was auch in der Dramaturgie dieses weltgeschichtlichen Datums eine Rolle spielen sollte, denn die Besprechung, bei der das Attentat begangen wurde, fand nicht in dem dafür weit besser geeigneten Führerbunker statt, sondern in der sogenannten Speer-Baracke.

In Berlin hatte Stauffenberg in der Tristanstraße in Wannsee eine Zweitwohnung; seine Familie lebte in Bambergs Schützenstraße, wohin Nina Gräfin Stauffenberg vor kurzem rucksackweise belastendes Material geschafft und vernichtet hatte, da in Berlins Bendlerstraße in der Eile keine Möglichkeit dazu bestand.

Am Vorabend des 20. Juli schickte der Oberst seinen in die Verschwörung nicht eingeweihten Fahrer, den Gefreiten Karl Schweizer, zu Oberstleutnant Fritz von der Lancken – Olbrichts Adjutanten –, um in Potsdam die Aktentasche mit der Bombe abzuholen, wo die Höllenmaschine zwischen den Versuchen jeweils aufbewahrt wurde.

Zu dieser Zeit hatten sich an die 30 dem Verschwörerkreis angehörende Offiziere – unter ihnen Witzleben, Hoepner und der Berliner Stadtkommandant von Hase – zu einer letzten Besprechung zusammengefunden. Alle erfuhren, daß die Bombe morgen hochgehen würde. Als sich Stauffenberg nach der Besprechung von Schweizer in seine Wohnung fahren ließ, lag die Höllenmaschine, in der fünf Pfund schweren Tasche verwahrt, bereits im Raum neben Stauffenbergs Schlafzimmer.

Sein Wagen passierte eine Kirche, in der gerade eine Abendandacht gehalten wurde; er befahl dem Fahrer, kurz anzuhalten. Dann betrat er das Gotteshaus. Die Nacht verbrachte er zusammen mit seinem Bruder Berthold.

Am Morgen ließ er sich kurz nach 6 Uhr zum Flughafen Rangsdorf fahren. Hier traf er General Stieff und seinen Adjutanten – und Attentatsassistenten – Oberleutnant Werner von Haeften. Sie landeten um 10.50 Uhr in Rastenburg. Der Pilot der He 111, die Generalquartiermeister Eduard von Wagner, ein Mitverschwörer, zur Verfügung gestellt hatte, erhielt Anweisung, sich für den Rückflug gegen Mittag bereit zu halten.

Ein Wagen aus dem Fuhrpark des Führerhauptquartiers brachte die Offiziere durch Minenfelder und Sperrkreise. Wieder war ein Frühstück im Casino gerichtet; Stauffenberg nahm es mit Appetit zu sich. Es war ihm keinerlei Unruhe anzumerken, auch nicht, als er mit dem General der Nachrichtentruppen Erich Fellgiebel sprach, der unmittelbar nach dem Attentat die zunächst wichtigste Rolle zu übernehmen hatte: die Verschwörer in Berlin vom Gelingen des Attentats zu verständigen und Hitlers Nachfolger von allen Nachrichtenverbindungen abzuschneiden.

Der Diktator schlief noch. Keitel ließ Stauffenberg wissen, daß wegen des Mussolini-Besuchs vom gleichen Tag die »Lage« um eine halbe Stunde, auf etwa 12.30 Uhr, vorverlegt sei und der drückenden Hitze wegen in der Speer-Baracke stattfinde; der Oberst möge sich bei seinem Bericht so kurz wie möglich fassen.

Unmittelbar vor Beginn fragte Stauffenberg Keitels Adjutanten

Ernst John von Freyend nach einer Toilette. Hier erwartete ihn bereits Haeften mit der braunen Aktentasche. Das ständig frequentierte WC war ein schlecht gewählter Ort, um die Bombe scharf zu machen. Bereits in Zeitbedrängnis, fragte Stauffenberg Freyend, wo er in aller Eile noch sein Hemd wechseln könne. Der Adjutant geleitete ihn in ein Schlafzimmer, und hier schaltete der Attentäter in höchster Eile den Säurezünder ein; er verwandte dafür eine kleine, speziell seiner Handverletzung angepaßte Zange.

Der Oberst kam nicht mehr dazu, auch noch die zweite Bombe, die er sicherheitshalber mit sich führte, scharf zu machen, denn er hatte die erste noch nicht richtig in der Aktentasche verstaut, als ein Oberfeldwebel die Tür aufriß und den Oberst zur Eile mahnte. Der Mann mußte in jedem Fall gesehen haben, daß der Gast im Führerhauptquartier hastig einen Gegenstand in seiner Aktentasche versteckte. Tatsächlich erinnerte er sich daran, als die Bombe detoniert war; aber auch für sein Mißtrauen war keine Zeit geblieben.

Vom Gang her rief Freyend: »Kommen Sie, Stauffenberg, der Chef wartet!« Er wollte dem Einarmigen die schwere Tasche abnehmen; Stauffenberg lehnte ab. Sie gingen nebeneinander zur Speer-Baracke. In scheinbar angeregter Unterhaltung passierten sie die Absicherungen des sogenannten Führersperrkreises innerhalb der Zone I. Die Posten, die Hitlers Leben zu schützen hatten, grüßten stramm, statt den Inhalt der Tasche zu visitieren.

»Am Eingang wartete Keitel schon ungeduldig auf ihn«, rekonstruiert US-Autor John Toland nach Zeugenaussagen die Situation. »Die Besprechung hatte begonnen. Er ging dem Obersten auf dem Mittelflur des Gebäudes voraus, vorbei an der Telefonzentrale und durch eine doppelte Flügeltür in den Besprechungsraum. Wegen der drükkenden Mittagshitze standen alle zehn Fenster offen. Die Teilnehmer hatten sich um einen langen schmaler Eichentisch mit besonders dicker Platte und vier massiven Beinen versammelt. Nur Hitler saß mit dem Rücken zur Tür vor der Mitte des Tisches. Auf der Karte lag eine Brille. Er spielte mit einem Vergrößerungsglas, während General Adolf Heusinger, der unmittelbar rechts neben ihm stand, einen sehr düsteren Bericht von der Lage an der Ostfront vortrug. Hitler blickte auf, als die Neuankömmlinge den Raum betraten, und erwiderte ihren Gruß. Stauffenberg stellte sich neben Heusinger und schob die braune Aktentasche so weit wie möglich in die Nähe Hitlers unter den Tisch. Dort lehnte sie innen an dem schweren Tischbein aus Eichenholz, nur knapp zwei Meter von Hitler entfernt. Es war jetzt 12.37 Uhr, und in fünf Minuten würde die Bombe detonieren. Die anderen Besprechungsteilnehmer waren von Heusingers ungünstigem Lagebericht so gefesselt, daß es Stauffenberg gelang, unbemerkt den Raum zu verlassen. Er lief den langen Flur hinunter und aus dem Gebäude hinaus. Auch Heusinger gehörte am Rande zur Verschwörung gegen Hitler, wußte aber keine Einzelheiten über das geplante Attentat ... Sein Ordonnanzoffizier lehnte sich über den Tisch, um sich die Karte besser ansehen zu können, wurde dabei aber durch die braune Aktentasche behindert. Mit dem Fuß konnte er sie nicht fortschieben. Deshalb bückte er sich und stellte sie auf die andere Seite des schweren Tischbeins. Dieser lächerliche Zufall sollte dem Verlauf der Geschichte eine andere Wendung geben.«

Wiederum hatten sich banale Zwischenfälle zu Komplizen eines unmenschlichen Systems gemacht. Der Aufstand der Offiziere konnte nur gelingen, wenn zwei Voraussetzungen erfüllt würden: Die erste war der Tod Hitlers, die zweite das sofortige Auslösen der »Operation Walküre«. Selbst nach Eintreten dieser Fakten wies der Putschplan zwangsläufig einen verhängnisvollen Anlagefehler auf: Der Hauptdarsteller war zugleich der Regisseur.

Das mochte auf der Bühne gut gehen, bei einer Verschwörung gegen einen totalen Polizeistaat aber war es ein schweres Manko, denn Stauffenberg konnte nicht gleichzeitig in der Wolfsschanze und in Berlin handeln. Zwischen beiden Schauplätzen lag eine Zeitdifferenz von drei bis vier Stunden, bei der der jüngste und überzeugendste Offizier der ersten Verschwörergarnitur in Berlin fehlen würde.

Das hatte Stauffenberg, als er seine Bombe scharf machte, bereits gewußt. Es war ihm nur keine andere Wahl geblieben, denn selbst ein riskantes Attentat schien ihm besser als ein unterlassenes, das das deutsche Volk und einen großen Teil der Welt weiterhin einer unvorstellbaren Barbarei aussetzte.

12.41 Uhr. Marineadjutant von Puttkamer trat ans Fenster, um frische Luft einzuatmen. Er überlegte, ob er sich für den Mussolini-Empfang eine bessere Hose anziehen sollte. Hitler hing jetzt völlig über dem Tisch, und General Heusinger war bei seinem Lagebericht am Peipussee angelangt. Stauffenberg wollte angeblich telefonieren, obwohl er eigentlich hierher befohlen war, um über die Aufstellung neuer Volksgrenadierdivisionen zu berichten. Er lief zu seinem Wagen, der vor dem Gebäude 8/13 abgestellt war und wo sich sein Ordonnanzoffizier und General Fellgiebel aufhielten.

12.44 Uhr. Mit einem ohrenbetäubenden Knall explodierte die Bombe. 24 Menschen waren zu diesem Zeitpunkt im Raum, sahen eine grellgelbe Stichflamme, wurden von der Druckwelle zu Boden geschleudert, versuchten sich hochzurappeln und nach draußen zu kommen. Fast alle waren taub, vielen von ihnen waren die Trommelfelle zerrissen worden, die Hosen zerfetzt, die Haare verbrannt. Generalfeldmarschall Keitel zog Hitler, »den Mann des Jahrhunderts« (Goebbels), nach draußen. In dieser Situation sprang Stauffenberg in der Meinung, es habe in der Speer-Baracke keine Überlebenden gegeben, in seinen Wagen und versuchte aus den Sperrbereichen hinauszukommen.

»Wie alle Beteiligten«, berichtet Joachim C. Fest, »hatte Hitler die Explosion als ›infernalisch helle Stichflamme‹ und ohrenzerreißenden Knall empfunden. Als er sich mit geschwärztem Gesicht und angesengtem Hinterkopf aus den brennenden, rauchenden Trümmern erhob, kam Keitel mit dem Ruf ›Wo ist der Führer?‹ auf ihn zugeeilt und half ihm beim Verlassen des Raumes. Hitlers Hosen hingen in Streifen herunter, er war über und über mit Staub bedeckt, doch kaum verletzt. Am rechten Ellenbogen hatte er einen leichten Bluterguß davongetragen, am linken Handrücken einige unbedeutende Hautabschürfungen, und obwohl beide Trommelfelle durchbrochen waren, hatte er nur für kurze Zeit etwas von seinem Gehör eingebüßt. Am schwersten waren noch die Verletzungen an den Beinen, in die zahlreiche Holzsplitter eingedrungen waren, doch stellte er gleichzeitig überrascht fest, daß das Zittern am linken Bein weitgehend abgeklungen war. Von den 24 Personen, die sich zur Zeit der Explosion im Lageraum befunden hatten, waren nur vier schwer verletzt. Hitler selbst war nicht zuletzt durch die schwere Tischplatte geschützt worden, über die er sich im Augenblick der Detonation gelehnt hatte. Er war erregt, schien aber zugleich merkwürdig erleichtert. Immer wieder und nicht ohne Befriedigung äußerte er zu seiner Umgebung, er habe längst gewußt, daß eine Verschwörung im Gang sei, jetzt endlich könne er die Verräter entlarven. Die zerfetzte Hose zeigte er wie eine Trophäe herum, desgleichen den Rock, in dessen Rücken ein quadratisches Loch gerissen war.«

Noch immer herrschte größte Verwirrung. Der Besprechungsraum war demoliert. Die Decke hing herunter. Wandverkleidungen waren zerfetzt, Fensterrahmen herausgesprengt. Uberall lagen zerschmetterte Stühle herum. Die massive Tischplatte, die Hitler wie ein Schild beschirmt hatte, war zur Hälfte geborsten. An der Stelle, an der Stauffenbergs Aktentasche verwahrt gewesen war, zeigte sich ein Bombenkrater von einem halben Meter Durchmesser.

Die allmählich wieder geordnet denkenden Überlebenden des Anschlags waren einstimmig der Meinung, daß einer der ausländischen Zwangsarbeiter die Bombe gelegt habe. Während beide Seiten in den entscheidenden Stunden Fehler um Fehler begingen, blieb die Situation offen, seltsam schwankend und unentschieden.

Stauffenberg hatte ungehindert den südwestlichen Ausgang des Sperrkreises I passiert, obwohl ihn die Wachen in jedem Fall nach dem auch hier hörbaren Explosionsknall hätten aufhalten müssen. Aber der Oberst berief sich auf einen Führerbefehl, und die Posten an der Schranke standen stramm.

Der Wagen jagte weiter zur Außenwache Süd. Hier waren bereits spanische Reiter aufgestellt und Alarm ausgelöst. Der wachhabende Feldwebel weigerte sich, den Obersten durchzulassen. Stauffenberg stieg aus, betrat das Wachlokal und telefonierte mit dem Führersperrkreis. Er erreichte Rittmeister Leonhard von Möllendorf; dieser befahl der Wache, den Gast durchzulassen.

»Man sieht, wie alles an einem Glücksfaden hing«, urteilt Peter Hoffmann. »Sicherlich spielten Stauffenbergs schwere Verwundung, sein Rang und sein kriegerisches Aussehen eine erhebliche Rolle bei seinem Entkommen aus dem Hauptquartier; nach den bestehenden Vorschriften hätte es ihm nicht gelingen dürfen, die ›Tarnung‹ durch einen offiziellen Auftrag hätte nach einer Explosion in Gegenwart Hitlers niemand mehr schützen dürfen.«

Der Oberst erreichte den Flugplatz. Die He 111 startete, bevor man sich in der Wolfsschanze an Stauffenbergs Abwesenheit erinnerte und Hitler persönlich den Befehl gab, den Grafen sofort zu verhaften.

Der Befehl blieb hängen. Die Nachrichtenübertragung war für beide Seiten mehr als problematisch. Die Verschwörer in der Bendlerstraße erfuhren von Fellgiebel, daß das Attentat vollzogen worden sei, aber Hitler überlebt habe.

Gerüchte jagten einander; niemand kannte belegte Tatsachen. Die Aufrührer waren wie paralysiert und ließen unersetzliche Zeit ungenutzt. Drei Stunden dauerte der Flug Stauffenbergs. Er hatte während dieser Zeit keine Verbindung zu seinen Mittätern. Er wußte nicht, als die zweimotorige Maschine in Rangsdorf aufsetzte, ob er von siegreichen Rebellen begrüßt oder von Himmlers Gestapobeamten verhaftet werden würde. Während er sich auf beide Möglichkeiten einrichtete und ausstieg, stellte er zu seiner Verblüffung fest, daß niemand am Flugplatz stand.

Der Oberst war noch immer der Meinung, Hitler sei tot. Jetzt endlich, um 15.45 Uhr, sprach er telefonisch mit General Olbricht und beschwor ihn zu handeln. Auf dem Weg zur Bendlerstraße verlor Stauffenberg 45 Minuten. »Auch Stauffenbergs Energie und seine Entschlossenheit konnten die verlorenen drei oder vier Stunden nicht wieder gutmachen«, stellt Alan Bullock fest. »Alles war noch zu tun. Nicht einmal in Berlin hatte man Anstalten gemacht, den Rundfunksender oder das Gestapohauptquartier in der Prinz-Albrecht-Straße zu besetzen, das doch im Grund genommen unbewacht war und aus dem man einige der Verschwörer, unter ihnen Julius Leber, hätte befreien können. Es wurde auch kein Versuch unternommen, den Gauleiter von Berlin, Goebbels, zu verhaften, obwohl Graf Helldorf, der Berliner Polizeichef, selbst tief in der Verschwörung steckte und darauf brannte, etwas zu unternehmen.«

Gegen 16 Uhr erteilte endlich General von Hase, Kommandant von Berlin, den Befehl, Truppen zur Besetzung des Regierungsviertels abzustellen. Er setzte das Wachbataillon »Großdeutschland« unter dem Kommando des früheren HJ-Führers und Majors Otto Ernst Remer in Marsch. Die Stimmung in der Bendlerstraße war gedrückt bis pessimistisch. Typisch dafür war das Verhalten des ehrenwerten, aber für die Konspiration völlig ungeeigneten Generalfeldmarschalls Erwin von Witzleben, der ein paar Stunden verspätet, wenn auch in voller Uniform, am Schauplatz erschien, sich über die konfuse Stimmung ärgerte und sich zuerst nach Zossen und dann auf sein Landgut zurückzog, bis ihn die Gestaposchergen verhafteten.

Aber auch in der Wolfsschanze traktierten sich Hitlers Paladine mit Vorwürfen, statt zu handeln. Großadmiral Dönitz bezichtigte das Heer des Verrats und die Luftwaffe des Versagens. Göring bezeichnete Ribbentrop als außenpolitischen Stümper, und Hitler hörte, Morells Medikamente schluckend, apathisch zu, bis er aufsprang und eine Vergeltung ankündigte, die auch die Frauen und Kinder der Schuldigen austilgen würde. »Während er schrie, bewegten sich SS-Bedienstete schweigend durch die Sesselreihen und servierten zum Monolog über Rache, Blut und Ausrottung den Tee.« (Joachim C. Fest)

In die gespannte Atmosphäre Berlins platzten Gerüchte. Der Rundfunk schwieg noch immer. Zwar wurde im Führerhauptquartier eine Ansprache Hitlers an das deutsche Volk vorbereitet, aber groteskerweise gab es keine Übertragungseinrichtung. Der Diktator mußte warten, bis von Königsberg aus ein Übertragungswagen nach Rastenburg in Marsch gesetzt war, was viele Stunden Zeit benötigte. Es bestand keine Chance, am 20. Juli noch zum deutschen Volk zu sprechen.

Während in der Reichshauptstadt endlich die ersten »Walküre«-Maßnahmen anliefen und Stoßtrupps des Berliner Wachbataillons am Brandenburger Tor auftauchten und zum Regierungsviertel weiterzogen, waren im Dienstzimmer des Generals Olbricht an der Bendlerstraße die Putschoffiziere noch immer in einer Dauerbesprechung. Erst als ihnen gemeldet wurde, daß im Hof Stauffenberg vorgefahren sei, ging ein Ruck der Erleichterung durch die unschlüssige Versammlung.

Der aus der Wolfsschanze zurückgekehrte Attentäter wirkte elastisch, dynamisch, befreit. »Nach menschlichem Ermessen ist Hitler tot«, beruhigte er seine Mitverschworenen. Ab 17 Uhr waren Ein- und Ausgänge zur Bendlerstraße abgeriegelt. Nur wer einen von Stauffenberg persönlich unterschriebenen orangefarbenen Passierschein hatte, durfte das Gebäude betreten oder verlassen. Um 17.30 Uhr gaben die Verschwörer ein von Generalfeldmarschall von Witzleben unterzeichnetes Fernschreiben an die Wehrmachtsdienststellen heraus: »Der Führer Adolf Hitler ist tot. Eine gewissenlose Clique frontfremder Parteiführer hat es unter Ausnutzung dieser Lage versucht, der schwer ringenden Front in den Rücken zu fallen und die Macht zu eigennützigen Zwecken an sich zu reißen. In dieser Stunde höchster Gefahr hat die Reichsregierung zur Aufrechterhaltung von Recht und Ordnung den militärischen Ausnahmezustand verhängt und mich mit dem Oberbefehl der deutschen Wehrmacht beauftragt ...«

Wie immer schwankte in Paris Generalfeldmarschall von Kluge: Er war gerade dabei, sich von den Frondeuren zu distanzieren, stellte aber nunmehr fest: »Eine historische Stunde hat geschlagen.« Er schlug seinen Stabsoffizieren vor, sofort in Verhandlungen mit den Anglo-Amerikanern über einen Waffenstillstand im Westen einzutreten. Als ihn später ein Fernschreiben Keitels mit der Mitteilung: »Der Führer lebt« erreichte, wechselte er abermals die Front – aber General von Stülpnagel hatte an seiner Stelle längst gehandelt und befohlen, die

1200 SS- und SD-Leute von Paris zu verhaften. Es war eine Aktion, die sich über Stunden hinzog. »Punkt 22.30 Uhr hatten die Stoßtrupps des Wachregiments Nr. 1 die Gestapo überwältigt«, berichtet der Historiker Wilhelm von Schramm. »So konnte die Aktion in der Tat nicht mehr abgeblasen werden. Und es wäre auch um der deutschen Geschichte willen zu bedauern, wenn man sie in letzter Minute noch abgeblasen hätte, denn nun zeigte es sich zum ersten Male deutlich, wie Heer und Geheime Staatspolizei zueinander standen, und außerdem wurde es offenbar, daß auch die Spitzenfunktionäre eines Terrorsystems nicht standhalten, wenn man sie selber hart anpackt. Die Methode der Überrumpelung und des schlagartigen Überfalls, die sie so gerne gegen Wehrlose anwandten, richtete sich nun gegen sie selbst. Um Mitternacht waren aus Paris die schwarzen Kragenspiegel verschwunden.«

In Berlin sah es anders aus: Stauffenberg forderte Generaloberst Fromm auf, sich dem Aufstand offen anzuschließen.

»Ich habe mit Keitel gesprochen«, erwiderte der Befehlshaber des Ersatzheeres. »Hitler lebt.«

»Keitel lügt!« behauptete der Oberst.

»Graf Stauffenberg«, erwiderte der Generaloberst mit schneidender Stimme, »das Attentat ist mißglückt. Sie müssen sich erschießen.«

Jetzt drängte auch Olbricht den Befehlshaber des Ersatzheeres zur Tat, aber der vierschrötige Fromm erklärte die im Raum anwesenden Offiziere für verhaftet.

»Sie können uns nicht mehr verhaften lassen«, ging General Olbricht zur offenen Meuterei über. »Sie täuschen sich über die Machtverhältnisse: Wir verhaften Sie.«

Es kam zu einem Handgemenge zwischen Fromm und Olbricht. Der Generaloberst war der Stärkere. Stauffenberg mußte dazwischentreten und erhielt dabei einen Schlag ins Gesicht. Erst unter vorgehaltener Pistole ließ Fromm von seinem Generalskameraden ab. Er wurde entwaffnet und in einen neben seinem Büro liegenden Raum gesperrt.

In Paris lief die Verhaftungswelle mit durchschlagendem Erfolg, in Berlins Bendlerstraße schien alles gesichert, aber bei der Stadtkommandantur Unter den Linden entglitt General von Hase zunehmend die Situation.

Major Remer hatte begonnen, die Regierungsgebäude abzuriegeln. Mit MPs und Maschinengewehren bewaffnete Trupps zeigten sich in der Nähe der Reichskanzlei und zogen weiter zu den Ministerien.

Remer war – gleich Stauffenberg – ein dekorierter, mehrfach verwundeter Frontsoldat; es war die einzige Ähnlichkeit zwischen den beiden Stabsoffizieren, die sich sonst gründlich in Herkunft, Bildung, Intelligenz und Moral unterschieden. Der Major war gewohnt, Befehle auszuführen, ohne Fragen zu stellen. Er gehorchte, kämpfte, jederzeit bereit zu sterben, im Grenzbereich zwischen Todesmut und Stumpfsinn.

Remer folgte Hitler als treuer Gefolgsmann, aber das militante Dogma »Befehl ist Befehl« war ihm so in Fleisch und Blut übergegangen, daß er sich – guten Glaubens – auf Order Generalleutnant von Hases auch gegen den »Führer« hätte stellen können, wenn nicht abermals von einem aberwitzigen Zufall in den Verlauf dieses Tages eingegriffen worden wäre:

Einer seiner Offiziere, Leutnant Hans Hagen, der als politischer Einpeitscher beim Wachbataillon Vorträge hielt – ein Vorläufer des als Folge des 20. Juli bei allen Wehrmachtseinheiten eingeführten NS-Führungsoffiziers –, war im Zivilleben Mitarbeiter des Reichspropagandaministers. Der fanatische Nationalsozialist bezweifelte, daß Hitler bei einem von der SS angezettelten Aufruhr umgekommen sei, und machte sich erbötig, mit dem Motorrad bei Goebbels vorbeizufahren, um sich zu erkundigen, was eigentlich los sei.

Sein Bataillonskommandeur war damit einverstanden und wurde nach der Einmischung Hagens selbst zum Propagandaminister befohlen. Als er seine Einheit verließ, bemerkte er zu seinem Adjutanten: »Jetzt geht es um meinen Kopf.« In den Diensträumen des Goebbels-Ministeriums, in denen sich auch Speer aufhielt, herrschten Durcheinander und Verwirrung. Der Propagandaminister – zugleich Gauleiter von Berlin – stand an seinem Schreibtisch und telefonierte ununterbrochen mit schweißnassem Gesicht. Er wußte, daß militärische Verbände aus Potsdam und anderen Provinzgarnisonen im Vormarsch auf die Reichshauptstadt waren, und hatte als erster erfaßt, daß ein Putsch großen Stils begonnen hatte. Seine letzte Hoffnung war, daß die Rebellen den Rundfunk noch immer nicht besetzt hatten.

Als Major Remer – der von Hagen als »politisch absolut zuverlässiger Offizier« geschildert worden war – eintrat, erinnerte ihn Goebbels ohne Umwege an seinen Eid, den er Hitler geleistet hatte.

»Aber der Führer ist tot«, entgegnete der Major.

»Der Führer lebt«, konterte der Reichspropagandaminister. »Ich habe noch vor wenigen Minuten mit ihm gesprochen.«

Remer erwiderte, diese erfreuliche Nachricht erst glauben zu können, wenn er sie aus des Führers eigenem Munde vernähme.

»Glücklich, aber noch ungläubig starrte Remer uns alle an«, schildert Augenzeuge Speer die Situation. »Goebbels machte Remer jetzt auf die historische Stunde aufmerksam, auf die ungeheure Verantwortung vor der Geschichte, die auf seinen jungen Schultern laste: Noch selten sei einem Menschen vom Schicksal eine derartige Chance gewährt worden; an ihm liege, ob er sie nutze oder ausschlage. Wer Remer jetzt sah, wer beobachtete, welche Veränderung mit ihm bei diesen Worten vorging, der wußte: Goebbels hatte bereits gewonnen. Aber nun spielte er seinen höchsten Trumpf aus: ›Ich spreche jetzt mit dem Führer, und Sie können auch mit ihm telefonieren. Der Führer kann Ihnen doch Befehle erteilen, die die Befehle Ihres Generals aufheben?‹ schloß er mit leicht ironischem Ton. Dann stellte er die Verbindung mit Rastenburg her.

Über eine Sonderleitung in der Telefonzentrale seines Ministeriums konnte Goebbels sich mit dem Führerhauptquartier verbinden lassen. Innerhalb von Sekunden war Hitler am Apparat; nach einigen Bemerkungen zur Situation übergab Goebbels dem Major den Hörer. Sogleich erkannte Remer die Stimme des totgesagten Hitler und nahm, den Hörer in der Hand, unwillkürlich Haltung an. Nur verschiedentlich hörte man: ›Jawohl, mein Führer ... Jawohl! Zu Befehl, mein Führer!‹

Anschließend ließ sich Goebbels den Telefonhörer zurückgeben und von Hitler über das Ergebnis des Gesprächs unterrichten: Der Major war anstelle von General von Hase mit dem Vollzug aller militärischen Maßnahmen in Berlin betraut; gleichzeitig war ihm der Befehl erteilt, alle von Goebbels ausgegebenen Weisungen durchzuführen. Eine einzige intakte Telefonleitung hatte die Erhebung endgültig zum Scheitern gebracht. Goebbels ging zur Gegenaktion über und ordnete an, daß alle erreichbaren Männer des Wachbataillons sofort im Garten seiner Wohnung zusammenzuziehen seien.«

Der auf der Stelle zum Oberst beförderte Major Remer machte sich daran, den Aufstand der Generale niederzuschlagen. Er zog das Wachbataillon zusammen. Zu ihm gehörten auch die Soldaten der Bendlerstraße, die sich in den späten Abendstunden auf Befehl ihrer Führer zurückgezogen hatten. Gleichzeitig kam über den Rundfunk die Meldung, der Führer werde in Bälde über alle Reichssender zum deutschen Volk sprechen.

Es folgte Marschmusik.

In Paris füllten sich die Zellen, aber Feldmarschall von Kluge bat seine aufmüpfigen Offiziere: »Meine Herren, lassen Sie mich aus dem Spiel.«

Die Zufälle dieses Tages waren noch nicht beendet: Generalfeldmarschall Rommel, der populärste deutsche Heerführer – ein Mitwisser, wenn auch kein Mittäter des 20. Juli –, war vor drei Tagen bei einem Tieffliegerangriff schwer verwundet worden und lag handlungsunfähig im Lazarett; sein Nimbus hätte die Zivilbevölkerung bei einem allgemeinen Aufstand mitreißen können.

Der Mussolini-Befreier und SS-Sturmbannführer Otto Skorzeny erfuhr unmittelbar vor Abfahrt seines Zuges nach Wien, daß Hitler ein Attentat überlebt habe, und stellte sich sofort zur Verfügung. Der Zwei-Meter-Mann suchte das Reichssicherheitshauptamt auf, wo ihm Auslands-SD-Chef Walter Schellenberg eröffnete, daß die Lage ernst sei. »Er war blaß, und vor ihm auf dem Tisch lag eine Pistole«, berichtet John Toland. »Er machte eine dramatische Handbewegung: ›Hier will ich mich verteidigen, wenn sie kommen.‹ Es war ein komischer Anblick, und Skorzeny mußte lachen. Er riet Schellenberg, die Pistole fortzulegen, damit er sich nicht versehentlich selbst etwas antäte.«

Dann griff »Hitlers Trouble-shooter« (Heinz Höhne) ein und fuhr zu einer SS-Sabotage-Schule am Stadtrand, um sich Verstärkung zu besorgen. In den späten Abendstunden erreichte ihn der Befehl des Generalobersten Alfred Jodl, zur Unterstützung Remers sofort in die Bendlerstraße zu fahren, wo das Wachbataillon dabei war, den Block zu umstellen und zu belagern.

Die Führerrede ließ noch immer auf sich warten. In Paris wurden die letzten SS-Führer eingesammelt. In Wien und Prag rührten sich die Ausläufer der Verschwörung. In der Bendlerstraße besorgten sich Offiziere, die nicht zu den Aufrührern gehörten, aber den ganzen Tag stillgehalten hatten, Waffen, als sie die Witterung aufgenommen hatten, welche Seite siegen würde.

Acht von ihnen stürmten mit Maschinenpistolen und Handgranaten in Olbrichts Büro. Während der General versuchte, sie hinzuhalten, trat Stauffenberg ins Zimmer; sie feuerten sofort eine Geschoßgarbe auf ihn ab.

Der Oberst wurde verwundet, hastete in das Nebenzimmer, wo er zusammen mit Beck, Olbricht und den anderen Frondeuren gestellt und dem inzwischen von den Gegenputschisten befreiten Generalobersten Fromm vorgeführt wurde.

»So, meine Herren«, sagte der Oberbefehlshaber des Ersatzheeres, der noch nicht wußte, daß er abgesetzt und auf Befehl Keitels durch den Reichsführer-SS Heinrich Himmler ersetzt worden war, »jetzt mache ich mit Ihnen das, was Sie heute nachmittag mit mir machen wollten.«

Er befahl ihnen, die Waffen abzulegen.

»An mich, Ihren alten Vorgesetzten«, erwiderte Generaloberst Beck, »werden Sie diese Forderung nicht stellen wollen.« Der einst aus Protest gegen Hitler zurückgetretene frühere Generalstabschef griff nach seiner Waffe.

Fromm achtete darauf, daß er die Mündung auf sich selbst richtete. »Handeln Sie«, sagte er.

Der pensionierte Generaloberst drückte ab, aber die Kugel streifte ihn nur am Kopf.

»Helfen Sie dem alten Herrn«, befahl Fromm zwei Offizieren, die ihn befreit hatten; sie weigerten sich. Während Beck auf einem Stuhl zusammensank, stöhnend, blutend, forderte der Generaloberst als Chef seines selbsternannten Standgerichts die Verschwörer auf, rasch noch eine Notiz für die Angehörigen niederzuschreiben.

Er ging in sein Büro und kam knapp fünf Minuten später zurück. »Im Namen des Führers hat ein von mir bestelltes Standgericht das Urteil gesprochen«, schnarrte er seine Entscheidung herunter. »Es werden der Oberst im Generalstab von Mertz, General Olbricht«, er deutete auf Stauffenberg, »der Oberst, den ich mit Namen nicht mehr nennen will, und der Oberleutnant von Haeften zum Tode verurteilt.«

Stauffenberg, zornig über die Haltung Fromms, der seine Haut retten wollte, nahm jegliche Verantwortung auf sich, behauptend, alle anderen hätten als Soldaten nur seine Befehle ausgeführt. Der Generaloberst machte eine unmißverständliche Geste zur Tür hin. Die Verurteilten gingen, einer hinter dem anderen, gefaßt und schweigend, an ihm vorbei. Inzwischen hatte Beck ein zweites Mal die Pistole gegen sich gerichtet, aber wiederum den Tod verfehlt. Ein Feldwebel schleppte ihn auf den Gang und gab ihm dort den Fangschuß in das Genick.

Im Hof der Bendlerstraße waren die Wehrmachtsfahrzeuge so aufgestellt worden, daß ihre Scheinwerfer bei der Exekution Büchsenlicht gaben. Die Offiziere wurden einzeln vor einen Sandhaufen gestellt, die Lichter eingeschaltet.

Als erster starb Olbricht. Stauffenberg war als nächster an der Reihe. Sein Adjutant von Haeften sprang vor ihn und fing die Kugeln ab. So starb der Graf als dritter mit einem Hochruf auf Deutschland. Um 0.33 Uhr war auch Mertz füsiliert.

Die massige Gestalt des Generalobersten Fromm tauchte aus dem Schatten des Bendler-Komplexes auf. Er hielt eine markige Ansprache, voll »Dankbarkeit für die Vorsehung, die das kostbare Leben des Führers geschont« habe. Nach einem dreifachen »Sieg Heil« verließ er den trostlosen, blutigen Schauplatz, ging in sein Dienstzimmer und gab in der Nachrichtenzentrale der Bendlerstraße ein Fernschreiben auf: »Putschversuch unverantwortlicher Generale blutig niedergeschlagen. Sämtliche Anführer erschossen.«

Dann fuhr Fromm zu Goebbels – der ihn verhaften ließ. Seine brutale Haltung gegenüber seinen Mitarbeitern brachte ihm keine andere Vergünstigung ein als die Kugel anstatt des Stricks, im März 1945.

Während die Toten zum Friedhof der Matthäi-Kirche in Schöneberg gebracht und in aller Stille in ihren Uniformen und Ehrenzeichen beigesetzt wurden, tönte eine Stunde nach dem Ende des Tages, den er nicht hätte überleben sollen, Hitlers Stimme über die gleichgeschalteten Sender. Von Zufällen, Imponderabilien und Pannen geschützt, war der Diktator wieder einmal der Bombe entkommen. Ein – sein – gerettetes Menschenleben sollte in den restlichen Monaten des Krieges viele Millionen anderer Menschen das Leben kosten.

»Deutsche Volksgenossen und Volksgenossinnen!« grollte Hitler. »Ich weiß nicht, zum wievielten Male nunmehr ein Attentat auf mich geplant und zur Ausführung gekommen ist. Wenn ich heute zu Ihnen spreche, dann geschieht es aus zwei Gründen: erstens, damit Sie meine Stimme hören und wissen, daß ich selbst unverletzt und gesund bin. Zweitens, damit Sie aber auch das Nähere erfahren über ein Verbrechen, das in der deutschen Geschichte seinesgleichen sucht. Eine ganz kleine Clique ehrgeiziger, gewissenloser und zugleich verbrecherischer, dummer Offiziere hat ein Komplott geschmiedet, um mich zu beseitigen und zugleich mit mir den Stab praktisch der deutschen Wehrmachtsführung auszurotten . . .«

Und dann lief die Menschenjagd an: 400 Beamte der Gestapo und Kripo, rekrutiert aus elf verschiedenen Dienststellen, wurden zur

»Sonderkommission 20. Juli« zusammengefaßt, um erbarmungslos die Armeestäbe zu durchleuchten. Ihre ersten Opfer waren keine Lebenden, sondern Tote: Auf Befehl Himmlers wurden die Leichen Stauffenbergs und seiner Freunde exhumiert, zur Identifizierung nackt präsentiert, verbrannt und die Asche über anonyme Felder verstreut, wobei Göring noch den Vorschlag machte, die sterblichen Überreste »über Kieselfelder zu streuen, da Äcker dafür zu anständig« seien.

Die meisten Lebenden, denen vor der Totenschändung graute, hatten trotz aller Erfahrung mit dem braunen System keine Vorstellung, was sie erwartete und wie sehr sie die Füsilierten bald beneiden würden.

Die Bartholomäus-Nacht war angelaufen, und jede Verhaftung zog drei, vier weitere nach sich. Durch Zufall stießen die Verfolger auf die Akten der militärischen Abwehr; sie nahmen Admiral Canaris und Generalmajor Oster fest. In Paris freilich wurden die Jagdszenen vorübergehend zum Narrentreiben. Entsetzt erfuhren die Offiziere, die ihre SS-Rivalen gerade festgesetzt hatten, im Hotel »Raphael«, daß der Aufstand in Berlin zusammengebrochen sei. General von Stülpnagel, der deutsche Militärbefehlshaber in Frankreich, saß in der Falle, in die er Hitlers Runensoldaten gelockt hatte. In dieser ausweglosen Lage kamen die Offiziere auf die pfiffige Notlösung, mit den beiden führenden Gegenspielern, dem Höheren SS- und Polizeiführer Karl Oberg und dem SD-Chef Dr. Helmut Knochen, zu verhandeln.

Sie wurden aus der Haft vorgeführt. Der Vermittler, Botschafter Otto Abetz, unterbrach den ersten heftigen Wortwechsel mit der Erklärung: »In Berlin mag geschehen sein, was will; hier in Frankreich tobt die Schlacht in der Normandie. Hier müssen alle Deutschen eine geschlossene Front bilden.« Das Groteske geschah: Die Festnehmer einigten sich mit den Arrestierten zur gemeinsamen Absprache gegen Himmler und das Reichssicherheitshauptamt: Die Verhaftungswelle sei von vornherein eine abgesprochene Blindübung gewesen. Keine der beiden Parteien hatte einen Grund, die eigene Rolle untersuchen zu lassen; die einen wollten keine Hochverräter und die anderen keine Feiglinge sein, die sich ohne Gegenwehr hatten einkassieren lassen. So kamen in Paris die Verschwörer verhältnismäßig glimpflich davon.

Stülpnagel freilich war schwer kompromittiert; von Generalfeldmarschall von Kluge seines Postens enthoben, erhielt er den Befehl, sich zur Berichterstattung in Berlin einzufinden. Der Militär besuchte das alte Schlachtfeld an der Maas, nördlich von Verdun. Er schickte seinen Fahrer mit dem Wagen voraus und versuchte sich zu erschießen. Er schoß sich blind, wurde operiert, verhaftet und hingerichtet. Aber auch die charakterliche Wendigkeit Kluges brachte diesem nichts ein. Auf dem Weg nach Deutschland, ebenfalls auf den Schlachtfeldern des Ersten Weltkriegs, nahm er Zyankali, nicht ohne Hitler in einem Brief noch einmal seiner Ergebenheit versichert zu haben: ein deutscher Generalfeldmarschall zwischen Scheck und Schock, Unterwürfigkeit und Arroganz.

Die Verschwörer hatten offensichtlich mit einem Scheitern ihres Aufstands nicht gerechnet. Keiner hatte Vorbereitungen zur Flucht getroffen. Die wenigsten versuchten unterzutauchen, obwohl sie wußten, daß sie sich durch Beteiligung oder auch nur Mitwisserschaft um ihren Kopf gebracht hatten. Diese Offiziere rechneten damit, vor ein Ehrengericht gestellt, verurteilt und erschossen zu werden. Nach ihrer Ehrauffassung hatten sie für die kurze Lebensspanne, die ihnen blieb, nur noch die verdammte Pflicht, bei den Verhören mannhaft ihre Freunde zu decken und mit Anstand zu sterben.

Darauf setzend, daß sich ihre Gegenspieler an den Ehrenkodex halten würden, unterschätzten sie nach dem Debakel ein letztes Mal die Bewegung, gegen die sie angetreten waren. Das Regime wollte nicht nur ihren Tod, sondern vor allem ihren grausamen Tod und die Ausrottung ganzer Geschlechter: Der jüngste Sippenhäftling, ein Enkelkind Goerdelers, war im Säuglingsalter, der älteste, der Vater eines Vetters von Stauffenberg, zählte 85 Jahre.

Typisch für die naive, wenn auch aufrechte Denkweise der gescheiterten Verschwörer war zum Beispiel das Verhalten von General Fellgiebel, dem ersten Frondeur, der mit eigenen Augen schon Minuten nach dem Attentat sah, daß der Diktator die Bombe überlebt hatte. Im Laufe dieses verworrenen 20. Juli stand er – noch nicht verdächtigt – wiederholt in unmittelbarer Nähe Hitlers. Er wußte, daß seine Beteiligung schon in der nächsten Minute aufgedeckt werden konnte und er dann nichts mehr zu verlieren hatte. Er wäre in der Lage gewesen, den Verhaßten nach Stauffenbergs Fehlzündung um den Preis seines eigenen Lebens zu erschießen – statt dessen war er bereit, wie der Held einer altgriechischen Tragödie in fatal-fatalistischer Weise sein Schicksal auf sich zu nehmen. Als er vom OKW-Quartier Mauerwald am Nachmittag in die Wolfsschanze befohlen wurde, konnte es nur seine Verhaftung bedeuten.

Oberleutnant Dr. Hellmuth Arntz, sein Ordonnanzoffizier und Vertrauter, fragte Fellgiebel, ob er eine Pistole habe.

»Man steht«, erwiderte der General. »Man tut das nicht.« Er verzichtete auf den Selbstmord, weil er seine Beweggründe – die Verbrechen der Kriegsführung – offen vor einem Kriegsgericht darlegen wollte. Er verabschiedete sich von seinem Adjutanten mit den Worten: »Wenn wir an ein Drüben glaubten, dann könnten wir ja sagen: Auf Wiedersehen.«

Aber der erste Verschwörer, der gefaßt wurde, ging nicht vor Richter, die ihm eine Chance ließen, seine Motive – ob richtig oder falsch – vorzubringen. Er ging in die Folterkammer der Gestapo, die gerade ihn mit besonderer Bestialität behandelte.

Diesem Schicksal wollte Tresckow, der Motor der Verschwörung, entgehen; er suchte am 21. Juli das Niemandsland vor der Hauptkampflinie der 28. Jägerdivision auf, um – wie er sagte – sich durch persönlichen Augenschein ein Bild von der Frontlage zu machen. Ganz nahe der russischen Linie täuschte er mit zwei Pistolen einen Schußwechsel vor und sprengte sich dann mit einer Gewehrgranate den Kopf vom Rumpf.

Da Tresckows Rolle noch nicht aufgedeckt war, wurde sein Heldentod im Wehrmachtsbericht besonders herausgestellt. Seine Familie erhielt die Sondererlaubnis, die Leiche nach Deutschland zu überführen und mit militärischen Ehren auf dem Besitz der Tresckows beizusetzen. Als im Laufe der Ermittlungen, Monate später, der General als Triebwerk der Subversion entdeckt wurde, riß man seine halb verweste Leiche aus dem Sarg und benutzte sie bei der Vernehmung seiner Freunde als Horror-Waffe.

Oberstleutnant Werner Schrader schrieb in seiner Wohnbaracke auf einen Zettel: »Ich gehe nicht ins Gefängnis, ich lasse mich nicht quälen« und jagte sich eine Kugel in den Kopf. Im Wehrkreiskommando an Berlins Hohenzollerndamm wurde der Major im Generalstab Hans Ulrich von Oertzen festgenommen; er verwickelte sich beim Verhör in Widersprüche und mußte seine Pistole abgeben. Auf der Toilette gelang es dem Offizier, belastende Schriftstücke zu verbrennen und hinunterzuspülen und auf dem Rückweg zwei Gewehrsprenggranaten im Löschsand zu verstecken.

Am 21. Juli gegen 10 Uhr verlangte der Major erneut, die Toilette aufzusuchen. Unterwegs nahm er eine der Gewehrgranaten und zog sie an seinem Kopf ab. Er brach schwerverletzt zusammen, auch sein

Bewacher wurde verwundet. Der Schauplatz der Szene wurde abgesperrt, ein Arzt gerufen. Um Oertzen, den man für tot hielt, kümmerte man sich nicht weiter, und so gelang es ihm, in gewaltsamer Anstrengung, auch noch an die zweite Granate heranzukommen, sie sich in den Mund zu stecken und abzuziehen. Sein Vorgesetzter, General Joachim von Kortzfleisch, ein hitlertreuer Offizier, stellte lapidar fest: »Wenigstens ist der Major anständig gestorben.«

Reichskriminaldirektor Arthur Nebe hatte in den ersten Tagen sich besonders hektisch an der »Aufklärung« des 20. Juli beteiligt. Nach der Verhaftung des Grafen Helldorf war auch seine Komplizenschaft nicht mehr zu vertuschen. Deutschlands erster Kriminalist schrieb einen Abschiedsbrief, täuschte einen Selbstmordversuch vor, färbte sich die Haare und tauchte, zusammen mit Gisevius, unter. Nebe wurde erst am 16. Januar 1945 verhaftet und dann gehängt. Gisevius gelang es, eine Woche später mit falschen Papieren in die Schweiz zu entkommen.

Auch der General der Artillerie Fritz Lindemann war untergetaucht und wurde – obwohl auf seine Auffindung 500000 Mark Belohnung ausgesetzt waren – erst am 3. September aufgestöbert. Er versuchte, aus einem Fenster des dritten Stockwerkes des Gefängnisses zu springen, wurde aber von Polizeibeamten durch zwei Bein- und einen Bauchschuß niedergestreckt. Man operierte ihm die Kugeln heraus, um ihn für den Galgen aufzusparen, aber Lindemann erlag am 21. September seinen Verletzungen. Fünf Fluchthelfer, die ihn vorübergehend versteckt hatten, wurden zum Tode verurteilt und gehängt.

Den Schergen des Systems, in ihren Foltermethoden niemals phantasielos, fielen immer neue Abscheulichkeiten ein. Selten zeigte das Regime so nackt sein Gesicht. Hitler selbst erzwang immer neue Grausamkeiten. Er bestellte Roland Freisler, den Präsidenten des Volksgerichtshofs – den er nach dem Ankläger stalinistischer Schauprozesse in Moskau »unseren Wyschinski« nannte –, zusammen mit dem Scharfrichter in das Hauptquartier. Er eröffnete beiden, daß den zu Verurteilenden jede menschliche Erleichterung versagt bleiben müsse, insbesondere keinem von ihnen geistlicher Beistand gewährt werden dürfe. Von dem Diktator selbst stammte auch die Weisung, die verurteilten Offiziere »wie Schlachtvieh« aufzuhängen.

Ein Mann wie Freisler war ein Adressat nach Maß für atavistische Haßausbrüche. Um die Militärs seinem Volksgerichtshof überstellen zu können, mußten sie zunächst von einem »Ehrenhof« aus der

Wehrmacht ausgeschlossen werden. Willfährige Generale wie Keitel, Guderian und andere taten Hitler den Gefallen und machten aus Offizieren Zivilisten, die bei der ersten Verhandlung des Volksgerichtshofs am 7. und 8. August 1944 im Großen Saal des Kammergerichts in Berlin wie Strolche aussahen: Unrasiert, ungepflegt, mit aus dem Mund entfernten Zahnprothesen, ohne Gürtel und Hosenträger, mußten sie vor den »Richtern« im roten Talar erscheinen. Hinter Hakenkreuzfahnen waren Kameras eingebaut, um für Hitler die Schauprozesse zu filmen.

»Sie dreckiger, alter Kerl«, fuhr der deutsche Wyschinski den früheren Generalfeldmarschall von Witzleben an, »was haben Sie immer an Ihren Hosen herumzufummeln!«

Er schoß Schimpfkanonaden auf den Wehrlosen ab, der trotz seiner armseligen Aufmachung Würde ausstrahlte und seinem Blutrichter vorhielt: »Sie können uns dem Henker überantworten. In drei Monaten zieht das empörte und gequälte Volk Sie zur Rechenschaft und schleift Sie bei lebendigem Leib durch den Kot der Straßen.«

Obwohl die Angeklagten rechtlos waren, Folterungen hinter sich hatten, ihre Angehörigen in den Händen der Schergen wußten, physisch erschöpft wirkten, standen die meisten von ihnen die Prozedur in beispielloser Haltung durch.

»Schurke Schulenburg«, verbesserte Fritz-Dietlof Graf von der Schulenburg Freisler, als er ihn versehentlich mit »Graf« tituliert hatte.

»Wenn ich hänge, habe nicht ich Angst, sondern Sie«, hielt Rechtsanwalt Josef Wirmer dem Präsidenten vor.

»Bald werden Sie in der Hölle sein«, erwiderte der Terrorist in der Blutrobe.

»Es wird mir ein Vergnügen sein, wenn Sie bald nachkommen, Herr Präsident«, antwortete der Angeklagte.

Der geschundene, gequälte, wochenlang mißhandelte Fellgiebel riet dem Vorsitzenden des Volksgerichtshofs, sich mit dem Aufhängen zu beeilen, damit er nicht früher baumle als die Angeklagten.

Der Kreis der Verhafteten wurde größer und größer. Auch in der Voruntersuchung zeigten viele Gefolterte eine Widerstandskraft, die weit über die Résistancenorm hinausging. Was die Inhaftierten über sich ergehen lassen mußten, schildert Schlabrendorff, dessen Standhaftigkeit nicht nur ihm, sondern auch einigen seiner Freunde das Überleben ermöglichen sollte:

»Man machte mich darauf aufmerksam, es sei jetzt die letzte Gelegenheit zu einem Geständnis. Als ich an meinem bisherigen Leugnen festhielt, griff man zum Mittel der Folterung. Diese Folterung wurde in vier Stufen vollzogen.

Die erste Stufe bestand darin, daß meine Hände auf dem Rücken gefesselt wurden. Dann wurde über beide Hände eine Vorrichtung geschoben, die alle zehn Finger einzeln umfaßte. An der Innenseite dieser Vorrichtung waren eiserne Dornen angebracht, die auf die Fingerwurzeln einwirkten. Mittels einer Schraube wurde die ganze Maschinerie zusammengepreßt, so daß sich die Dornen in die Finger einbohrten.

Die zweite Stufe war folgende: Ich wurde auf eine Vorrichtung gebunden, die einem Bettgestell glich, und zwar mit dem Gesicht nach unten. Eine Decke wurde mir über den Kopf gelegt. Dann wurde über jedes der bloßen Beine eine Art Ofenrohr gestülpt. Auf der Innenseite dieser beiden Röhren waren Nägel befestigt. Wiederum war es durch eine Schraubvorrichtung möglich, die Wände der Röhren zusammenzupressen, so daß sich die Nägel in Ober- und Unterschenkel einbohrten.

Für die dritte Stufe diente als Hauptvorrichtung das ›Bettgestell‹. Ich war, wie vorher, auf dieses gefesselt, während der Kopf mit einer Decke zugedeckt war. Dann wurde das Gestell mittels einer Vorrichtung entweder ruckartig oder langsam auseinandergezogen, so daß der gefesselte Körper gezwungen war, die Bewegung dieses Prokrustesbettes mitzumachen.

In der vierten Stufe wurde ich mittels einer besonderen Fesselung krumm zusammengebunden, und zwar so, daß der Körper sich weder rückwärts noch seitwärts bewegen konnte. Dann schlugen der Kriminalassistent und der Wachtmeister mit dicken Knüppeln von rückwärts auf mich ein, so daß ich bei jedem Schlag nach vorn überfiel und infolge der auf den Rücken gefesselten Hände mit aller Gewalt auf Gesicht und Kopf schlug. Während dieser Prozedur gefielen sich alle Beteiligten in höhnenden Zurufen.«

Der Mißhandelte erlitt eine Herzattacke. Als sie ausgestanden war, wurde die Prozedur wiederholt. Als auch das Dacapo dieser Hexenbehandlung nichts fruchtete, schaffte man Schlabrendorff ohne ein Wort der Erklärung in das Konzentrationslager Sachsenhausen. Man führte ihn an den Platz, an dem Erschießungen stattfanden. Der Begleitbeamte sagte mit einer Handbewegung: »Nun wissen Sie ja, was mit Ihnen geschehen wird. Aber vorher haben wir noch etwas anderes mit Ihnen vor.«

Sie führten Schlabrendorff in einen Raum des Krematoriums, in dem der Sarg Tresckows stand. »Er wurde vor meinen Augen geöffnet«, berichtet der Jurist und Widerstandskämpfer. »Angesichts der Leiche, die schon mehrere Monate in der Erde gelegen hatte, wurde ich mit halb drohender, halb beschwörender Stimme gefragt, ob ich nicht nunmehr ein umfassendes und endgültiges Geständnis ablegen wollte. Aber ich blieb bei meinen bisherigen Verhalten. Daraufhin wurde der Sarg mit der Leiche in meiner Anwesenheit verbrannt. Anschließend wurde ich wider Erwarten nicht erschossen, sondern in das Gefängnis zurückgefahren.«

Hitlers Weisung, die Blitzurteile schon Stunden nach ihrer Verkündung zu vollstrecken, wurde zunächst befolgt. Gleich nach der Verhandlung schaffte man die ersten acht Verurteilten – Witzleben, Hase, Stieff, Bernardis, Hagen, Klausing, Hoepner, Yorck von Wartenburg – in die Strafanstalt Plötzensee, wo sich der Henker und seine Gehilfen zwischen den Exekutionen mit Schnaps stärkten und Kameraleute ihre Geräte aufgebaut hatten, um für Hitler auch noch die letzten Todeszuckungen im Bilde festzuhalten und Standfotos von den Gehenkten zu machen.

Die Todeskandidaten wurden in Holzpantinen, mit auf den Rücken gefesselten Händen in den durch zwei kleine Fenster erhellten Hinrichtungsraum geführt, vorbei an dem unverhüllten Fallbeil, der sonst im Dritten Reich üblichen Todesmaschine. Im Beisein des Generalstaatsanwalts wurde Freislers Terrorspruch noch einmal verkündet. Dann zog man die Verurteilten bis zur Gürtellinie aus, löste die Handfesseln, steckte den Kopf in die an Fleischerhaken befestigten Klaviersaiten, zog sie hoch und ließ sie zwanzig Minuten hängen, obwohl der Tod durch Erdrosselung oft schon nach zwanzig Sekunden, mitunter aber später eingetreten war.

Es war ausdrücklich befohlen, die Todesqualen der Opfer in die Länge zu ziehen, deshalb ließ man die Körper nicht mittels Falltreppe mit Wucht nach unten fallen, wobei durch Genickbruch der Tod sofort eintritt, sondern zog den kleinen Schemel unter ihren Füßen behutsam weg, so daß durch die Strangulierung der qualvolle Würgetod eintrat; dabei wurden den Opfern von den Henkersgehilfen auch noch die Hosen ausgezogen.

Mittels Kurierpost gingen am gleichen Tag die Filme in das Führerhauptquartier ab und wurden Hitler vorgeführt. Standfotos der Gehängten lagen oft wochenlang auf seinem Schreibtisch neben den

»Lage«-Karten. Jeden Tag ließ er sich über den Fortgang der braunen Inquisition berichten. Während der Diktator körperlich dahinsiechte, wirkten die optischen Beweise des Sadismus zwischendurch auf ihn belebender als Morells Aufputschdrogen.

Daß man später Hitlers Befehl zunehmend mißachtete und die Verurteilten oft Wochen und Monate in der Todeszelle kauern ließ, war kein heimlicher Rettungsversuch, sondern eine Folge der Erkenntnis, daß Verschwörer aufgehängt worden waren, bevor man ihnen Geständnisse über weitere Beteiligte abgepreßt hatte. Fellgiebel mußte einen Monat auf den Tod warten, Goerdeler, zunächst untergetaucht, dann aber von einer Luftwaffenhelferin entdeckt und verraten – Belohnung: eine Million Mark –, vom 8. September 1944 bis zum 2. Februar 1945.

Über den ersten Prozeß und die anschließenden Exekutionen wurde die deutsche Öffentlichkeit in gleichlautenden Berichten informiert. Danach wurden die Meldungen bewußt klein gehalten oder unterblieben ganz, um die Fiktion von der »ganz kleinen Clique« aufrechtzuerhalten.

Die Rachejustiz erfand auch Wege, die an der Endstation Plötzensee vorbeiführten. Den legendären Generalfeldmarschall Rommel wagte auch »La-Keitel« nicht aus der Wehrmacht auszustoßen; er blieb selbst für Freisler unerreichbar. Man schickte dem Genesenden die Generalskameraden Ernst Maisel und Wilhelm Burgdorf, beide Mitglieder des sogenannten Ehrenhofs, als Henker frei Haus nach Herrlingen bei Ulm. Sie stellten den Wüstenfuchs vor die Wahl: das mitgeführte Gift zu nehmen und ein ehrenvolles Staatsbegräbnis zu erhalten oder Sippenhaft für Frau Lucie und Sohn Manfred. Während der einstündigen Unterredung war das Dorf von SS-Truppen umstellt. Beim Abschied von seiner Frau sagte Erwin Rommel: »In einer Viertelstunde bin ich tot.«

Er nahm im Wagen der beiden Offiziere Platz, die einmal mehr vorführten, wie sehr die Ehrauffassung deutscher Generale von Hitler korrumpiert worden war. Unterwegs schluckte Rommel das Zyankali; eine halbe Stunde später lieferten die uniformierten Erpresser mit den roten Generalsbiesen an den Hosen die Leiche des Generalfeldmarschalls im Ulmer Krankenhaus ab. »Berühren Sie den Leichnam nicht«, befahl Generalleutnant Burgdorf dem Chefarzt. »Alles ist von Berlin aus bereits geregelt.«

Als Todesursache wurde vom Reichssicherheitshauptamt festgesetzt: »Embolie als Folge von Kriegsverletzungen.« Ein paar Tage später hielt in Anwesenheit der führenden Würdenträger des Dritten Reiches Generalfeldmarschall von Rundstedt unbewegten Gesichts die Gedenkrede auf den »verewigten Kriegshelden«. Und Hitler schickte der Witwe des indirekt von ihm Ermordeten ein in herzlichem Ton gehaltenes Beileidstelegramm.

Die Sippenhaft wurde offen vollzogen; triumphierend verkündete Heinrich Himmler: »Die Familie Stauffenberg wird ausgelöscht bis ins letzte Glied.« Die drei- bis achtjährigen Kinder der Grafen, Vettern, Onkel, Tanten, entfernte und angeheiratete Verwandte, Schwiegermütter, selbst Bekannte kamen hinter Stacheldraht. Ähnlich erging es den Angehörigen der Familien Goerdeler, Lehndorff, Tresckow, Hagen, Seydlitz, Schwerin von Schwanenfeld, Freytag-Loringhoven, Hase, Lindemann, Hansen, Hofacker, Finckh, Yorck von Wartenburg, Bernardis, Moltke, Oster, Dohnányi, Bonhoeffer, Haeften, Schulenburg, Hoepner, Leber und vielen anderen.

Die älteren Kinder sollten bei Gelegenheit liquidiert, die kleinsten in »Lebensborn«-Heimen oder bei Familien von SS-Führern – mit neuen Namen ausgestattet – ohne Erinnerung an ihre leiblichen Eltern aufwachsen und zu fanatischen Nationalsozialisten erzogen werden. Daß diese Befehle nicht oder nur zum Teil ausgeführt wurden, war nicht den menschlichen Regungen der Beteiligten, sondern dem Umstand zu verdanken, daß das Kriegsende es verhinderte.

Finale

Nach dem 20. Juli war der deutschen Wehrmacht das Rückgrat gebrochen, und es war nur ein sichtbarer Ausdruck davon, daß die in aller Welt übliche militärische Ehrenbezeugung durch Handanlegen an die Kopfbedeckung jetzt auch bei Heer und Luftwaffe durch den bei der SS üblichen Hitler-Gruß, den ausgestreckten rechten Arm, ersetzt wurde. Nach russischem Beispiel führte die Wehrmacht NS-Führungsoffiziere bei allen Einheiten ein – die sowjetischen Politkommissare waren zu dieser Zeit schon wieder abgeschafft.

Ein Mann mit dem erlernten Beruf eines Geflügelzüchters, Heinrich Himmler, wurde zum Oberbefehlshaber des Ersatzheeres und später auch noch zum Oberbefehlshaber an der Front und Goebbels, der Reichspropagandaminister, auf sein Drängen hin allmächtiger Kommissar für den totalen Arbeitseinsatz.

Natürlich verschärfte Himmler noch einmal die Sicherheitsvorschriften für die Bewachung Hitlers. Auch für Offiziere, denen er vertraute, war es von nun an unmöglich, bewaffnet in die Nähe des Diktators zu kommen, solange sich Hitler an die Vorschriften hielt. Doch wenige Tage nach dem 20. Juli ließ er sie bereits wieder außer acht und besuchte – nahezu unbegleitet – im Lazarett Rastenburg seinen sterbenden Adjutanten Schmundt und die anderen Verwundeten des Anschlages.

Besucher im Führerhauptquartier, selbst Generalfeldmarschälle, mußten jetzt ihre Waffen abgeben und ihre Taschen durchsuchen lassen. Das ging nicht immer reibungslos. Als der damalige Luftwaffenoberleutnant Erich Hartmann – der erfolgreichste Jagdflieger der Welt – in die Wolfsschanze befohlen wurde, um als besondere Auszeichnung aus der Hand Hitlers die »Schwerter zum Eichenlaub« entgegenzunehmen, wurde er vom RSD-Wachhabenden aufgefordert, sein Koppel mit der Pistole abzuliefern.

Der schneidige Offizier – seines jugendlichen Aussehens wegen allgemein Bubi genannt – reagierte heftig. »Sagen Sie dem Führer, daß ich auf die ›Schwerter‹ verzichte, wenn er kein Vertrauen zu seinen Frontoffizieren hat«, fuhr er den Ranghöheren an. Es kam zu einem

Eklat zwischen dem Luftwaffenadjutanten und dem RSD-Führer Rattenhuber, der damit endete, daß der Oberleutnant bewaffnet dem Führer entgegentreten durfte. So hätte er – woran Hartmann freilich nicht dachte – auch noch nach dem 20. Juli Gelegenheit gehabt, den Diktator zu erschießen.

Die Verhaftungswelle lief weiter, praktisch bis zum letzten Tag des untergehenden Terrorreiches. Der 20. Juli lieferte den Vorwand, in einer unter dem Tarnnamen »Gewitter-Aktion« angelaufenen, großangelegten Verhaftungswelle Tausende von Regimegegnern festzunehmen und in Konzentrationslager einzuliefern, Regimegegner, die nicht an dem Umsturzversuch beteiligt waren, unter ihnen Konrad Adenauer, den späteren ersten Kanzler der Bundesrepublik, und Kurt Schumacher, seinen zukünftigen Gegenspieler.

Die Exekutionen folgten einander so schnell, daß auch gelegentlich wieder auf das Fallbeil zurückgegriffen werden mußte, weil die Fleischerhaken zu umständlich und zeitraubend waren. An die 200 Hingerichtete gehörten dem tatsächlichen Verschwörerkreis an. Etwa 1 000 Verdächtige waren verhaftet worden.

Aber selbst ein halbes Jahr nach dem Beginn einer beispiellos brutalen und umfassenden Inquisition war die Gestapo noch immer weit davon entfernt, die tatsächlichen Zusammenhänge aufgedeckt zu haben. »Dabei wurden die Ermittlungen mit Energie geführt«, analysiert Peter Hoffmann. »Erst in den letzten Monaten des Krieges ließ diese Energie nach, teils, weil die Organisation durch Bombenangriffe und Verlagerungen gelähmt wurde, teils, weil viele Gestapoleute sich angesichts des nahen Endes nicht mehr unnötig kompromittieren wollten, was aber nicht ausschloß, sondern vielmehr notwendig machte, daß sie sich mit aller Energie gerade in den letzten Tagen noch derer entledigten, die Unerfreuliches über sie aussagen konnten. Der erwähnte Mangel an Informationen und an Einblick ist um so erstaunlicher, als die Leute Himmlers jedes denkbare Mittel anwandten, wenn sie Aussagen erzwingen wollten. Nur ein Teil ihres Mißerfolges geht auf das Konto der begrenzten Intelligenz der Gestapobeamten, der größere Teil auf das Konto der Standhaftigkeit der Opfer. Zum Beispiel wurden so prominente Verschwörer wie Hauptmann Freiherr von dem Bussche, Rittmeister von Breitenbuch, Generalmajor Freiherr von Gersdorff, General Lanz, Oberst Graf von Strachwitz überhaupt nicht verhaftet, obwohl viele Verhaftete und später Verurteilte genau über ihre Beteiligung unterrichtet waren.« Am 20. November

1944 flüchtete Hitler vor der Roten Armee nach Berlin. Er führte von nun an endgültig das unwirkliche Leben eines Höhlenbewohners, am Kartentisch mit Divisionen spielend, die kaum mehr Kompanien und zudem miserabel bewaffnet waren. Er erwog in letzter Stunde, Giftgas einzusetzen, und malte sich mit grellem Enthusiasmus Luftangriffe auf die Häuserschluchten von New York aus, geflogen von viermotorigen Bombern, die er nicht hatte.

Im Westen verheizte er bei der Weihnachtsoffensive die letzten Reserven. Im Osten starteten die Russen am 12. Januar ihre letzte Offensive, die bis nach Berlin führen sollte. Millionen von Flüchtlingen aus Ostpreußen, Westpreußen, Pommern und Schlesien starben auf der Flucht vor den Rotarmisten. Die deutschen Städte lagen schutzlos im alliierten Bombenhagel, und einer, der bisher seinem Führer treu gedient hatte, ohne sich seines Gewissens ganz begeben zu können, sein »junger Mann« und Günstling, Albert Speer, erfaßte, daß es seinem mehr und mehr vom Wahnsinn befallenen Führer darum ging, durch systematische Zerstörung aller Industrieanlagen, Straßen und Brücken die Heimat in verbrannte Erde zu verwandeln und dem deutschen Volk einen mit ihm zu vollziehenden kollektiven Selbstmord aufzuerlegen.

An Hitlers 56. und zugleich letztem Geburtstag wurden in Plötzensee noch einmal 28 politische Häftlinge hingerichtet. Zu diesem Zeitpunkt hatte sich die Rote Armee bereits auf wenige hundert Meter an die Reichskanzlei herangekämpft.

Einer der letzten Besucher im Führerbunker war Albert Speer, Reichsminister für Rüstung und Munition. Er wollte vom Diktator die Rücknahme des Befehls »verbrannte Erde« erreichen und stieß auf Ablehnung. Später behauptete der Günstling und Freund Hitlers und Architekt seiner Wahnhalla-Ideen, bei dieser Gelegenheit erwogen und auch versucht zu haben, den Führer durch ein Gasattentat über dem Luftschacht des Bunkers zu töten.

Einen Beweis blieb der Mann, der dem brennenden Berlin noch rechtzeitig entkommen konnte, schuldig. Während viele Attentäter bei dem Versuch, Hitler zu beseitigen, ihren Kopf riskiert und auch verloren hatten, besteht im Fall Speer die Vermutung, daß Hitlers Darling, wegen des Todes Tausender von Rüstungssklaven in Nürnberg als Hauptschuldiger angeklagt, durch diese Schutzbehauptung seinen Kopf aus der Schlinge ziehen wollte, was ihm durch das Urteil, mit 20 Jahren Spandau davonzukommen, dann auch gelungen wäre.

Am 30. April erfuhr Hitler bei der Mittagsbesprechung, daß die Russen bereits am Potsdamer Platz und an der Weidendammer Brücke standen. Inzwischen wußte er auch, daß Mussolini und seine Geliebte Clara Betacci von Partisanen gefangen genommen, erschossen und ihre Leichen mit den Köpfen nach unten an einer Mailänder Tankstelle aufgehängt worden waren, vom Mob mit Steinen beworfen und Fäusten traktiert. Die Guillotinenweiber des Aufstands der letzten Stunde verrichteten in des Duces zerschmettertem Gesicht ihre Notdurft.

Hitler ließ an diesem Tag seine Lieblingshündin »Blondi« vergiften, gab seinen Sekretärinnen Zyankalikapseln und sagte, daß er bedauere, ihnen kein anderes Abschiedsgeschenk überreichen zu können. Magda und Dr. Joseph Goebbels waren in die letzte Katakombe des Dritten Reiches mit ihren 18 kleinen, unbequemen Räumen übersiedelt. Sie vergifteten zuerst ihre sechs Kinder und dann sich selbst. Das Finale war erbärmlich wie erbarmungslos.

In der Kantine, wo Soldaten und Ordonnanzen ihre Mahlzeiten einnahmen, war eine Tanzunterhaltung im Gange, berichtete in seinem Buch »The last days of Hitler« der britische Autor Hugh Redwald Trevor-Roper. Eine Botschaft aus dem Führerbunker befahl den Lärmenden, sich ruhiger zu verhalten, aber der Tanz auf dem Vulkan ging weiter.

Hitler zog sich mit Eva Braun, die er einen Tag vorher geheiratet hatte, in seine Privatgemächer zurück. Kurz darauf fiel ein einzelner Schuß. Hitler lag auf dem Sofa, das mit Blut getränkt war. Er hatte sich in den Mund geschossen. Seine Frau lag daneben, ebenfalls tot. Ein Revolver lag neben ihr, sie hatte ihn nicht benützt. Sie hatte Gift genommen. Es war Montag, der 30. April 1945, 15.30 Uhr.

Im Garten der Reichskanzlei wurde eine Wikingerbeerdigung vorbereitet. Kempka, der Chauffeur Hitlers, hatte Benzin besorgt, mit dem die Leichen übergossen und in Anwesenheit mehrerer Zeugen verbrannt wurden. Der Sender Hamburg verbreitete am Abend des 1. Mai die Blitznachricht: »Aus dem Führerhauptquartier wird gemeldet, daß unser Führer Adolf Hitler heute nachmittag in seinem Befehlsstand in der Reichskanzlei, bis zum letzten Atemzug gegen den Bolschewismus kämpfend, für Deutschland gefallen ist.«

Es war die letzte Lüge eines mörderischen Regimes. Hitler war tot und mit ihm auch seine Bewegung gestorben. Die Frage stellt sich, wie viele der 55 Millionen Toten des Zweiten Weltkriegs, der Gefallenen, Erschlagenen, Vergasten, Gehängten und Geköpften, überlebt hätten, wenn ein treffsicherer Schuß früher abgegeben worden wäre.

Liste der Attentatsversuche auf Hitler

Vor der »Machtergreifung«, von 1921 bis 1932:

	4 Anschläge, darunter ein Giftanschlag im Hotel »Kaiserhof«, 1932
1933:	10 Anschläge, darunter der eines unbekannten SA-Mannes am Obersalzberg und der Gruppe Karl Lutter in Königsberg.
1934:	4 Anschläge, darunter der von Beppo Römer, Berlin, und Helmuth Mylius, Berlin.
1935:	Dr. Paul Josef Stuermer, Berlin.
	Gruppe Marwitz, Berlin.
1936:	Helmut Hirsch, Nürnberg.
1937:	Josef Thomas, Berlin.
	Unbekannter SS-Mann im Berliner Sportpalast.
1938:	Otto Strasser mit Emigrantengruppe (mehrere Versuche, auch schon 1937).
	Friedrich Wilhelm Heinz, Stoßtrupp Reichskanzlei.
	Alexander Foote, München.
	Maurice Bavaud, Obersalzberg und München (mehrere Versuche).
1938/39:	Noel Mason-Macfarlane, Berlin.
1939:	Georg Elser, München.
	Erich Kordt, Berlin.
1940:	Erwin von Witzleben, Paris.
1941/43:	Nikolaus von Halem, Beppo Römer, Berlin (mehrere Versuche).
1943:	Hubert Lanz, Hans Speidel, Hyazinth Graf von Strachwitz, Walki (Rußland).
	Friedrich König und Freiherr von Boeselager, Smolensk.
	Henning von Tresckow, Fabian von Schlabrendorff, Rudolph Christoph Freiherr von Gersdorff.
	Unbekannter Pole, Wolfsschanze.
	Rudolph Christoph Freiherr von Gersdorff, Berlin.
	Axel Freiherr von dem Bussche-Streithorst, Wolfsschanze.
1944:	Ewald von Kleist, Wolfsschanze.
	Eberhard von Breitenbuch, Obersalzberg.
	Claus Graf Schenk von Stauffenberg, Wolfsschanze und Berlin (mehrere Versuche).
1945:	Albert Speer, Berlin.

Verzeichnis der benützten Literatur

Zeitgeschichtliche Standardwerke, die der Autor seiner Arbeit zugrunde gelegt hat

Alan Bullock: HITLER. EINE STUDIE ÜBER TYRANNEI. Droste-Verlag, Düsseldorf

Raymond Cartier: DER ZWEITE WELTKRIEG. Piper-Verlag, München

Harold C. Deutsch: VERSCHWÖRUNG GEGEN DEN KRIEG. C. H. Beck Verlag, München

Joachim C. Fest: HITLER. Propyläen-Verlag, Berlin

Rudolph Christoph Freiherr von Gersdorff: SOLDAT IM UNTERGANG. Ullstein-Verlag, Berlin

Lothar Gruchmann: AUTOBIOGRAFIE EINES ATTENTÄTERS: JOHANN GEORG ELSER. Deutsche Verlagsanstalt, Stuttgart

Heinz Höhne: DER ORDEN UNTER DEM TOTENKOPF. GESCHICHTE DER SS. Bertelsmann-Verlag, München

Heinz Höhne: CANARIS. PATRIOT IM ZWIELICHT. Bertelsman-Verlag, München

Peter Hoffmann: DIE SICHERHEIT DES DIKTATORS. Piper-Verlag, München

Peter Hoffmann: WIDERSTAND, STAATSSTREICH, ATTENTAT. Piper-Verlag, München

Werner Maser: ADOLF HITLER. Heine-Verlag, München

Werner Maser: DER STURM AUF DIE REPUBLIK. FRÜHGESCHICHTE DER NSDAP. Deutsche Verlagsanstalt, Stuttgart

Fabian von Schlabrendorff: OFFIZIERE GEGEN HITLER. Europa-Verlag, Zürich

Fabian von Schlabrendorff: BEGEGNUNGEN IN FÜNF JAHRZEHNTEN. Rainer Wunderlich Verlag, Tübingen

William L. Shirer: AUFSTIEG UND FALL DES DRITTEN REICHES. Kiepenheuer & Witsch, Köln

John Toland: ADOLF HITLER. Gustav Lübbe Verlag, Bergisch Gladbach

Weitere verwendete Quellen und Darstellungen

Rudolf Augstein: ANSCHLAG AUF DIE »EHRE« DES DEUTSCHEN SOLDATEN? In: Der Spiegel Nr. 11, 10. 3. 1997, S. 92–99

Will Berthold: NACHTS, WENN DER TEUFEL KAM. Heyne-Verlag, München

Gerhard Boldt: HITLER. DIE LETZTEN ZEHN TAGE IN DER REICHSKANZLEI. Heyne-Verlag, München

Eugene Davidson: WIE WAR HITLER MÖGLICH? Econ-Verlag, Düsseldorf
Sefton Delmer: DIE DEUTSCHEN UND ICH. Nannen-Verlag, Hamburg
Joachim C. Fest: DAS GESICHT DES DRITTEN REICHES. Piper-Verlag, München
Heinrich Fraenkel und Roger Manvell: CANARIS. Heyne-Verlag, München
H. B. Gisevius: BIS ZUM BITTEREN ENDE. Claassen & Würth, Darmstadt
Brigitte Hamann: HITLERS WIEN. Piper-Verlag, München
Helmut Heiber: ADOLF HITLER. Colloquium-Verlag, Berlin
Helmut Heiber: GOEBBELS-REDEN 1939–45. Heyne-Verlag, München
Rolf Hochhuth: TELL 38. Rowohlt-Verlag, Reinbek
David Irving: WIE KRANK WAR HITLER WIRKLICH? Heyne-Verlag, München
Karl-Heinz Janßen: DER GROSSE PLAN. In: DIE ZEIT Nr. 11, 7. 3. 1997, S. 15–20
Werner Jochmann: ADOLF HITLER. MONOLOGE IM FÜHRERHAUPTQUARTIER 1941–44. AUFGEZEICHNET VON HEINRICH HEIMS. Knaus-Verlag, Hamburg
Joachim Kramarz: CLAUS GRAF STAUFFENBERG. Bernard & Graefe, Verlag für Wehrwesen, Frankfurt am Main
Albert Krebs: FRITZ-DIETLOF GRAF VON DER SCHULENBURG. ZWISCHEN STAATSRAISON UND HOCHVERRAT. Leibniz-Verlag Berlin
Jochen von Lang: MARTIN BORMANN. DER SEKRETÄR, DER HITLER BEHERRSCHTE. Deutsche Verlagsanstalt, Stuttgart
Karl Lüönd: SPIONAGE UND LANDESVERRAT IN DER SCHWEIZ. Ringier-Verlag, Zürich
Werner Maser: NÜRNBERG. TRIBUNAL DER SIEGER. Econ-Verlag, Düsseldorf
Hans Otto Meissner: MAGDA GOEBBELS. Blanvalet-Verlag, München
Henry Picker: HITLERS TISCHGESPRÄCHE. Seewald-Verlag, Stuttgart
Walter Schellenberg: MEMOIREN. Verlag für Politik und Wirtschaft, Köln
Wilhelm von Schramm: AUFSTAND DER GENERALE. DER 20. JULI 1944 IN PARIS. Heyne-Verlag, München
Harald Steffahn: STAUFFENBERG. Rowohlt-Verlag, Reinbek
Klaus Urner: DER SCHWEIZER HITLER-ATTENTÄTER. Verlag Huber & Co., Frauenfeld und Stuttgart

Personenregister

Weitere Sonderausgaben:

Horst Geyer:
Über die Dummheit

Ursachen und Wirkungen der intellektuellen Minderleistung des Menschen
411 Seiten, fester Einband (Muster Schmidt)

Boshaft und amüsant beleuchtet der Mediziner und Anthropologe dummes Verhalten infolge zu niedriger oder zu hoher Intelligenz, dummes Verhalten trotz normaler Intelligenz sowie kluges Verhalten bei geringer Intelligenz. Das geistreiche Werk wird durch Aphorismen zur Lebenstorheit und durch einen wissenschaftlichen Anhang abgerundet.

ISBN 3-928127-15-2

Marco Polo
Das Buch der Wunder

Vollständige Ausgabe
aus »Le Livre des Merveilles du Monde«

»Das Buch der Wunder«, das der venezianische Kaufmann Marco Polo (1254 -1324 nach seinem 24 Jahre dauernden Aufenthalt in Asien – er hielt sich zeitweise auch am Hofe Kublai Khans auf – verfaßte, wurde 1410 im Auftrag von Johann Ohnefurcht, Herzog von Burgund als kostbare Handschrift angefertigt. Es gehört zu den prächtigsten französischen Manuskripten des Mittelalters und wird hier in der Übersetzung des **gesamten Originaltextes** und aller herrlichen 84 Miniaturen – bereichert durch viele großformatige Detailausschnitte – in vollendeter Farbqualität vorgelegt.

ISBN: 2-928127-92-6

Fritz Meingast:
Glanz und Elend der Frauen

Dreiunddreißig Porträts der Weltgeschichte

Der mehrfach ausgezeichnete Fernsehjournalist und Buchautor beschreibt die Lebensgeschichten berühmter Frauengestalten und beleuchtet den jeweiligen historischen Hintergrund – darunter Kleopatra / Hildegard von Bingen / Elisabeth von Thüringen / Jeanne d'Arc / Lucrezia Borgia / Teresa von Avila / Katharina von Medici / Maria Stuart / Liselotte von der Pfalz / Marie Antoinette / Lola Montez / Bertha von Suttner / Indira Gandhi u.v.a.

ISBN 3-928127-76-4

Die Edda

Göttersagen, Heldensagen und Spruchweisheiten der Germanen

Die bis heute unübertroffene Übertragung der »Edda«, die **Karl Simrock** 1851 schuf, hat bis heute nichts von ihrer urwüchsigen Kraft und sprachlichen Dichte eingebüßt. Fast alles, was wir über die Götter und Helden, über das Geschichts- und Menschenbild, die Sitten und Bräuche sowie den Moralvorstellungen der germanischen Völker wissen, stammt aus den Sagen, Liedern, Sprüchen, Merkliedern und Rätseln dieses Zeugnisses altnordischer Kultur.

ISBN 3-928127-24-1

Deutsche Heldensagen

Die Nibelungen und andere Sagen
Neubearbeitung von Gretel und Wolfgang Hecht

Die schönsten germanischen Sagen von tapferen Helden und edlen Frauen, von Freundestreue und Feindeslist, die nach mündlicher Überlieferung und literarischen Zeugnissen sowie historischer Quellen seit dem Hochmittelalter zum deutschen Volksgut gehören, werden in diesem Band fesselnd und packend für jung und alt nacherzählt. Inhalt: Dietrich von Bern / Die Nibelungen / Wieland der Schmied / Walther und Hildegunde / Ortnit und Wolfdietrich / Hilde und Kudrun.

ISBN 3-928127-90-X

Adolf Schaufelbüel:
Treffende Redensarten

viersprachig – 4000 Redewendungen und 500 Sprichwörter
mit ihren Entsprechungen im Französischen, Italienischen und Englischen

Alphabetisch nach deutschen Stichwörtern geordnet, folgen die entsprechenden Redewendungen, Redensarten und Sprichwörter in den jeweiligen Sprachen. Das Standardwerk ist sowohl Wörterbuch und praktisches Nachschlagewerk, es bietet darüber hinaus einen fesselnden Einblick in den Reichtum der Sprache und des Volksmundes der Deutschen und ihrer Nachbarn.

ISBN 3-928127-88-8

Lutz Mackensen:
Ursprung der Wörter

Etymologisches Wörterbuch der deutschen Sprache

Mit mehr als 12.000 Stichwörtern gibt das bewährte Standardwerk der Etymologie eine Vorstellung von dem ungeheuren Reichtum unserer Sprache. Das übersichtlich gegliederte Lexikon ermöglicht es dem Benutzer, den Ursprüngen der in der Umgangssprache, in der Literatur und den Medien verwendeten Wörtern, Fremdwörtern und Ausdrücken nachzuspüren und die kultur- und geistesgeschichtlichen Zusammenhänge zu entdecken.

ISBN 3-928127-47-0

Reinhold Merkelbach:
Mithras

Ein persisch-römischer Mysterienkult

Die mit einer Fülle von Bildmaterial aus archäologischen Sammlungen der ganzen Welt illustrierte Gesamtdarstellung der faszinierenden und geheimnisumwitterten Mithrasmysterien, gilt bis heute als das unübertroffene Standardwerk über die Sternenreligion. Aus dem Inhalt: Stieropfer / Mithrakulte helenischer Zeit / Die römischen Mithrasmysterien / Weihegrade und Planetengötter / Kultstätten und Kultzeremonien / Die kosmische Religion der Spätantike u.v.a.

ISBN: 3-928127-61-6

Konrad Hecht:
Der St. Galler Klosterplan

Mit der Autorität eines großen Bauhistorikers untersucht der Autor den im 9. Jahrhundert gezeichneten Pergamentplan für das Kloster St. Gallen, der als eines der kostbarsten Dokumente des frühen Mittelalters gilt. Der Band führt dem Leser vor Augen, wie damals eine Klosterküche aussah, wie ein Obstgarten angelegt wurde, wie Gottesdienst gehalten wurde, wie man als Mönch mit Abt und Dienstleuten zusammenlebte u.v.a.

ISBN: 3-928127-48-9